Carl Böhret · Götz Konzendorf

Ko-Evolution von Gesellschaft und funktionalem Staat

AF151646

Carl Böhret · Götz Konzendorf

Ko-Evolution von Gesellschaft und funktionalem Staat

Ein Beitrag zur Theorie der Politik

Springer Fachmedien Wiesbaden GmbH

Gedruckt auf säurefreiem Papier
Umschlaggestaltung: Horst Dieter Bürkle, Darmstadt
Umschlagbild: Carl Böhret, Speyer

ISBN 978-3-531-13093-4   ISBN 978-3-663-10491-9 (eBook)
DOI 10.1007/978-3-663-10491-9

Was ist eure Idee hier? Die Geschichte wird nicht stehenbleiben, ... Wie wollt ihr, ohne einen neuen Weg zu gehen, ihr selber bleiben? Die Zukunft ist unvermeidlich. Wie also wollt ihr sie gestalten? Man ist nicht realistisch, indem man keine Idee hat.

Max Frisch: Stiller

Inhaltsverzeichnis

Tabellenverzeichnis

Abbildungsverzeichnis

Vorwort

„Es liegt in der Natur der Sache, daß ein Forscher erst dann weiß, was er untersucht, wenn er es erforscht hat. Er trägt keinen Baedeker in der Tasche... Er verfügt über das zweifelhafte Wissen anderer, die den Weg vor ihm gegangen sind."

(G. Bateson)

Mit der Ko-Evolution von Gesellschaft und funktionalem Staat veröffentlichen wir unsere theoretischen Überlegungen der letzten Jahre zum Verhältnis von Staat und Gesellschaft. Die Retrospektive auf diese Arbeit zeigt, daß wissenschaftlicher Fortschritt in diesem Fall selbst ein evolutionärer Prozeß war, ist und bleiben wird. Es waren allmähliche, oft mühsame Wissensanreicherungen und plötzlich emergierende Erkenntnisse, die den Forschungsprozeß voranbrachten und gelegentlich bereits erarbeitete theoretische Positionen und empirische Ergebnisse wieder als unzureichend entlarvten. So haben wir den von uns zunächst gewählten Ansatz der dynamischen Interdependenz von Staat und Gesellschaft (Böhret / Konzendorf 1996/97; Böhret 1997) zwar nicht verworfen, aber er reichte zur Erklärung des besonderen Verhältnisses letztlich doch nicht aus; dennoch waren jene ersten Überlegungen wichtige Vorarbeiten zur jetzt ausformulierten Theorie der Ko-Evolution von Staat und Gesellschaft.[1]

Der Erkenntnisfortschritt war in diesem Fall also ein komplexer Rückkopplungsprozeß mit skeptischen Phasen (Kann man so etwas überhaupt machen?), euphorischen Zeiten mit plötzlichen Durchbrüchen, Veränderungen und Fortschritten in den theoretischen Überlegungen und empirischen Belegen. Der Fortschritt bestand aus eigenen empirischen und theoretischen (Vor-)Arbeiten, aus der befruchtenden

---

1 Also der Aneinanderentwicklung („Werden") von interdependenten Subsystemen / Teilbereichen - wie Wirtschaft oder Staat - gemäß (offener) Regeln, innerhalb eines Möglichkeitsraumes aufgrund einer selektierenden Auseinandersetzung mit Destabilisatoren (mehr oder weniger große Robustheit). Funktionierende Ko-Evolution erhöht und fördert die Leistungsfähigkeit (Fitneß) des gesamten Systems (siehe auch Glossar).

Rezeption einer Vielzahl wissenschaftlicher Studien, aus dem Wissenstransfer zwischen Theorie und politischer Praxis (Politikberatung) und aus offenen Diskussionen, in denen auch die Zugeständnisse „das weiß ich nicht" und „darüber habe ich noch nie nachgedacht" sowie die Formulierung abstrus erscheinender Hypothesen möglich und oftmals bereichernd waren. An diesem Diskussionsprozeß waren nicht nur die Autoren, sondern auch andere Personen beteiligt. Wir sind ihnen allen für Anregungen und Kritik dankbar. Besonders erwähnen möchten wir in diesem Zusammenhang Mag.rer.publ. Bernhard Theobald, Dr. Peter Wordelmann und den hilfreichen Lektor Manfred Müller. Sie alle gaben uns zahlreiche nützliche Hinweise und Anregungen und bewahrten uns vor manchen Fallstricken. Insgesamt war der Erkenntnisverlauf ein spielerischer und dennoch ernsthafter sowie ein phantasievoller, iterativer Prozeß. Dieser Prozeß ist keineswegs beendet; wir werden unsere Erkenntnisse und Positionen selbst kritisch weiterentwickeln.

Wir meinen aber, daß wir jetzt an einem Punkt angelangt sind, an dem wir uns - trotz der Breite unseres Ansatzes „hinreichend" abgesichert - der wissenschaftlichen und politischen Öffentlichkeit stellen können. Wir wissen, daß damit manche Kritik provoziert wird, doch dies ist gut so und führt zur Bereicherung der Erkenntnis. Vor allem legen wir in den empirischen Teilen ein recht grobes Netz über die Entwicklungen der Bundesrepublik, aus denen wir die Überlegungen zur Theorie der Ko-Evolution gewinnen und rückkoppeln.

Wir wollen hier keine Geschichte der Bundesrepublik vorlegen, vielmehr dient der Rekurs auf die „Systemgeschichte" nur dem hypothesengenerierenden und hypothesenüberprüfenden Zweck - allerdings mit der Absicht, daraus eine politische Theorie der Ko-Evolution von Staat und Gesellschaft zu formulieren und dabei auch den Entwicklungskorridor zur und in der transindustriellen Gesellschaft („evolutiver Möglichkeitsraum") auszuloten. Dazu seien noch zwei Bemerkungen erlaubt: Sowohl zum Konzept des Möglichkeitsraumes als auch zum Einfluß des internationalen Umfeldes („Globalisierungsthese"):

- Das Konzept des evolutiven Möglichkeitsraumes enthält verschiedene Raumdispositionen („hier und anderswo"), die mit

verschiedenen Zeitdimensionen („damals / morgen" und „zirku-
lär / vektorial") verbunden werden (vgl. Abb. 1), womit zugleich
ein grobes Muster für das ko-evolutive Prinzip entsteht.

Abb. 1: Zeit-Raum-Möglichkeiten

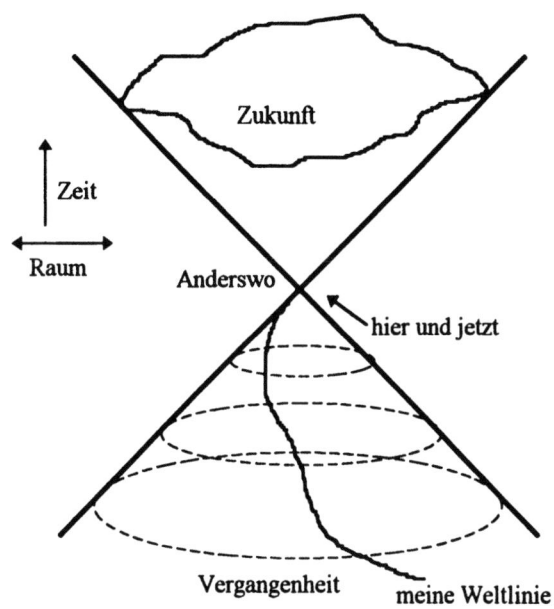

nach: Rucker 1987, S. 196

- Die Analyse und Theoriebildung ist auf die Bundesrepublik
  Deutschland fokussiert. Das wird nicht zuletzt durch den empirischen Zwang begründet: Wir wollten die theorieformenden
  Erkenntnisse zum einen im historischen Nachvollzug entwickeln
  und gegebenenfalls „bestätigen". Zum anderen schien uns die
  Konzentration auf die regionale Betrachtung auch zweckmäßig -
  angesichts der sterilen Aufgeregtheit über die sogenannte
  „Globalisierung", die von dort aus oft unreflektiert „alles und
  jedes" zu erklären und daraus „auf der Hand liegende" Handlungskonzepte abzuleiten versucht, mit dem zweifelhaften Ef-

fekt, dadurch zugleich Differenzierung, Kritikfähigkeit und Zukunftsanalyse zu reduzieren.

Es ist unbestritten, daß die Internationalisierung (z.B. der Unternehmen, der Informatisierung, der Umweltbelastung) weiter voranschreitet. Aber gleichzeitig wird die „Globalisierung von allen und allem" regional und kulturell unterlaufen. Wir bewegen uns nicht auf die „neue, global harmonisierte Welt" zu. Dazu braucht man nicht einmal Samuel Huntingtons Analyse des Kulturkampfes (Huntington 1996) zu akzeptieren, sondern es „reicht", die reale Gegenmachtbildung islamischer Staaten gegen die G-7/G-8-Staaten zu registrieren oder die beginnende Erstarkung Chinas zu beobachten. Vielleicht sind das sogar koevolutive Phänomene in internationalen Strukturen.

Die Diskussion um die „Globalisierung" kann also leicht zur Phantomdebatte (Hengsbach 1997) geraten und dann nur noch - für einige Zeit - der regionalen (nationalen) sozio-ökonomischen Brutalisierung dienen, während die vorgängige „Eroberung" des Weltmarktes oder die globalen Effekte der Umweltbelastung nicht mehr hinreichend einbezogen werden.[2]

Sowohl die regionale Kapazität als auch der dort vorandrängende epochale gesellschaftliche Wandel (zu transindustriellen Formen) wird durch die „Globalisierungsthese" weitgehend mißachtet. Dieser Wandel läßt sich durchaus als durch die Internationalisierung mitbedingt erkennen, aber erst in ihren regionalen Reaktions- und Aktionsformen genauer erfassen. Deshalb schien es uns angemessener, ja vom erstrebten Erkenntnisgewinn aus richtiger, die Analyse auf die Bundesrepublik zu konzentrie-

---

2   So weist F. Hengsbach darauf hin, daß es in der Globalisierungsdebatte vor allem um Wahrnehmungsmodelle und Deutungsmuster gehe, die „mit der bezeichneten Wirklichkeit nicht identisch sind", vielmehr als modische Diskussion, als ideologisches Konstrukt oder als strategisches Instrument im Verteilungskampf eingesetzt werden. Hengsbach zeigt den Interessenbezug und die inflationäre, häufig bloß noch nachplappernde Verwendung der Begriffs auf. Vor allem aber auch, daß sich allmählich nur noch die „dritte" und neueste Verwendung durchzusetzen beginnt, nämlich die Rückwirkung aus den vorher „aufgebauten" Industriewirtschaften der Schwellenländer (vgl. auch Kapitel IV.1.1.1 in diesem Buch).

ren und verallgemeinerbare Aussagen (beispielsweise zur Ko-Evolution in hochentwickelten Gesellschaften unter Entwicklungsdruck) zu destillieren. Die Erkenntnisse gelten also vorrangig für die Bundesrepublik, es lassen sich aber Analogien für vergleichbare „westliche" Staaten gewinnen. Soweit erforderlich, werden Einwirkungen der Internationalisierung berücksichtigt.

I. Forschungsleitende Fragestellungen

1. Anstöße

Den Ausgangspunkt unserer Überlegungen zur Formulierung einer Theorie der Ko-Evolution von Gesellschaft und funktionalem Staat bildete
- die Wahrnehmung, daß soziale und extra-soziale Dysfunktionalitäten derzeit nicht überzeugend gelöst werden
- die Beobachtung, daß deswegen durchaus neue Handlungsmuster gesucht werden
- die Erkenntnis, daß diese Dysfunktionalitäten neu erklärt werden müssen
- und daraus erfolgversprechende Handlungsmuster abzuleiten sind.

Beispiele für die Dysfunktionalitäten sind die steigende Arbeitslosigkeit, die Ratlosigkeit der Politik angesichts der neuen Internationalisierung von Ökologie und Ökonomie („Globalisierungsthese") sowie die Folgen der demographischen Entwicklung.

Wie könnte die Politik (der „Staat"[3]) solche Dysfunktionalitäten meistern? Ist sie dazu überhaupt (noch) fähig? Wir merkten schnell, daß es zur Beantwortung dieser Frage wichtig ist, die kardinalen gesellschaftlichen Entwicklungen wenigstens grob einzufangen, um von da aus die staatlichen Handlungsmöglichkeiten näher bestimmen zu können.

---

3 „Staat" wird hier vorrangig in seiner institutionellen und handlungsorientierten Rolle und weniger in seiner normativen, wesenhaften Besonderheit („Staatlichkeit") begriffen. Erkenntnisleitend ist vor allem die jeweilige Ausprägung und der Tätigkeitsumfang der regelgebundenenen, politisch-administrativen Willensbildungs- und Handlungsinstitutionen („Regierungssystem"). Die beanspruchten und/oder realisierten Handlungsspielräume sind allerdings auch grob paradigmatisch definiert, wodurch eine normative Komponente indirekt mitwirkt.

So betrieben wir seit längerem Folgenanalysen in verschiedenen Politikfeldern (Böhret 1990; Konzendorf 1996; Prokop / Günther / Beuck 1989, Böhret / Hugger 1982), beschäftigten uns mit Zukunftsszenarien und Langfristpolitik, konstruierten computergestützte Planspiele für zukunftsrelevante Entscheidungen (Böhret / Wordelmann / Grün / Frankenbach 1997). Dabei lernten wir, daß und wie gesellschaftliche Subsysteme miteinander in Wechselbeziehung stehen und sich im Zeitverlauf folgenerzeugend beeinflussen. Wir gerieten in theoretischer Hinsicht einerseits in eine Gegenposition zur sozialwissenschaftlichen Systemtheorie (z.b. Niklas Luhmann), die autonome gesellschaftliche Subsysteme unterstellt. Dies geschieht trotz der Interpenetration der Systeme, die zum Teil dazu führt, daß die Autonomievorstellung relativiert und etwas abgeschwächt wird (z.b. bei Richard Münch). Auch die relativierten Ansätze konnten uns in diesem Punkt noch nicht überzeugen. Die Verwobenheit der Systeme schien uns enger zu sein. Andererseits sind deterministische Theorien zu vereinfachend. Hier wird so getan, als habe man den archimedischen Punkt der Erkenntnis, von dem aus die Welt erklärt werden könnte, bereits gefunden.[4] Empirie und „gute" Theorie widerlegen diese Ansicht.

So leben wir (wieder einmal) in theoriearmen Zeiten, zumindest, was die Erkenntnis makroskopischer Beziehungen zwischen Staat und Gesellschaft betrifft.

Nachdem in den 60er und 70er Jahren - angestoßen durch den Neo-Marxismus - ein wissenschaftlicher Diskurs und eine öffentliche Auseinandersetzung zum Verhältnis von Staat und Gesellschaft und zur Funktion des Staates in der Industriegesellschaft oder im Spätkapitalismus stattgefunden haben, waren die 80er Jahre durch eine weitgehende Abstinenz theoretischer Erörterungen zu diesem Thema gekennzeichnet. Erst seit Beginn der 90er Jahre gibt es zaghafte Versuche, die Diskussion neu zu beleben, ohne daß sich daraus bisher eine breite,

---

4   Zum Beispiel: Determinismus: Basis —> Überbau; oder Werte —> Wirtschaftsweise.

theoriegeleitete Reflexion der Zusammenhänge von Staat und Gesellschaft und deren Wandel entwickelt hätte.

Dies muß verwundern, denn Theorie bietet doch gerade in Zeiten
eines raschen gesellschaftlichen Wandels mit krisenhaften Zuspitzungen - den wir derzeit erleben - hinreichende Orientierung. Nur mit ihrer
Hilfe sind wir letztlich in der Lage, Zusammenhänge zu erkennen und
zu erklären und die Handlungen von Menschen zu verstehen. Diese
Funktionen von Theorie geben uns auch die Möglichkeit, Stellung zu
beziehen, Handlungen besser zu begründen und von da aus strategische, taktische und operative Vorgehensweisen zur Erreichung politischer Ziele festzulegen.

Nicht zufällig ist daher der Beginn der systematischen theoretischen
Reflexion über Staat und Gesellschaft (und auch über Theorie selbst)
in der Neuzeit mit einem grundlegenden gesellschaftlichen Wandel und
den Emanzipationsbestrebungen des frühen europäischen Bürgertums
sowie der Entstehung der sich auf Erfahrung berufenden Wissenschaft
verbunden.

Für den derzeit weitgehenden Verzicht auf theoretische Reflexionen
gibt es einige Gründe. Offensichtlich haben jene Positionen eine weite
Verbreitung gefunden, die Theorie für obsolet erklären. So läßt beispielsweise die Fukuyama-These („Ende der Geschichte"; Fukuyama
1992) weiterführende Theorie ebenso als überflüssig erscheinen wie
die Sachzwang-These (Schelsky 1961 / zur Sachzwang-Diskussion
siehe auch Habermas 1978). Gemeinsam ist diesen Ansätzen, daß sie
den status quo festschreiben, für sie sind Gegenwart und Zukunft eins.

Theorie, die Zusammenhänge erklärt, dabei auch handlungsleitend
wirken kann, hat hingegen ein kritisches Moment: Sie lüftet den
Schleier des Unabänderlichen vom status quo. Solche systemischen
Erklärungsversuche bleiben jedoch rar, trotz bereichs- und gegenwartsübergreifender Herausforderungen, die zu erheblichem Teil als
unlösbare Schwierigkeiten erscheinen. Statt dessen finden sogenannte
praxisnahe Empfehlungen eine knappheitsbedingte Aufmerksamkeit:
Noch weniger Staat, mehr individuelle und organisierte Partizipation,
weiter reduzierte Regelungen; Entstaatlichung mit Effektuierung der
Reste (als Verwaltungsmodernisierung) - so lautet das Credo auf der
einen Seite, und so wird auch tatsächlich zu handeln versucht. Ande-

rerseits lassen „Globalisierung" und Anpassung an Welttrends scheinbar Handlungsspielräume nationaler oder regionaler Einheiten schrumpfen. Wenn die Welt jedoch so simplifiziert wird, dann erweist sich Theorie in der Tat als weitgehend verzichtbar. Vielleicht liegt die pragmatische Herunterzonung auch daran, daß sich die Wissenschaft im Pluralisierungsprozeß selbst konkurrierende Paradigmen schuf und deshalb schon hypothetische Verallgemeinerungen auf dem Weg zur Theorie zu scheuen begann. Aber wie soll Entwicklung - aus Zusammenhang, Dynamik und Folgen - noch erfaßt und erklärt werden, wenn wir Muster, historischen Bedingungen, Phasen von Veränderung und Auswirkung nicht mehr wahrnehmen können und diskutieren wollen? Gerade in der Praxis zeigt sich, daß man aus bloßer Erfahrung und gegenwärtigem Problemdruck nicht hinreichend für die Zukunft lernen kann. Kants „Nichts ist so praktisch wie gute Theorie" gilt noch. Wenn gesellschaftlicher Wandel stattfindet - und er beschleunigt sich sogar -, dann gilt es weiterhin, diese Entwicklung analytisch zu durchdringen und verallgemeinerbare Erkenntnisse zu gewinnen. Beides auch in praktischer Absicht. Je gewichtiger die Lösungsanforderungen werden, desto dringlicher benötigen wir also Theorie(n) über deren Bedingungen und Möglichkeiten. Das müssen keine „Welterklärungen" sein, es genügen zumeist Aussagen mittlerer Reichweite. Aber es dürfen auch nicht bloß Rezepturen für aktuelle Einzelaspekte sein, etwa für die alerte Organisation oder für ein Regulierungsvorhaben. Paßgenau erscheinen hierfür „10 Uhr-Theorien": allgemein und einfach, aber nicht ganz genau bei der Vorhersage von Einzelheiten (Weick 1985, S. 54 ff.)[5]. Eine solche Theorie „unterschlägt vieles, verzerrt manches und verdunkelt einiges. Trotzdem benötigen wir, wenn wir ernsthaft über die Welt nachdenken und effizient in ihr handeln wollen, eine Art von einfacher Landkarte der Realität, eine Theorie, ein Konzept, ein Modell, ein Paradigma. Ohne derartige geistige Konstrukte gibt es nur ... ein 'kunterbuntes Durcheinander'." (Huntington 1996, S. 29) Samuel Huntington nennt fünf Kriterien jener „Landkarten". Sie sollen:

---

5 Zur nützlichen Übertragung vgl. Kapitel V.4.

- Die vielfältige Realität ordnen und generelle Aussagen über diese ermöglichen.
- Die Beziehungen (Interdependenzen) zwischen einzelnen Phänomenen verstehen lassen.
- Künftige Entwicklungen abschätzen helfen.
- Wichtiges von Unwichtigerem unterscheiden.
- Wege, Programme, Maßnahmen zur Zielerreichung abzuleiten gestatten.

Solche einfachen, aber „aufdeckenden" und erklärenden Orientierungen sind für das menschliche Denken im allgemeinen und für wissenschaftliches Arbeiten im besonderen unentbehrlich. Erkenntnis ist mehr als die Addition scheinbar „objektiver" Tatsachen, vielmehr ordnet sie die Realität, legt ein verbundenes Netz über disparat erscheinende Einzelphänomene. Das heißt, in der Theorie ergänzen sich objektive und subjektive Faktoren; die Strukturen der zu analysierenden Phänomene korrespondieren mit den Erkenntnisinteressen der Forscher, ihren gesellschaftlichen Positionen und ihren praktischen (auch politischen) Implikationen.

Die Realität ist nicht a priori vorgegeben, sondern wir interpretieren sie und gewinnen damit eine verbesserte Chance, auf sie einzuwirken. In der 11. Feuerbach-These hat Marx dies treffend formuliert: „Die Philosophen haben die Welt nur verschieden interpretiert, es kömmt drauf an, sie zu verändern." (Marx 1978, S. 7) Dabei ist das erkennende Subjekt selbst kein außer der Welt hockendes Wesen, keine freischwebende Intelligenz, sondern ist Teil der Strukturen, die es zu begreifen versucht und in denen es agiert.

Angesichts gesellschaftlicher Entwicklungen „staunen" wir, was alles so kommen kann - oder sich ereignet. Im Nachvollzug solcher Vorgänge wird deutlich: Auch soziale Systeme emergieren; sie kommen mit neuen Strukturen und Regeln „zum Vorschein". Sie erscheinen in neuen Mustern, lassen Zusammenhänge wie auch Prinzipien ihrer Veränderungen erahnen, regen zu vorläufigen Aussagen (Hypothesen) und deren Überprüfung an. Wirklichkeit und Veränderung der Wirklichkeit erschließen sich erst (und dann auch handlungsanleitend) durch das

Erkennen von Mustern (vgl. von Hayek 1972, S. 7 ff.) und wenigstens rudimentärer Gesetzmäßigkeiten innerhalb empirischer Befunde und deren systemischer wie evolutorischer Zuordnung.

In den Sozialwissenschaften und deren Umfeld haben wir aber keine aktuellen theoretischen Ansätze gefunden, mit denen unsere Fragen
- nach der wahrscheinlichen Entwicklung der Gesellschaft am Ende des Industrialismus und
- der dafür „historisch" adäquaten Funktionalität des Staates
- innerhalb einer komplexen und sich rasch (oft turbulent) verändernden Umgebung

überzeugend beantwortet werden können.

In dieser Situation inspirierten uns eher neue Theorien in den Naturwissenschaften (Chaostheorie; Evolutionstheorie; Komplexitätstheorie; neue Zeittheorie). Auch dabei lernten wir dazu, zum Beispiel, daß die Darwinsche Evolutionstheorie mit der natürlichen Selektion (auch in der Biologie) nicht mehr uneingeschränkt gültig ist; die neue (verallgemeinernde) Komplexitätstheorie stellt nun die Evolution als eine Kombination aus Zufallsvariation, Selektion und Ordnung dar. Und die zweite Stufe der Chaostheorie begreift Evolution als Chaos plus Rückkopplung (James Ford). Die Konzepte der Ko-Evolution erinnerten uns an die dynamischen Interdependenztheorien sowie an die dialektischen Theorien in den Sozialwissenschaften, die wieder aus der Mode gekommen sind.

2. Untersuchungsleitende Hypothesen

„Meine Wissenschaft ist noch wißbegierig! Über die größten Problem haben wir heute noch nichts als Hypothesen. Aber wir verlangen Beweise von uns."

(Galilei nach Bert Brecht)

Vor diesem (erkenntnis-)theoretischen Hintergrund haben wir begriffen, daß wir heutige gesellschaftliche und politische Entwicklungen - die wir im Kontext des epochalen Wandel von der Industriegesellschaft zur transindustriellen Gesellschaft[6] sehen - nur analysieren und beratend mitgestalten können, wenn wir zunächst die Systemgeschichte der Bundesrepublik Deutschland in ihrem Werden untersuchen. Die Evolution ist mit der Systemgeschichte dialektisch verbunden; der Möglichkeitsraum der evolutionären Weiterentwicklung wird durch die Vergangenheit begrenzt, aber nicht determiniert (**1. Hypothese: Hypothese des begrenzten evolutiven Möglichkeitsraums**).

Wir stimmen Anatol Rapoport zu, für den der Systembegriff die Aspekte Struktur, Verhalten und Geschichte impliziert (vgl. Rapoport 1996, S. 19). Der Faktor Zeit übernimmt eine gewichtige Funktion in der Evolution (vgl. auch Böhret 1990, S. 126 ff.).

Für die Analyse der Systemgeschichte der BRD gehen wir davon aus, daß verschiedene Bereiche („Subsysteme") - z.B. Staat / Gesellschaft - nicht streng voneinander isoliert, sondern interdependent sind (**2. Hypothese: Interdependenz-Hypothese**).

Interdependenz kann einen statischen Zustand von Abhängigkeit oder Verwobenheit kennzeichnen. Gesellschaft aber verändert sich immer, deshalb muß sie auch in ihrer Dynamik erfaßt werden. Interdependenz **und** Dynamik (Veränderung) zusammengedacht heißen „bewegte Ordnung" (vgl. Jantsch 1988; sowie Josczak 1989). Es geht nicht nur darum, zu „erkennen, was die Welt zusammenhält" (Faust), sondern auch darum, was sie bewegt (**3. Hypothese: Hypothese der bewegten Ordnung**). Das heißt: Jedes zeitweilig geordnete Subsystem besitzt Freiheitsgrade, kann sich also begrenzt unabhängig von anderen entwickeln. In jedem der Subsysteme kann ein Entwicklungsimpuls

---

6   Ein solcher epochaler Wandel fand zuletzt mit der Entwicklung des Industrialismus als Ablösung des „gotischen Zeitalters" statt. Historisch kann dies etwa um das Jahr 1806 datiert werden. Die napoleonischen Kriege gingen zu Ende, und der Industrialismus begann. In dieser Phase standen sich zwei Paradigmen als mögliche Vergesellschaftungsmuster gegenüber: Einerseits die Idee einer Produktivkraftentwicklung durch den Staat; dafür stehen z.B. Adam Müller und Friedrich List. Produktivkraftentwicklung heißt für List vor allem Förderung von Wissen. Auf der anderen Seite steht die Idee der unsichtbaren Hand von Adam Smith; damit ist modern gesprochen, der Steuerungsverzicht einer externen Instanz gegenüber einem anderen System benannt. Die letztere Idee setzte sich historisch (zunächst) durch.

initiiert werden (Destabilisator)[7]. Dabei vermag dieser potentiell die anderen Subsysteme „mitzureißen" (Prinzip der Ko-Evolution: „Aneinander"-Entwicklung). Allerdings können auch Stabilisatoren diese entstehende Dynamik („Werden") abbremsen oder verhindern. Dieser Widerstand der Stabilisatoren kann erforderlich (nützlich, notwendig) sein, damit der evolutive Prozeß kontinuierlich und erträglich bleibt; er kann aber auch lähmend wirken und jegliche - auch notwendige - Veränderungen verhindern. Aus der Ko-Evolution ergeben sich Übergänge und gesellschaftliche Entwicklungsphasen mit jeweiligen Paradigmen.

Unsere vierte Hypothese lautet, daß es nicht beliebig ist, wer jeweils als Destabilisator des alten Paradigmas und als Initiator des neuen auftritt. Es kann vermutet werden, daß nach einer Phase der relativen Selbststeuerung der Systeme vor allem der Staat als Entwicklungsagentur des Gesamtsystems initiativ wird und auch ein neues Paradigma installieren hilft. Umgekehrt könnte es sein, daß nach einer Phase der staatlichen Entwicklungssteuerung wieder eine Phase des gesellschaftlichen Laissez-faire und der Selbststeuerung der Subsysteme die Oberhand gewinnt. Dabei vermuten wir, daß diesem „Mechanismus" keine simple Kreislaufvorstellung zugrunde liegt. Wir erwarten, daß sich die jeweiligen Paradigmen und Handlungsmuster im Prozeß „progressiv" verändern. Ähnliche Situationen wie vergleichbare Paradigmen kehren **ausschließlich** in „aufgeklärter", zumindest aber in veränderter Form zurück.[8] Sie integrieren hoffentlich relevante Erfahrungen in einem dialektischen Prozeß von Loslassen und Hinzufügen zugunsten des Werdens (**4. Hypothese: Hypothese des evolutorischen Lernens**).

---

7 Hier ist auf die Dialektik als der Methode des Nichtidentischen zu verweisen. Mit der Dialektik von Allgemeinem und Besonderem wird im Besonderen nach transzendierenden Momenten des Allgemeinen gesucht; Theodor W. Adornos Arbeiten zur Musik und zur Ästhetik können hier als Beispiel dienen.

8 Schon bei Niccolo Machiavelli findet sich eine ähnliche Denkfigur. In seiner (zirkulären) Kreislauftheorie beschreibt er den Übergang von einer sich nach und nach stabilisierenden gesellschaftlichen Macht sowie den Prozeß des Machtzerfalls, der in Anarchie mündet, um dann wiederum eine neue Ordnung zu begründen. Hier wird jedoch eine "dynamische Zirkularität" angenommen, vergleichbar der "Zeithelix" (siehe dazu: Cramer 1993).

Vieles deutet darauf hin, daß wir derzeit in einer Übergangsphase leben. Diese hat epochalen Charakter. Wir leben am Ende der Industriegesellschaft. Es findet eine Erosion von zentralen Merkmalen dieser Gesellschaftsformation statt, und es emergiert eine neue gesellschaftliche Epoche: die transindustrielle Gesellschaft (siehe hierzu: Böhret 1986; Böhret / Konzendorf 1996; Konzendorf 1996). Vermutet wird, daß derzeit ein doppelt begründeter Wandel stattfindet:

(1) Die in Zyklen stattfindende Ablösung von „paradigmatischen" Phasen innerhalb der Industriegesellschaft der BRD wird mehr und mehr

(2) durch den epochalen Wandel von der Industriegesellschaft zur transindustriellen Gesellschaft überlagert.

Die derzeitige Krise der Industriegesellschaft in der BRD (hohe Arbeitslosigkeit, Haushaltsdefizit etc.) wäre damit strukturell bedingt und nicht durch marginale Anpassungen innerhalb der industriellen Produktionsweise zu überwinden. Vieles spricht für die Notwendigkeit einer grundsätzlichen Neuorientierung gesellschaftlicher und staatlicher Bereiche, um weiterhin eine evolutive Entwicklung der Gesellschaft zu ermöglichen (**5. Hypothese: Hypothese des Übergangs von der Industriegesellschaft zur transindustriellen Gesellschaft**).

Die Hypothesen 1 bis 5 haben weitreichende Bedeutung für unsere Suche nach der adäquaten Funktionalität des Staates am Ausgang des 20. Jahrhunderts und beim Ausstieg aus dem Industrialismus. Unsere diesbezügliche These lautet: Der Staat hat noch hinreichende entwicklungssteuernde Handlungsmöglichkeiten und diese werden benötigt, um den Übergang von der Industriegesellschaft zur transindustriellen Gesellschaft erträglich und erfolgreich zu gestalten (**6. Hypothese: Hypothese der funktionalen Notwendigkeit des entwicklungssteuernden Staates**).

In der nachfolgenden Tabelle (Tab. 1) sind unsere erkenntnisleitenden Hypothesen noch einmal aufgelistet, die im weiteren zu beantworten sind.

Tab. 1: Hypothesen

1. Hypothese:	Hypothese des begrenzten evolutiven Möglichkeitsraums
2. Hypothese:	Interdependenz-Hypothese
3. Hypothese:	Hypothese der bewegten Ordnung
4. Hypothese:	Hypothese des evolutorischen Lernens
5. Hypothese:	Hypothese des Übergangs von der Industriegesellschaft zur transindustriellen Gesellschaft
6. Hypothese:	Hypothese der funktionalen Notwendigkeit des entwicklungssteuernden Staates

3. Aufbau des Buches

Der Aufbau des Bandes folgt der Reihenfolge der genannten Hypothesen:

In Kapitel II „Rückblicke" untersuchen wir anhand der wichtigen Entwicklungslinien der Bundesrepublik Deutschland die Hypothesen 1 bis 4.

Den Ausgangspunkt unserer Analyse bildet also die Systemgeschichte der BRD (siehe hierzu z.B.: Morsey 1987; Böhret / Jann / Kronenwett 1988). Aus ihr sowie aus der Einbeziehung exogener Faktoren wie der sogenannten „Globalisierung" läßt sich der derzeitige Wandel der bundesdeutschen Entwicklung erkennen. Mit anderen Worten: In der Systemgeschichte der Bundesrepublik wird nach Hinweisen für die Interdependenz, für die bewegte Ordnung und für das evolutive Lernen verschiedener Subsystemen gesucht. Zudem sollen aus der Systemgeschichte Bedingungen der weiteren evolutionären Möglichkeit abgeleitet werden.

Die Auswahl der nachfolgend aufgeführten Subsysteme (vgl. Tab. 2) gibt unserer Meinung nach die besonders relevanten Felder für die Entwicklung von Staat und Gesellschaft wieder.[9]

---

9 Man mag einwenden, daß das Rechtssystem bei den Bereichen nicht gesondert beachtet wird. Für unsere Fragestellung nach der Ko-Evolution von Staat und Gesellschaft scheint uns das Rechtssystem in den Bereichen „herrschendes politisches Handlungsmuster" und „administratives Handlungsmuster" ausreichend vertreten zu sein. Die Gesetzgebung wird maßgeblich durch diese beiden

Tab. 2: Untersuchte gesellschaftliche Subsysteme

Subsysteme	Entwicklungsfelder
Gesellschaft im engeren Sinne	- Organisierte Interessenvertretung - Bürgerschaftliche Willensbildung
Ökonomie	- Wirtschaftspolitische Ausrichtung - Naturwissenschaftlich-technische Orientierung
Staat	- Herrschendes politisches Orientierungsmuster - Administratives Handlungsmuster

Nach einer Zwischenbilanz (Kapitel II.4) wird die Hypothese vom Übergang der Industriegesellschaft zur transindustriellen Gesellschaft (Hypothese 5) in Kapitel III untersucht. Es wird analysiert, ob und wie zentrale Merkmale der Industriegesellschaft erodieren. Dabei werden Entwicklungstrends dargestellt, um zu zeigen, wie diese verändernden Merkmale in der transindustriellen Gesellschaft beschaffen sein könnten. Die untersuchten Merkmale sind:
- Produktionsweise
- Urbanisierung
- Räumliche Trennung von Wohnen und Arbeiten
- Kommunikations- und Transportsysteme
- Ressourcenverbrauch.

Zusätzlich werden zwei „machtbasierte" Szenarien hinsichtlich ihrer sozialen und politischen Entwicklungen entworfen.

Es folgt erneut eine Zwischenbilanz (Kapitel III.6), und in Kapitel IV wird untersucht, wie der Staat die Optimierung der emergierenden transindustriellen Gesellschaft vornehmen kann. Wir geben in diesem Kapitel Anregungen für die mögliche und - gegebenenfalls - notwendige Entwicklungssteuerung der Übergangsgesellschaft durch den Staat. In den ausgewählten Bereichen (Handlungsfeldern) muß der Staat aktiv werden, um die Evolution der Gesellschaft zu fördern. Die Funktio-

---

Bereiche bestimmt. Andere Bereiche könnten weitere interessante Aufschlüsse für unsere Fragestellung liefern. Wir denken hierbei z.B. an die Kultur und den Sport.

nalität des Staates besteht erneut darin, aktiv zu werden, d.h. in verschiedenen Politikfeldern entwicklungsleitend und zudem selbstverändernd zu wirken (Reform des Staates selbst inklusive Verwaltungsmodernisierung). Die Handlungsfelder sind in der nachfolgenden Tabelle (Tab. 3) aufgeführt. Die Relevanz dieser Felder für den funktionalen Staat ist zu überprüfen.

Tab. 3: Potentielle Handlungsfelder aktiver Politik des funktionalen Staates der Übergangsgesellschaft

Handlungsfelder	Teilaspekte
Gesellschaftspolitische Bereiche	- Interessen: Ausgleichsfunktion - Differenzierte Willensbildung und Innovationsbündnisse
Ökonomische Bereiche	- Globalisierung und Politik - Regionalisierung
Technologie	- Wissensbasierte Basisinnovationen
Ökologie	- Nachweltschutz
Demographie	- Spannungsreduzierung Alt - Jung - Neuartiger Generationenvertrag
Reform der Staatstätigkeit und Verwaltungsmodernisierung	- Aufgabenkritik und -umbau - Effektuierung der Verwaltung - Personal - Regelungsoptimierung - Verwaltungspolitik

Im abschließenden Kapitel V „Erkenntnisgewinne" greifen wir die formulierten Hypothesen wieder auf, überprüfen sie auf der Grundlage unseres erweiterten Erkenntnisstandes und entwickeln aus unseren Erkenntnissen die Theorie der Ko-Evolution von Gesellschaft und funktionalem Staat.

II. Rückblicke

Phasen und ihre Übergänge in der BRD

Im folgenden werden anhand der Systemgeschichte der Bundesrepublik Deutschland die Hypothesen 1 bis 4 überprüft. Das heißt: Die Systemgeschichte wird im Hinblick auf die Interdependenz der Subsysteme und des Gesamtsystems (mit jeweils herrschendem Paradigma), auf ihre bewegte Ordnung und auf ihre evolutorische Lernfähigkeit untersucht. Wir erwarten, daß die Überprüfung dieser Hypothesen einen Einblick in den Möglichkeitsraum der weiteren Evolution des Systems zuläßt.

Bei der groben Analyse der Systemgeschichte (erstmals Böhret / Konzendorf 1996) kristallisierten sich bislang drei Phasen heraus (Tab. 4). Diese dienen auch als Gliederung für dieses Kapitel.

Tab. 4: Phasen der bundesdeutschen Systemgeschichte

Phase	Zeitraum	Paradigma
Erste Phase:	Etwa 1950 bis Ende der 60er Jahre	Die liberal-pluralistische Leistungsgesellschaft mit Minimalstaat
Zweite Phase:	Etwa 1965 bis Anfang der 80er Jahre	Sozialliberaler Pluralismus und aktiver Staat
Dritte Phase:	Etwa 1980 bis Mitte - Ende der 90er Jahre	Spätpluralistische Gesellschaft und Verhandlungsstaat

Wie bereits erwähnt, deutet sich derzeit eine vierte Phase der Systemgeschichte an. Ihre Emergenz ist - wie ebenfalls bereits hypothetisch formuliert - wahrscheinlich durch den epochalen Wandel von der Industriegesellschaft zur transindustriellen Gesellschaft überlagert.

1. Erste Phase: Liberal-pluralistische Leistungsgesellschaft und Minimalstaat

1.0. Ausgangssituation

Nach dem Ende der nationalsozialistischen Herrschaft und dem Ende des Zweiten Weltkrieges war die soziale Situation in Deutschland durch Verarmung, Wohnungsnot und Arbeitslosigkeit gekennzeichnet. Viele Städte Deutschlands waren zerbombt, und die Produktionsstätten schienen unbrauchbar zu sein. Aber viele industrielle Anlagen und die zugehörige Infrastruktur waren doch weit weniger zerstört als zunächst angenommen.

Die Erkenntnisse über die Politik und die Schreckenstaten des Nationalsozialismus wie über ihre Entstehungsursachen führten in der ersten Phase der Bundesrepublik weniger zu einer Auseinandersetzung über die angemessene staatliche Ordnungsform als vielmehr über die wirtschaftliche und soziale Ordnung. Relativ schnell konnten die politischen Parteien sich auf eine parlamentarische Demokratie auf föderativer Grundlage verständigen, während um die wirtschaftspolitische Ausrichtung ein Meinungsstreit entstand. Die gegensätzlichen Standpunkte im ersten Wahlkampf bildeten einerseits die Propagierung einer sozialen Marktwirtschaft durch die CDU / CSU und andererseits die Einführung einer mittels Investitionslenkung partiell gesteuerten Wirtschaft mit der Überführung von Schlüsselindustrien und Großbanken in Gemeineigentum sowie einer Einführung wirtschaftsdemokratischer Elemente (Beteiligung der Arbeitnehmer an wirtschaftlichen Entscheidungen), vertreten durch die SPD. Nach dem ersten Wahltag (14. August 1949) war die CDU mit ihrem Vorsitzenden, Konrad Adenauer, knapp in der Lage, eine Koalition aus CDU, CSU, FDP und DP zu bilden. Das Konzept der sozialen Marktwirtschaft, das von Alfred Müller-Armack entwickelt und mit dem CDU-Politiker und Bundeswirtschaftsminister Ludwig Erhard verbunden wurde, setzte sich durch.

Mit der Einführung der sozialen Marktwirtschaft wurde auf eine größere Reorganisation der Wirtschaft verzichtet. Die Besitzer von Sachvermögen waren nach der Währungsreform bevorteilt, und insgesamt blieb die alte Besitzstruktur in der Bundesrepublik erhalten. Mit dem „European Recovery Program" (Marshall-Plan) flossen der deutschen Industrie viele Zuschüsse und hohe Kreditsummen zu günstigen Konditionen zu.

So bildete sich nach dem Zweiten Weltkrieg zunächst eine von liberalen Ideen („freies Spiel der Kräfte") geprägte pluralistische und marktwirtschaftlich orientierte Leistungsgesellschaft heraus.

1.1. Beschreibung der Subsysteme

Vor dieser Ausgangssituation strukturierten sich die verschiedenen Subsysteme und bildeten jeweils besondere Verhaltensmuster aus. Diese Strukturen und Muster sollen im folgenden für die verschiedenen Subsysteme skizzenhaft dargestellt werden.

a) Gesellschaftspolitische Bereiche: Organisierte Interessenvertretung

Als bedeutendste Interessenvertretungen konstituierten sich die Gewerkschaften und die deutschen Arbeitgeberverbände. Am 12. - 14. Oktober 1949 wurde der Deutsche Gewerkschaftsbund (DGB) als Dachorganisation der Einzelgewerkschaften gegründet. Seine Forderungen zielten in den ersten Jahren auf Einkommensverbesserungen der Arbeitnehmer, auf mehr Mitbestimmung der Arbeitnehmer, auf die Sozialisierung der Schlüsselindustrien und eine zentrale Wirtschaftsplanung. Eine Woche nach Gründung des DGB bildeten am 19. Oktober 1949 die Fachverbände der Industrie den Bundesverband der Deutschen Industrie (BDI). Bereits im Januar des gleichen Jahres war die Bundesvereinigung der Deutschen Arbeitgeberverbände gegründet worden. Mit den Gewerkschaften und den Arbeitgeberverbänden sind die wichtigsten Interessenverbände der ersten Phase der Bundesrepublik benannt. Als Konfrontationslinien zwischen den Gewerkschaften und den Arbeitgeberverbänden zeichneten sich schon bald die Verteilung materieller Güter sowie die Demokratisierung der Wirtschaft heraus. Einigkeit herrschte zwischen den beiden Lagern hingegen darüber, daß ein quantitatives Wirtschaftswachstum Wohlstand für alle bringt. Die strittige Frage war, wie der Wohlstandskuchen verteilt werden soll. Dabei hielten sich die Gewerkschaften zu Beginn der Bundesrepublik mit ihren Lohnforderungen - aufgrund einer hohen Arbeitslosigkeit - sehr zurück und konnten schon deshalb die ungleiche Einkommensverteilung auf selbständige und unselbständige Arbeit nicht verändern. In der Frage der Demokratisierung der Wirtschaft erzielten die Gewerkschaften immerhin partielle Erfolge. Erfolgreich waren sie insbesondere in der Montanindustrie, in der seit dem Montanmitbestimmungsgesetz von 1951 eine Parität zwischen Arbeitnehmervertretern und Kapitaleignern im Aufsichtsrat besteht.

Es waren im wesentlichen selbstgewählte Regeln, mit denen die Interessenkonflikte zwischen den Tarifparteien ausgetragen wurden, und die hohe Bindungskraft der pluralistischen Gesellschaftsform zeigte sich in den erfolgreichen Kompromissen zwischen den Sozialpartnern.

Neben den Gewerkschaften und den Arbeitgeberverbänden sind die Kirchen als bedeutende Interessenverbände in dieser Phase zu erwähnen. Vor allem in sozialen Fragen erfüllten sie eine wichtige Funktion. Auch im sozialen Bereich gab der Staat lediglich einen Ordnungsrahmen vor und trat die materielle Aufgabenerfüllung vielfach an nichtstaatliche Organisationen ab.

b) Gesellschaftspolitische Bereiche: Bürgerschaftliche Willensbildung

Es bestand ein weitgehender Konsens über die staatliche Ordnungsform: eine parlamentarische Demokratie mit föderativer Struktur. Die „Feinde" der parlamentarischen Demokratie, die neonazistische Sozialistische Reichspartei (SRP) und die Kommunistische Partei Deutschlands (KPD), wurden schon frühzeitig verboten. Alle anderen Parteien bekannten sich zur parlamentarischen Demokratie, wenn auch mit unterschiedlichen Intentionen. Die größte Partei im ersten Bundestag, die SPD, verstand sich noch als Arbeiterpartei (Klassenpartei), die - angeregt von den Ideen. Eduard Bernsteins - unter Nutzung des parlamentarischen Systems zu einer Reform der Gesellschaft und ihrer Produktionsverhältnisse gelangen wollte. So schrieb Bernstein:

„Die Demokratie ist Mittel und Zweck zugleich. Sie ist das Mittel der Erkämpfung des Sozialismus, und sie ist die Form der Verwirklichung des Sozialismus... Die Demokratie ist prinzipiell die Aufhebung der Klassenherrschaft, wenn sie auch noch nicht die faktische Aufhebung der Klasse ist... Das Wahlrecht der Demokratie macht seinen Inhaber virtuell zu einem Teilhaber am Gemeinwesen, und die virtuelle Teilhaberschaft muß auf die Dauer zur tatsächlichen Teilhaberschaft führen... Aber das allgemeine Wahlrecht ist erst ein Stück, das auf die Dauer die anderen nach sich ziehen muß... Kein Mensch denkt daran, der bürgerlichen Gesellschaft als einem zivilistisch geordneten Gemeinwesen an den Leib zu wollen. Im Gegenteil. Die Sozialdemokratie will nicht diese Gesellschaft auflösen und ihre Mitglieder allesamt proletarisieren, sie arbeitet vielmehr unablässig daran, den Arbeiter aus der sozialen Stellung eines Proletariers zu der eines Bürgers zu erheben und so das Bürgertum oder Bürgersein zu verallgemeinern." (Bernstein 1970, S. 156 ff.)

In Anlehnung an diese programmatischen Aussagen Bernsteins steht auch in den politischen Leitsätzen der SPD von 1946 das Bekenntnis zur Demokratie, wenn es heißt: „Es gibt keinen Sozialismus ohne Demokratie".

Die CDU als zweitgrößte Partei im ersten Deutschen Bundestag verstand sich als Volkspartei und bekannte sich ebenfalls zur parlamentarischen Demokratie; bereits in den Kölner Leitsätzen von 1945 ist das Bekenntnis verankert:

„12. Ziel unseres politischen Willens ist der soziale Volksstaat als Bürge eines beständigen inneren und äußeren Friedens. Alle Formen des öffentlichen Gemeinschaftslebens kommen aus der Demokratie. Jeder Totalitäts- und Diktaturanspruch wird verworfen. Mißbrauch der Demokratie und ihrer Einrichtungen wird mit allen Machtmitteln des Staates bekämpft.

13. Die Volksvertreter sind aufgrund des allgemeinen, gleichen, geheimen und direkten Wahlrechts zu wählen. Sie haben dem Wohle des gesamten Volkes zu dienen." (Leitsätze der Christlich-Demokratischen Partei im Rheinland und Westfalen - Zweite Fas-

sung der Kölner Leitsätze, zitiert nach: Kunz / Maier / Stammen 1975, S. 125 f.)

Für konservative Positionen herrscht ein Willensbildungsmodell vor, nach dem eine gewählte Elite auf Zeit an der Spitze des Staates steht und über das Volk regiert. Schon Joseph Schumpeter hatte die Grundbedingungen eines solchen Demokratiebegriffes skizziert. Diese sah er in der Existenz einer qualifizierten Elite, einer Beschränkung der politischen Entscheidungen seitens des Parlaments, einer wirksamen Bürokratie sowie einer demokratischen Selbstkontrolle, die zur Anerkennung der Arbeitsteilung zwischen Wählern, Parlament und Exekutive nötig ist (vgl. Schumpeter 1950, S. 460). Anders als nach sozialdemokratischen Demokratievorstellungen, in denen über eine parteiinterne Kontrolle der Repräsentanten und deren Kritik eine Auseinandersetzung mit den Inhalten der demokratischen Politik stattfinden sollte, sind die konservativen Demokratievorstellungen stärker auf den formalen Wahlakt fixiert. Einmal gewählt, sind die Abgeordneten allein für ihre Entscheidungen zuständig. Diesem Demokratiebegriff korrespondiert auch eine weitgehende Ablehnung von Mitbestimmungsrechten der Arbeitnehmer in Unternehmen.

Die bürgerschaftliche Willensbildung bestand im wesentlichen in der Wahl der politischen Repräsentanten für die politischen Vertretungskörperschaften. Diese Form der Willensbildung wurde von der Bevölkerung angenommen. So stieg die Wahlbeteiligung in der Bundesrepublik von 78,5% bei der ersten Bundestagswahl 1949 auf beachtliche Werte um 87% bei den folgenden Bundestagswahlen, was die hohe Akzeptanz der Bevölkerung gegenüber der parlamentarischen Demokratie belegt.[10] Bei der Willensbildung nahmen (und nehmen) die Parteien formal nach dem Grundgesetz (Artikel 21 Absatz 1 Satz 1) und auch in der Realität eine herausgehobene Stellung ein.

Demokratie blieb auf den parlamentarischen Bereich beschränkt; die Demokratisierung der Wirtschaft, wie sie von den Gewerkschaften und der SPD gefordert wurde, wurde von der Bundesregierung politisch weitgehend zurückgewiesen. Zwar sollten nach der Vorstellung der CDU Arbeiter und Angestellte die soziale Marktwirtschaft mittra-

---

10 Freilich wurde auch die These vertreten, daß die hohe Wahlbeteiligung auf die autoritäre Persönlichkeitsstruktur „der Deutschen" zurückzuführen sei.

gen, doch eine innerbetriebliche Mitbestimmung blieb ihnen versagt. Die Attraktivität der sozialen Marktwirtschaft wird - nach den Düsseldorfer Leitsätzen der CDU von 1949 - für Arbeiter und Angestellte in einem geldwerten Vorteil, in Wohlstand, gesehen.

„Wenn sich die Arbeiter und Angestellten der 'sozialen Marktwirtschaft' versagen, entartet sie in eine freie Wirtschaft alten Stils, d.h. in eine privat vermachtete unsoziale Wirtschaft, die gekennzeichnet ist durch Gruppenkämpfe, Ausnutzung des Staates durch Interessen, durch soziale Spannungen und übermäßige Wirtschafts-, Staats- und Völkerkrisen. Wird dagegen die 'soziale Marktwirtschaft' vom politischen Willen des ganzen Volkes getragen, so wird es möglich werden, eine Wirtschaft aufzubauen, die zugleich frei und sozial ist, eine Wirtschaft, die den Arbeitern und Angestellten das Einkommen, das ihrer Leistung entspricht, voll sichert, die ihnen die freie Wahl des Arbeitsplatzes und des Berufes öffnet, die ihnen die Freiheit verschafft, mit ihrem Einkommen zu kaufen, was sie wünschen, und die ihnen vor allem die Chance des Aufstiegs bietet." (Düsseldorfer Leitsätze vom 15. Juli 1949 zitiert nach: Kunz / Maier / Stammen, S. 139)

Auch andere Formen der außerparlamentarischen Willensbildung hatten in dieser Phase der bundesrepublikanischen Entwicklung lediglich marginale Bedeutung.

c) Ökonomische Bereiche: Wirtschaftspolitische Ausrichtung Soziale Marktwirtschaft

Das von der CDU propagierte Modell der sozialen Marktwirtschaft setzte sich durch, was eine weitgehende Aufrechterhaltung der alten Besitzverhältnisse in der Bundesrepublik bedeutete. Die Sozialisierung der Schlüsselindustrien und die zentrale Planung der Wirtschaft wurden damit abgelehnt. Die soziale Markwirtschaft ist ein ordoliberales Wirtschaftsmodell, das Privateigentum an Produktionsmitteln und die freie Marktpreisbildung bejaht. Zentrales Organisationsmittel der Wirtschaft ist der Markt. Allerdings werden die Mängel der marktwirtschaftlichen Wettbewerbsordnung durch eine ordnende Einwirkung des Staates umgangen. Er hat die Aufgabe, den Wettbewerb zu organisieren, den Markt gegen Übergriffe einzelner Marktteilnehmer zu schützen und für soziale Leistungsgerechtigkeit zu sorgen. Das Kartellrecht und die Sozialgesetzgebung können als Beispiele für die Wahrnehmung dieser Aufgaben des Staates angeführt werden.

Wirtschaftsentwicklung

Die Grundlage des wirtschaftlichen Wiederaufbaus der mit dem Ende des Zweiten Weltkriegs zusammengebrochenen deutschen Wirtschaft war die von den westlichen Alliierten durchgeführte Währungsreform im Jahre 1948. Wie schon erwähnt, wurden Sachvermögen bei der Währungsreform gegenüber Geldvermögen bevorzugt, was dazu führte, daß die Besitzverhältnisse in der Bundesrepublik weitgehend erhalten blieben.

Teile der Produktionsanlagen waren zerstört, allerdings waren die Schäden nicht so stark, wie es zunächst den Anschein hatte. Ein großer Teil der Infrastruktur (z.B. unterirdische Leitungssysteme) war der Zerstörung entgangen.

In dieser Situation bot der Marshall-Plan der deutschen Industrie durch Zuschüsse und Kredite günstige Konditionen für eine Anschubfinanzierung der Produktion, die oftmals - mit der Ersetzung zerstörter, veralteter Anlagen durch moderne Produktionstechnologien - auf einem erheblich leistungsfähigeren Niveau als vor und während des Zweiten Weltkriegs stattfand. Zudem wurde die Eigenkapitalbildung der Unternehmen durch steuerliche Vergünstigungen gefördert. Diese günstigen Rahmenbedingungen trafen auf einen langanhaltenden boomenden Binnenmarkt. Die Gebrauchs- und Konsumgüternachfrage war - nicht zuletzt aufgrund des Nachholbedarfs - auf einem hohen Niveau, zudem florierte in der Zeit des Korea-Krieges der deutsche Außenhandel mit zivilen Gütern, während große Kapazitäten der amerikanischen, französischen und britischen Industrie mit der Rüstungsproduktion ausgelastet waren. So ebnete sich in dieser Zeit der deutschen Wirtschaft der Weg auf den Weltmarkt, zusätzlich begünstigt durch eine niedrige Bewertung der Deutschen Mark im Vergleich zum US-Dollar. Da außerdem die Gewerkschaften in den ersten Jahren der Bundesrepublik mit ihren Lohnforderungen zurückhaltend waren, erzielten die Unternehmen hohe Gewinne, die sie reinvestierten, was ebenfalls zum schnellen Wirtschaftswachstum bis Mitte der 60er Jahre beitrug. Dieses Wirtschaftswachstum vollzog sich hauptsächlich in der industriellen Produktion. Vor allem die Herstellung von Massenprodukten (Lebensmittel, Individualverkehr, Alltagsgeräte) führte zu einem fortwährenden Boom. Die Produktion selbst wurde nach arbeitsteiligen Kriterien organisiert; der Taylorismus war die herrschende Managementphilosophie der Zeit.

So erlebte die Bundesrepublik ein vorher nie gekanntes Wirtschaftswachstum mit Vollbeschäftigung und steigendem Wohlstand für alle. Die hohe Nachfrage nach Arbeitskräften, die das einheimische Angebot überstieg, konnte durch qualifizierte Arbeitskräfte aus der DDR, Ost-Flüchtlinge und später auch durch Gastarbeiter aus Südeuropa ausgeglichen werden.

d) Ökonomische Bereiche: Naturwissenschaftlich-technische Orientierung

Die Darstellung des umfassenden Bereichs „Technologie" ist auf die Interdependenz dieses Bereichs mit anderen Subsystemen fokussiert. Unter dem Subsystem „Technologie" werden im folgenden sowohl technologie- und forschungspolitische Fragestellungen als auch technologische Entwicklungen selbst betrachtet. Letztere können selbstverständlich nur beispielhaft erwähnt werden.

Technologie- und Forschungspolitik

Mit der Gründung der Bundesrepublik konnten die Länder die wissenschaftliche Forschung als ihre Dömane verankern. Im Königsteiner Abkommen von 1949 wurde eindeutig festgelegt, daß die Förderung wissenschaftlicher Forschung grundsätzlich eine Aufgabe der Länder ist. Erst im Laufe der Zeit wurden die forschungspolitischen Kompetenzen mehr und mehr von der Länder- auf die Bundesebene verlagert. Wenn dies auch die Analyse der forschungspolitischen Aktivitäten in der Bundesrepublik erschwert, so kann doch allgemein festgestellt werden, daß die Forschungspolitik in den ersten Jahren der Bundesrepublik mit anderen dringlicheren Politikfeldern wie dem Wohnungsbau oder dem Arbeitsmarkt konkurrierte und deshalb relativ geringe staatliche Aufmerksamkeit erfuhr. Zudem standen zum Teil Forschungsbereiche - wie die Rüstungs-, Atom-, Luft- und Raumfahrttechnik - unter der Aufsicht der Alliierten, so daß keine autonome Handlungsfähigkeit der bundesdeutschen Politik in diesen Bereichen gegeben war. Durch diese Rahmenbedingungen geriet die naturwissenschaftliche und technologische Forschung in Deutschland im internationalen Maßstab in einen Rückstand. Verstärkt wurde dies durch die vorausgegangene erzwungene Emigration eines Teils der wissenschaftlich-technischen Intelligenz. Um diesen technologischen Rückstand der Bundesrepublik im internationalen Vergleich zu überwinden, wurden ab 1955 zwei Anstrengungen erkennbar. Zum einen wurden die Wissenschaftsausgaben des Bundes - und damit auch die Ausgaben für Forschung und Entwicklung - in den Jahren zwischen 1955 und 1961 jährlich durchschnittlich um 39% (vgl. Stucke 1993, S. 109) erhöht, und zum zweiten wurde im Jahre 1955 das Bundesministerium für Atomfragen (BMAt) gegründet. Letzteres sollte die Rückständigkeit der deutschen Atomforschung durch eine Förderung der Grundlagenforschung sowie der angewandten Forschung im Bereich der Kerntechnologie überwinden helfen. „Das politische Selbstverständnis des BMAt paßte sich ganz in die liberalistische Wirtschafts- und Gesellschaftsvorstellung der 50er Jahre ein: Man wollte die finanzielle Förderung der Kernforschung erhöhen, ohne damit spezifische Anforderungen an Industrie und Wissenschaft zu verknüpfen." (Stucke 1993, S. 50) Bis in die 60er Jahre hinein blieb die Atomforschung der Kernbereich der bundesdeutschen Forschungspolitik. Anfang der 60er Jahre begann diese „monolithische" Förderstruktur zu bröckeln, und es wurde über einen weiteren Forschungsschwerpunkt, die Weltraumforschung, nachgedacht. Die Bundesregierung beschloß, sich an verschiedenen Weltraumprojekten zu beteiligen. Organisatorischer Ausdruck dieser Überlegungen war die Erweiterung des BMAt zum Bundesministerium für wissenschaftliche Forschung (BMwF) im Jahre 1962. „Wie in der Kernforschung war die Bundesrepublik auch in der Weltraumforschung ein Latecomer" (Stucke 1993, S. 106). Auch in diesem Bereich bestand die Initiative der Bundesregierung in einer nachholenden, die Rückständigkeit der bundesdeutschen Forschung im internationalen Vergleich kompensierenden Politik.

Betrachtet man die Technologiepolitik bis Mitte der 60er Jahre, so läßt sich feststellen, daß sie sich in das ordoliberale Politikverständnis eingliederte und weitgehend auf Interventionen des Staates verzichtete. Staatliche Interventionen wurden nur dort vorgenommen, wo die Marktorientierung offensichtlich zu defizitären Entwicklungen im internationalen Vergleich beitrug. In solchen Fällen wurde eine reaktive, nachholende und Defizite kompensierende Politik initiiert.

Technologische Entwicklungen

Die Entwicklung eines technologischen Produktes läßt sich in Phasen der internen wissenschaftlich-technologischen Bearbeitung (FuE) und in Phasen der massenhaften Anwendung und der Vermarktung einteilen. Da die Unterteilung in „Entwicklungsphasen" hier dem heuristischen Zweck des Aufzeigens der Interdependenz von Technologie und anderen Subsystemen dient, genügt es, zwei Phasen zu unterscheiden. Diese sind:

1. Die innerwissenschaftliche-technologische Bearbeitung, die aus der Entdeckung, der technischen Entwicklung (Prototypen) und der innovativen Anwendung besteht.
2. Die „massenhafte" Verbreitung, die Diffusion, des technologischen Produkts, was auch die Verfeinerung der Geräte einschließt.

Legt man dieses Unterteilung an die erste Phase der bundesdeutschen Geschichte an, so ergibt sich grob die in Tabelle 5 dargestellte Zuordnung.

Es entwickelte sich im Wechselspiel mit einer allmählich steigenden Kaufkraft der Bevölkerung eine eigenständige Konsumgüterindustrie, deren Produkte gezielt zur Steigerung der Annehmlichkeiten in der Lebenswelt eingesetzt wurden. Gleichzeitig erhöhte sich mit der Ausdehnung der industriellen Produktionsweise und der Verbreitung der Alltagstechnik der Energieverbrauch enorm. Betrug der Primärenergieverbrauch im Jahr 1950 knapp 4000 Petajoule, so stieg er bis ins Jahr 1960 schon auf über 6200 Petajoule (nach: Statistisches Bundesamt 1994, S. 368). Die Akzeptanz in der Bevölkerung gegenüber der naturwissenschaftlich-technischen Forschung, gegenüber den industriell-technischen Produktionsmethoden und den Alltagsgeräten war hoch.

44

Tab. 5: Naturwissenschaftlich-technische Entwicklung - Phase I

Entdeckung; Aufklärung; erste technische Entwicklung; innovative Anwendung	- Friedliche Atomtechnologie (Kernspaltung, Kernfusion) - Raumfahrttechnologie - Computertechnologie (Datenverarbeitung) - Transistortechnologie (Elektronik-, z.B. Fernsehtechnologie) - Chemische Technologie - Turbinentechnologie - Radartechnologie
Verbreitung; Diffusion	- Alltagsgeräte: Waschvollautomat, Kühlschrank, Staubsauger, Radio etc. - Verkehrstechnik: Motorrad, Motorroller, PKW, LKW (Individualverkehrstechnik) - Industrielle Fertigung: Elektromotoren im industriellen Einsatz; erste Automaten; Elektomagnetische Steuerung - Wohnungs- und Industriebau: Industrielle Fertigung im Wohnungsbau, Plattenbau; Stahl und Beton - Infrastruktur: Straßenbau und Kanalisierung auch ländlicher Gebiete, Telefonnetze - Landwirtschaft: Motorisierung und Maschinisierung (z.B. Traktor, Vollernter); Einsatz von Kunstdünger, Pestiziden, Herbiziden und Fungiziden; industrielle Tierhaltung - Chemische Industrie: Petrochemie; Kunstfasern - Energiesektor: Kohlekraftwerke; Kohle als wichtigster Energieträger - Medizintechnik: Röntgentechnik - Drucktechnik: Satztechnik - Fotosatz, Fotosatz mit Schriftscheiben; Bildreproduktion

e) Staatliche Bereiche: Herrschendes politisches Orientierungsmuster

Auch wenn es zu Beginn der Bundesrepublik keine Parteien gab, die sich ausdrücklich in die Tradition konservativer Politik stellten, so ist doch der Begriff der Restauration kennzeichnend für diese frühe Phase der Bundesrepublik. Freilich ist nicht ganz eindeutig, was restauriert wurde. Zum Teil wird der Begriff positiv verwendet, um an die rechtsstaatliche und demokratische Tradition der Weimarer Republik anzuknüpfen, zum Teil wird aber auch kritisch die Reaktivierung von Gegnern der Weimarer Republik mit dem Begriff verbunden.

„Die Rede von 'Restauration' ist mehrdeutig. Ihre Grundbedeutung scheint zunächst darin zu bestehen, daß an die Stelle von Willkür und Terror, wie sie in den zwölf Jahren der Hitler-Diktatur herrschten, ein neuer Rechtsstaat entstanden ist, der durch eine grundgesetzliche Ordnung Menschen- und Bürgerrechte garantierte, wie sie in den westlichen Demokratien schon seit der amerikanischen und der französischen Revolution proklamiert wurden. Zugleich aber ist deutlich geworden, daß diese verfassungsmäßige Garantie rechtsstaatlicher Verhältnisse allein noch wenig über die demokratische Qualität der Institution und der politischen Kultur in der neu entstandenen Bundesrepublik selbst sagt." (Lenk 1989, S. 176 f.)

Wenn sich auch die Parteien der Bundesrepublik in der Nachkriegszeit nicht ausdrücklich als konservativ bezeichneten, so setzte sich doch mit der Regierung Adenauer eine konservative politische Orientierung durch. Versucht man, diese konservative Grundströmung zu charakterisieren, so läßt sich dies mit Hilfe einiger Topoi bewerkstelligen, die als Gegenreaktionen konservativen Denkens auf soziale, ökonomische und weltanschauliche Herausforderungen verstanden werden können.

Sicherlich befand sich der Konservatismus in der Nachkriegszeit in einer Gegenposition zum „Totalitarismus" des Nationalsozialismus auf der einen und des Sowjetkommunismus auf der anderen Seite. Diese Gegenposition gegen den „Totalitarismus" führte - nicht nur bei Konservativen - zu einer Betonung der Demokratie sowie der Rechts- und Sozialstaatlichkeit. Allerdings erfuhr diese eine spezifisch konservative Ausprägung, die in einer stärkeren Betonung von Ordnung und Sicherheit gegenüber demokratischer Teilhabe zu sehen ist. Die Aufgabe des Staates besteht nach dieser Auffassung darin, „formale Normen zur Abgrenzung der Rechte der Staatsbürger untereinander aufzustellen, über ihre Einhaltung zu wachen und den Schutz der Staatsbürger gegen Eingriffe von außen sicherzustellen." (Hans Frederik, zitiert nach: Lenk: 1989, S. 204) Demgegenüber wurde die demokratische Teilhabe und Mitbestimmung zurückgedrängt, was sich in dem Begriff der Kanzlerdemokratie manifestierte. In demokratischer Hinsicht war die Bundesrepublik in der ersten Phase eine auf die Autorität des Kanzlers fixierte Republik. Damit korrespondierte ein Demokratiebegriff, der Demokratie auf die Möglichkeit des Austausches von Eliten reduzierte (siehe Kapitel: Bürgerschaftliche Willensbildung).

Tageszeitungen und Wochenzeitschriften (Printmedien), Rundfunk und ein erstes Fernsehprogramm waren die Medien, in denen sich die Politik der Öffentlichkeit präsentierte. Sie gewannen zunehmend an Bedeutung für politische Prozesse und den Kampf um die politische Macht. Mit wenigen Ausnahmen (vor allem „Der Spiegel") waren die Medien tendenziell regierungstreu. Dies veranlaßte Jürgen Habermas in seinem Buch „Strukturwandel der Öffentlichkeit" (Habermas 1962) zur These von der Refeudalisierung der Öffentlichkeit. Insgesamt war das Verhältnis von Medien und Politik durch Kooperation und Sachlichkeit gekennzeichnet.

Vor allem die Frontstellung Deutschlands gegen das Hegemonialstreben der Sowjetunion führte zu einer Westbindung, die eine Wiedervereinigung Deutschlands in dieser Zeit faktisch verhinderte, wenngleich sie auf der Ebene der politischen Rhetorik propagiert wurde.

In der Entscheidung für die soziale Marktwirtschaft schwangen Motive gegen ein rationales, planendes Handeln des Staates mit. Auch hier ist eine Abwehrhaltung gegen die Sowjetunion und ihre Planwirtschaft unverkennbar. Mit der Entscheidung für die soziale Marktwirtschaft mischten sich die konservative Ablehnung aller Planung mit der liberalen Ablehnung einer gesamtwirtschaftlichen Planung (vgl. Lenk 1989, S. 209 ff.). Der Staat hatte im wesentlichen die Aufgabe, die Funktionsbedingungen des Marktes sicherzustellen.

Mit dieser gegen die Aufklärung gerichteten „Planungsphobie" war auch eine Ablehnung der Moderne verbunden, mit der die Entzauberung der Welt, die Technisierung des Alltags und der 'Verlust der Mitte' verbunden wurde. Dem hielten Konservative dieser Zeit das „elementare menschliche Bedürfnis" nach Bindungswerten entgegen. Institutionen wie Familie und Religion wurden durchaus prägend für das geistige Klima der Nachkriegszeit und verbanden sich mit Tugenden wie Pflichtbewußtsein und Unterordnung, die für das Funktionieren einer tayloristisch organisierten Wirtschaft unabdingbare Voraussetzungen sind.

Die dominante Rolle von Bundeskanzler Konrad Adenauer (Kanzlerdemokratie) führte am Ende seiner Regierungszeit zu einer politischen Legitimationskrise, in der sich neue Motive konservativen Denkens herausbildeten. Erwähnenswert sind vor allem die Idee der „formierten Gesellschaft" (Ludwig Erhard) und die des „technokratischen Konservatismus".

Die Formierung der Gesellschaft, also die Idee eines neuen Grundkonsenses in der Gesellschaft, wurde - nach dem konservativen Argumentationsmuster - notwendig, weil in der pluralistischen Verbandsgesellschaft die egoistischen Interessen dominierten. Diesem Egoismus begegne die formierte Gesellschaft mit einem Konsens der gemeinwohlorientierten Gruppen, der den Staat in die Lage versetze, notwendige Reformen durchzuführen. Zudem werde ein Konsens über vordringliche staatliche Aufgaben hergestellt, insgesamt solle also die staatliche Autorität gestärkt werden. Durch diese Anerkennung des Staates als Problemlösungsinstanz solle dem einzelnen das Gefühl von Geborgenheit vermittelt werden, was umgekehrt auch eine verpflichtende Hingabe des einzelnen an das Staatsganze bewirke (zum Begriff Formierte Gesellschaft siehe: Hartfiel / Hillmann, Stuttgart 1982, S. 214). In diesem Konzept vermischte sich eine konservative Staatsüberhöhung mit Bedenken gegenüber demokratischen und pluralistischen Bewegungen, denn die Klage über „egoistische" pluralistische Interessen bedauerte - in der konservativen Argumentation - die Abhängigkeit des Staates von den gesellschaftlichen Kräften und wollte stattdessen den Staat - zumindest im „Ernstfall" - als alleinige Entscheidungsinstanz zurückgewinnen. So schrieb der heutige Bundespräsident Roman Herzog (1971) bezogen auf den Ernstfall, daß

„es notwendig sei, ...eine Konzentration sämtlicher staatlichen Kräfte vorzunehmen, und zwar in der Hand eines monokratisch organisierten Staatsorgans... So läßt sich... die Chance schneller Entscheidungen und echter charismatischer Führerschaft anführen, die, wie immer man über sie denken will, jedenfalls eine Garantie dafür ist, daß auch das Staatsvolk mit aller Kraft an dem gemeinsamen Ziel der Krisenbewältigung mitwirkt" (Roman Herzog, zitiert nach: Lenk 1989, S. 220).

Die demokratische Funktion des Volkes wird ansonsten auf den turnusmäßigen Wahlakt reduziert, das Volk übergibt die Verantwortung an eine staatliche Elite ("Exekutive"). Gegen pluralistische und weiterführende demokratische Mitbestimmungsmodelle wird in diesen konservativen Argumentationsmustern auf die staatliche Autorität als Problemlösungsinstanz rekurriert; der souveräne, autonom handelnde Staat ist - nach dieser Vorstellung - von der Gesellschaft funktional getrennt.

Der technokratische Konservatismus ist eine Spielart, die sich in den 60er Jahren herausbildete. Kennzeichnend für ihn war und ist eine kategoriale Neuorientierung, eine Achsendrehung des Konservatismus.

"Vor dem Passieren der Achsenzeit ist der Konservatismus rückwärts gewandt, nachher richtet er sich der Zukunft entgegen. Vor der Achsenzeit ist das konservative Bemühen darauf konzentriert, das Überlieferte zu bewahren oder gar einen verflossenen Zustand wiederherzustellen. Die Achsenzeit wird dann zur Zeit der Ernüchterung. In ihr erkennt der Konservative, daß andere politische Gruppen einen Status quo geschaffen haben, der für ihn nicht mehr akzeptabel ist, daß frühere Zustände nicht mehr restaurierbar sind. Von nun an richtet sich sein Blick nach vorne." (Mohler, zitiert nach Lenk 1989, S. 233)

Mit diesem Blick nach vorne änderte sich das Verhältnis vieler Konservativer zur Technik und zur technischen Zivilisation. Wurde bis in die 50er Jahre von ihnen vor allem die nivellierende Funktion der technischen Zivilisation beklagt, so bezieht der Konservatismus jetzt die technische Rationalität in seine Argumentation ein. Konservative sehen sich nun nicht nur an der Spitze technischer Entwicklungen, sondern sie reduzieren das Politische auf eine technische Angelegenheit, der Sachzwang tritt an die Stelle der politischen Auseinandersetzung. Diese als Technokratiethese bekanntgewordene Position vertrat erstmals Helmut Schelsky in seinem Vortrag "Der Mensch in der wissenschaftlichen Zivilisation" (Schelsky 1961). Nach dieser Ansicht ergeben sich die richtigen Entscheidungen aus Sachgesetzlichkeiten, die von Experten erkannt und von diesen für die Politik aufbereitet werden. Die Funktion der Politik reduziert sich auf die Sanktionierung der sachgerechten Entscheidung. Damit wird Politik obsolet, denn an die Stelle des politisch-ideologischen Diskurses tritt der Sachzwang, der von wissenschaftlich-technischen Experten formuliert wird. Nach dieser Sachzwangthese verliert jede Form der politischen Willensbildung ihren Sinn; es ist die Eigengesetzlichkeit der Sache, aus der eine Entscheidung erwächst, und die wissenschaftlich-technische Elite ist das Sprachrohr dieses Sachzwangs.

f) Staatliche Bereiche: Administratives Handlungsmuster

Das Verhältnis von Politik und Verwaltung läßt sich in dieser Phase am besten mit dem Modell der exekutiven Führerschaft beschreiben. Mit der Kanzlerdemokratie hatte sich eine starke politische Führung, bestehend aus Kabinett und Kanzler, etabliert. Diese wirkte der Tendenz der Verwaltung zur Selbstführung entgegen und achtete auf eine strenge instrumentelle Hierarchisierung der Verwaltung. Allerdings etablierten sich zur Erfüllung der Vorbereitungsfunktion der Regierung in der Verwaltung „verselbständigte, den politischen Hierarchiechefs attachierte Führungsstäbe" (Grauhan 1969, S. 14). Der politischen Führung kam die Funktion der Setzung von Zielen und Festlegung von Prioritäten zu. Diese enge Verbindung von Verwaltungsspitzen und Regierung zeitigte Momente einer Entmachtung des Parlaments. Das Parlament hatte eine relativ geringe Bedeutung gegenüber diesen Akteuren, die den politischen Willensbildungs- und Gesetzgebungsprozeß dominierten. Die übrige Verwaltung hatte überwiegend vollziehende Funktionen, war der Führung nachgeschaltet und handelte bei ihren Einzelentscheidungen regelgebunden (Gesetze; Verwaltungsvorschriften).

1.2. Interdependenz der Subsysteme (Bereiche)

Nach dieser groben Beschreibung der Subsysteme soll im folgenden gefragt werden, worin ihre Interdependenz (wechselseitige Abhängigkeit) bestand. Es wird also analysiert, ob und wie die Subsysteme miteinander verwoben waren.

a) Gesellschaftspolitische Bereiche: Organisierte Interessenvertretung

Nach dem Ende des Zweiten Weltkrieges konkurrierten zunächst zwei handlungsleitende Orientierungsmuster organisierter Interessenvertretung. Auf der einen Seite standen die Gewerkschaften mit ihrer Forderungen nach Sozialisierung der Schlüsselindustrien, nach zentraler Wirtschaftsplanung und nach weitgehender Demokratisierung der Wirtschaft. Auf der anderen Seite befanden sich die Arbeitgeberverbände, die „naturgemäß" an einem Fortbestand der alten Besitzverhältnisse und einer weitgehend autonomen Entscheidungsfähigkeit der Kapitaleigner interessiert waren. Der Staat griff in dieses Spannungsverhältnis ein, indem er mit dem Konzept der sozialen Marktwirtschaft den Ordnungsrahmen für eine marktwirtschaftliche Lösung unterstützte und auf eine zentrale Wirtschaftsplanung verzichtete.

Die Interdependenz von Politik und pluralistischer Interessenvertretung bestand darin, daß sich bei den Wahlen eines der beiden konkurrierenden handlungsorientierenden Muster durchsetzte und die Politik den Ordnungsrahmen für die soziale Marktwirtschaft als im pluralistischen Wettbewerb obsiegenden Wirtschaftsmodell zu schaffen vermochte. Weiterhin konnten die Subsysteme funktional ineinandergreifen, weil die im politischen Wettbewerb Unterlegenen (Gewerkschaften; SPD) die demokratischen Spielregeln des parlamentarischen Systems und der pluralistischen Interessenorganisation akzeptierten.

b) Gesellschaftspolitische Bereiche: Bürgerschaftliche Willensbildung

Die Interdependenz der Willensbildung mit anderen Subsystemen ist evident. Die Willensbildung beschränkte sich weitgehend auf den Wahlakt. Andere Formen politischer Partizipation und die Demokratisierung der Wirtschaft wurden nicht forciert. Die Kapitaleigner hatten nach dem Konzept der sozialen Marktwirtschaft eine weitgehend freie Verfügungsgewalt über die Produktionsmittel, sie und der Markt bestimmten über Produktionsweise und Produktgestaltung und weitgehend auch über die Verteilung in Übereinstimmung mit der politischen Mehrheit.

c) Ökonomische Bereiche: Wirtschaftspolitische Ausrichtung

Es bestand eine mehrfache Interdependenz der wirtschaftspolitischen Ausrichtung und der wirtschaftlichen Entwicklung mit anderen Subsystemen.

Zum einen wurde die sozialgebundene Marktwirtschaft oftmals als das wirtschaftliche Pendant zur pluralistischen Organisation gesellschaftlicher Interessen und zur repräsentativen Demokratie gesehen. Als das gemeinsame, verbindende Element wurde der Markt erkannt. Wie in der Wirtschaft der Markt über das Spiel von Angebot und Nachfrage zum entscheidenden Steuerungsmedium wird, so steuere im Bereich der pluralistischen Interessenorganisation und im politischen Bereich die Kraft des besseren Arguments; sie bahne sich in einer „marktähnlichen" Auseinandersetzung der Ideen ihren Weg. Wenn auch diese Argumentation - aufgrund der Mißachtung gesellschaftlicher Machtverhältnisse - dem Ideologieverdacht nicht gänzlich entgehen konnte, so hatte sie dennoch gesellschaftspolitische Wirkung und trug zur funktionalen Verzahnung, zur Interdependenz der gesellschaftlichen Subsysteme bei. Zum anderen war es das enorme Wirtschaftswachstum und der daraus resultierende wachsende materielle Wohlstand für alle Bevölkerungsteile, die entscheidend zu einem funktionalen Ineinandergreifen zwischen den Subsystemen beitrugen. So wurden die gewerkschaftlichen Forderungen nach einer Sozialisierung von Schlüsselindustrien, nach mehr zentraler Steuerung der Wirtschaft und nach mehr Demokratisierung der Wirtschaft vor dem Hintergrund des wachsenden Wohlstands politisch irrelevant. Die Gewerkschaften verzichteten in dieser Situation auf eine radikale politische Durchsetzung zentraler gesellschaftspolitischer Nachkriegspositionen und begannen, sich den neuen Gegebenheiten anzupassen.

Die Stabilität der parlamentarischen Demokratien wurde eher über einen wachsenden Wohlstand als über Mitbestimmungsformen der Bevölkerung hergestellt. Wie es Seymour Martin Lipset in dieser Zeit formulierte:

„Wenn man nach Relationen zwischen dem politischen System und anderen Aspekten der Gesellschaft Aussschau hält, stößt man sofort auf die Behauptung, daß die Demokratie irgendwie mit dem Grad der wirtschaftlichen Entwicklung zusammenhängt. Je wohlhabender ein Volk, desto größer die Aussicht, daß es eine Demokratie entfalten wird. Seit Aristoteles ist immer wieder argumentiert worden, daß die Masse der Bevölkerung nur in einer wohlhabenden Gesellschaft, in der verhältnismäßig wenige Bürger in wirklicher Armut leben, wahrhaft am politischen Leben teilnehmen und genügend Selbstbeherrschung aufbringen können, um den Verlockungen verantwortungsloser Demagogen zu widerstehen." (Lipset 1962, S. 42)

d) Ökonomische Bereiche: Naturwissenschaftlich-technische Orientierung

Die Interdependenz des Subsystems „Technik" mit anderen Bereichen zeigt sich erstens in der reaktiven Technologiepolitik der Bundesregierung. Das Credo der ordoliberalen Politik „Der Markt steuert" erwies sich auch in der Technologiepolitik als mehrheitsfähig und führte in Verbindung mit anderen Faktoren im Ergebnis zu einem technologischen Rückstand der BRD in der Hochtechnologie. Dieses Defizit des Marktes führte dann zu einer Reaktion des Staates, der Programme finanzierte, um volkswirtschaftliche Nachteile der „natürlichen" Marktentwicklung abzuwenden, ohne allerdings selbst steuernd auf die Technologiepolitik einzuwirken.

Zweitens zeigte sich die Verwobenheit in der Verbindung von der Technologisierung des Alltags mit dem steigenden Wohlstand in der Bundesrepublik. Die wirtschaftlichen Rahmenbedingungen (industrielle Produktionsweise, Außen- und Binnennachfrage) führten im Zusammenspiel mit der Diffusion von Technologien zu einer Technisierung der Lebenswelt. Ein großer Teil der industriellen Produktion bediente nun wachsende Märkte im Konsumgüter- und Freizeitbereich. Es entwickelte sich ein eigener Wirtschaftszweig, die Werbebranche, die sich mit der Vermarktung dieser Güter beschäftigte. Damit einher ging auch eine massive Beeinflussung der Lebenswelt durch die wirtschaftlich-technische Systemwelt.

Drittens bestand eine Verwobenheit von technologisch mitbedingtem Wohlstand und der Stabilsierung der parlamentarischen Demokratie. Durch den wachsenden Wohlstand und den hohen Beschäftigungsgrad begann die Arbeiterklasse, allmählich ihre „historische Identität" zu verlieren. Ein Ausdruck dieser Entwicklung war der Wandel der SPD von der Klassen- zur Volkspartei mit dem Godesberger Programm von 1959.

e) Staatliche Bereiche: Herrschendes politisches Orientierungsmuster

Mit der konservativen politischen Ausrichtung korrespondierte die marktwirtschaftliche Orientierung und damit der Verzicht auf Elemente zentraler Planung und demokratischer Mitbestimmung in der Gesellschaft. Auch im politischen Bereich wurde die Willensbildung auf die Möglichkeit des Austausches der Eliten durch Wahlen beschränkt. Dem entsprach die Kanzlerdemokratie, mit der sich auch die Vorstellung eines starken, autonomen Staates verbindet. Mit dem Rücktritt Adenauers sollte dieser starke, autonom gedachte Staat mit der Idee der formierten Gesellschaft vor Abhängigkeiten und „Angriffen" von seiten der mächtiger werdenden pluralistischen Kräfte geschützt werden. Die staatlichen Eliten sollten in ihren wenigen ureigenen Feldern „weiterhin" autonom entscheiden können, nicht zuletzt, um die Effizienz jener Entscheidungen zu erhöhen.

Eine Verwobenheit mit dem technologischen Bereich ist ebenfalls deutlich erkennbar. Die konservative Technikfeindlichkeit zu Beginn der Bundesrepublik entsprach der faktischen Rückständigkeit im Bereich der Hochtechnologie. Parallel zu der wirtschaftlichen Notwendigkeit, diesen Rückstand zu beheben, entwickelte sich der technokratische Konservatismus. Konservative sahen sich nun an der Spitze des technischen Fortschritts und reduzierten Politik sogar auf eine technische Angelegenheit, was demokratische Willensbildungsprozesse und politische Diskurse als zweitrangig erscheinen ließ.

Auch das Verhältnis von Politik und Öffentlichkeit wurde durch die technischen Entwicklungen verändert. Der Rundfunk und später das Fernsehen entwickelten sich zunehmend zu einem Forum der Politikverkündung.

Das durchgängige Muster des sich wandelnden Konservatismus der ersten Phase war die Immunisierung der Eliten gegen Kritik der Basis.

f) Staatliche Bereiche: Administratives Handlungsmuster

Die Kanzlerdemokratie und der „reduzierte" konservative Demokratiebegriff, der einzig auf die zeitlich begrenzte und durch Wahlen legitimierte Herrschaft einer Elite abzielte, waren eng mit dem Modell der
„exekutivischen Führerschaft" verwoben. Es war eine kleine Elite, bestehend aus Verwaltungsspitzen und Regierung, die im wesentlichen
die Entscheidungen vorbereitete und politisch durchsetzte. Die Wil-
lensbildungsfunktion der Parlamentarier wurde zurückgedrängt.

1.3. Kennzeichnung der Phase

Das Paradigma dieser Phase läßt sich als liberal-pluralistische Lei-
stungs- und Wettbewerbsgesellschaft kennzeichnen.

In der Ökonomie war es die unsichtbare Hand des freien Marktes, die,
vermittelt durch ein freies Spiel von Angebot und Nachfrage, das
Wirtschaftsgeschehen lenkte. In der Politik war es das freie Spiel der
politischen Kräfte, die mit deutlich unterschiedlichen politischen Vorstellungen und Konzepten um die Gunst des Wählers warben. Einmal
gewählt, bestimmten die Eliten den Kurs.

Ökonomie und Staat wurden weitgehend als zwei unabhängige
Sphären gedacht; der Staat wirkte nicht aktiv steuernd, sondern reaktiv
in gesellschaftliche Bereiche hinein. Die Funktion des Staates bestand
in dieser Phase in bezug auf das Wirtschaftsgeschehen insbesondere
darin, Monopolbildungen zu verhindern und Engpässe auf dem Arbeitsmarkt zu beseitigen („Gesetz gegen Wettbewerbsbeschränkungen"
1957, „Gesetz über Arbeitsvermittlung und Arbeitslosenversicherung"
1957). Umgekehrt wurde der Staat als autonom von gesellschaftlichen
Einflüssen betrachtet, in diesem Sinne war er - nach der herrschenden
Vorstellung - ein „starker" Staat in kleinen Funktionsbereichen.

Die gesellschaftliche Integration wurde im wesentlichen durch zwei
Faktoren erreicht. Der erste Faktor, die politische Integrationskraft der
Kanzlerdemokratie, dürfte dabei allerdings im Verhältnis zum zweiten
Faktor, dem wachsenden Wohlstand der Gesellschaft, eine geringere

Bedeutung gehabt haben. Es war vor allem die scheinbar nicht endende Prosperität, die die Gesellschaft bis Mitte der 60er Jahre zusammenhielt. Der Wohlstand aller wurde zum integrierenden Moment, hinter dem die zunächst deutlichen Unterschiede zwischen der SPD und den Gewerkschaften einerseits und der CDU und FDP sowie den Wirtschafts- und Arbeitgeberverbänden andererseits ihre Trennschärfe zu verlieren begannen.

Das Paradigma dieser Phase läßt sich auf der abstrakten Ebene des Zeitverständnisses extrahieren. Vorherrschend war die Idee des Zeitkreises, der Wiederholung. Mit diesem Zeitverständnis charakterisiert Theodor W. Adorno im seinem Aufsatz von 1954 „Beitrag zur Ideologienlehre" die Massenkultur: „Wollte man in einem Satz zusammendrängen, worauf eigentlich die Ideologie der Massenkultur hinausläuft, man müßte sie als Parodie des Satzes: 'Werde was du bist' darstellen: als überhöhende Verdopplung und Rechtfertigung des ohnehin bestehenden Zustandes, unter Einbeziehung aller Transzendenz und aller Kritik." (Adorno 1979, S. 476) In der Ökonomie ist es die „unsichtbare Hand" mit der Vorstellung von temporärer Stimulanz zugunsten der Wiederholung von Investition, Konsumtion und Reinvestition, die diese Kreislaufvorstellung wiederspiegelt.

1.4. Phasenübergang I / II

Am Ende der Ära Adenauer zu Beginn der 60er Jahre deutete sich jedoch eine erste politische Krise an. Die politische Integration der Kanzlerdemokratie verlor mit dem nahenden Rücktritt Adenauers ihre Kraft, und es entstand von konservativer Seite der Versuch, andere konservative Integrations- und Argumentationsmuster (Korporatismus und Sachzwang-These) zu installieren. Daß dieser Versuch mißlang, hat einen Grund in der ersten ernstzunehmenden Rezession der Nachkriegszeit in den Jahren 1966 und 1967. Die Krise zeigte sich in einer steigenden Staatsverschuldung, einer hohen Inflation und einem Kapitalüberfluß. Die Folgen der wirtschaftlichen Krise (Anstieg der Arbeitslosigkeit, negatives Wirtschaftswachstum, sinkende Nachfrage etc.) verstärkten die politische Krise. In der Krise entstand mit den

Konzepten der formierten Gesellschaft (CDU) und der „Konzertierten Aktion" (SPD) der Ruf nach Lösungen, die gemeinsam von „an sich" konfligierenden gesellschaftlichen und politischen Kräften erarbeitet wurden. Wurde mit der formierten Gesellschaft von konservativer Seite eine korporatistische Konzeption vorgeschlagen, nach der die Verbände (allen voran die Gewerkschaften) sich mit ihren Forderungen am „Gemeinwohl" orientieren sollten, so hielten die Sozialdemokraten diesem mit der „Konzertierten Aktion" ein Konzept entgegen, das auf einer mündigen Gesellschaft beruht und nach dem in einem rationalen Diskurs von gesellschaftlichen Gruppen über die wichtigen makroökomischen Steuerungsgrößen befunden werden sollte. Die Gemeinsamkeit beider Konzepte bestand darin, daß das politische System aktiv(er) wurde und in der Krise nach Bündnispartnern für eine andere Form der Politik suchte.

Die ordoliberale Wirtschaftspolitik wurde von vielen als eine Ursache für die Wirtschaftskrise erkannt, und es entstand die Forderung nach einer antizyklischen, aktiven Politik des Staates. Die Ursachen der Schwierigkeiten wurden vor allem in Nachfragedefiziten gesehen. Außerdem konnten Strukturprobleme, z.B. im Bergbau, für die Krise verantwortlich gemacht werden. Diesen Defiziten sollte nun durch eine Globalsteuerung begegnet werden. Als frühe, wichtige Programme dieser Globalsteuerung gelten die Konjunkturprogramme im Tiefbau, aber auch technologische Programme (Datenverarbeitung, Weltraumtechnologie) können als Vorläufer einer aktiven Politik genannt werden.

Die Globalsteuerung war Ausdruck einer neuen - in der offiziellen Politik bis dahin nur rudimentär vorhandenen - Ideenwelt, die makropolitische Planung in ihren Mittelpunkt stellte. An den Universitäten wurden z.B. Lehrstühle für Planungstheorie und für Raum- und Stadtplanung eingerichtet. Damit einher geht ein anderes paradigmantisches Zeitverständnis: Der zirkuläre Zeitkreis wird durch den linearen Zeitvektor abgelöst.

Politisch war es die Zeit der großen Koalition und damit der Versuch, die antagonistischen gesellschaftlichen Kräfte zu vereinen, um gemeinsam die Lösung der Krise zu bewerkstelligen. In der Wirtschaftspolitik wurde Abschied genommen von der ordoliberalen Pra-

xis. Dabei ist es nicht verwunderlich, daß die Politik der keynesiansi-
chen Globalsteuerung von der Bevölkerung und der Öffentlichkeit eher
der SPD zugetraut wurde. War sie es doch, die schon seit Beginn der
Bundesrepublik für eine stärkere politische Steuerung der Marktwirtschaft plädierte. Aus der ersten Wirtschaftskrise heraus erhielt die Sozialdemokratie in der Regierungsverantwortung ihre Bewährungschan-
ce.

2. Zweite Phase: Sozial-liberaler Pluralismus und aktiver Staat

2.1. Beschreibung der Subsysteme

a) Gesellschaftspolitische Bereiche: Organisierte Interessenvertretung

Mit der „Konzertierten Aktion" war - als Reaktion auf die Rezession
1966/67 - eine neue politische Form der Krisenbewältigung initiiert
worden, in der die wirtschaftlichen Interessenverbände (vor allem Gewerkschaften, Arbeitgeberverbände) ihren Einflußbereich ausdehnen
konnten und gemeinsam mit der Regierung politisch gestaltend wirkten. Mit dieser kooperativen Form der Politik konnten Arbeitskämpfe
bis Mitte der 70er Jahre verhindert werden. In den Krisen der 70er
Jahre wurde die „Konzertierte Aktion" aufgekündigt, und es kam wieder zu Streiks und Aussperrungen.

Die etablierten Verbände konnten ihre Macht durch eine Erhöhung
ihrer Mitgliederzahlen sowie mittels Kooperation der Verbände untereinander und mit staatlichen Instanzen erweitern. Dies führte dazu, daß
vielfach vom Verbändestaat gesprochen wurde.

Zudem formierten sich „neue soziale Bewegungen" und damit andere - oft „nur" spontane - Formen der organisierten Interessenvertretung. Sie rekrutierten sich aus dem Protestpotential der Studentenbewegung und aus Menschen, die einen Wertewandel von materialisti-
schen zu postmaterialistischen Werten wollten. Vor allem jüngere und
besser ausgebildete Menschen engagierten sich nun - vorbei an den

etablierten Verbänden und Parteien - im politischen und sozialen Bereich. Bürgerinitiativen oder Selbsthilfegruppen bildeten typisierende Formen dieser neuen Interessenvertretung. Vielfach konzentrierten sie sich auf die lokale Ebene, Ausnahmen davon bildeten die Bürgerinitiativen im Bereich der Umwelt-, Energie-, Frauen- und Friedenspolitik. Den theoretischen Hintergrund dieser Bewegungen lieferte die These der horizontalen und vertikalen Disparitäten von Claus Offe, nach der die Gruppen und Lebensbereiche, die nicht unmittelbar dem Verwertungsprozeß des Kapitals unterliegen, benachteiligt werden. Die Konzentration der neuen sozialen Bewegungen auf lokale Themen wie etwa den öffentlichen Nahverkehr und überregionale Themen wie die Ökologie, die in einem Widerspruch zur Ökonomie gesehen wurde, bestätigten diese These. Beklagt wurde auch eine „Kolonialisierung der Lebenswelt" (Habermas 1981) durch das politisch-ökonomische System und die Bürokratisierung des Alltags.

Insgesamt kam es zu einer Ausdifferenzierung der pluralistischen Gesellschaft und zu einem Bedeutungsgewinn der organisierten Interessenvertretung.

b) Gesellschaftspolitische Bereiche: Bürgerschaftliche Willensbildung

Etwa Mitte der 60er Jahre - mit dem sich abzeichnenden Ende der Kanzlerschaft Adenauers und der beginnenden ersten Wirtschaftskrise - ging auch die unkritische Akzeptanz der vorgefundenen demokratischen Strukturen in der BRD zu Ende. Indikatoren dafür waren das Erstarken der Nationaldemokratischen Partei Deutschlands (NPD), die Diskussion um die Notstandsgesetze, der Beginn der Studentenbewegung und die Entwicklung der außerparlamentarischen Opposition (APO).

In diesem Klima formierten sich Kräfte, die mehr Demokratie in Staat und Gesellschaft einklagten. Die Gewerkschaften forderten - anknüpfend an ihre Position in der frühen Nachkriegszeit - mehr Mitbestimmung in den Betrieben. Die Studenten übten Kritik an den autoritären Strukturen in Institutionen der Gesellschaft (Hochschulen, Schulen, Krankenhäuser, Gefängnisse etc.) und verlangten deren Ersetzung durch demokratisch-partizipative Strukturen. Teile der Studentenbewegung propagierten mit der Rätedemokratie ein Gegenmodell zum parlamentarischen Regierungssystem. Als alternative demokratische Vorstellung wurde diese Form der direkten Demokratie durchaus ernstgenommen und zu praktizieren versucht.

Die Forderung nach mehr Demokratie wurde von den Parteien (vor allem der SPD) teilweise übernommen und führte zu Gesetzen, in denen eine stärkere Beteiligung der „Betroffenen" vorgesehen war. Beispielhaft sei hier auf das Städtebauförderungsgesetz von 1971, die Reform des Betriebsverfassungsgesetzes von 1972 und das Mitbestimmungsgesetz von 1976 verwiesen.

Insgesamt gewannen diejenigen Kräfte an politischem Gewicht, die die gesellschaftliche Evolution durch eine verstärkte Beteiligung der Bürger an den politischen Entscheidungen vorantreiben wollten. „Mehr Demokratie wagen" war der Wahlspruch all jener, die diesen Weg einschlugen. Dieses „Mehr an Demokratie" bedeutete eine Aktivierung der Bürger in den Parteien und in Formen der direkten Partizipation an punktuellen Willensbildungs- und Entscheidungsprozessen. Die Bürgerbeteiligung zielte auch auf eine Effizienzsteigerung durch Demokratisierung; sowohl der Informationsfluß als auch die Akzeptanz gegenüber getroffenen Entscheidungen sollten erhöht werden. Die Demokratisierung sollte auch zu Effizienzsteigerungen in politischen und administrativen Prozessen beitragen und so die Entwicklung der Gesellschaft forcieren.[11]

c) Ökonomische Bereiche: Wirtschaftspolitische Ausrichtung

Weiterhin blieb die soziale Marktwirtschaft die wirtschaftspolitische Grundlage in der Bundesrepublik. Allerdings wurde mit der Wirtschaftskrise 1966/67 eine Kritik an der bisherigen Überbetonung der Selbststeuerung des Marktes laut, und es wuchs die Einsicht in die Notwendigkeit einer sanften politischen (Makro-)Steuerung. Die auf J.M. Keynes zurückzuführende Globalsteuerung wurde als die wirtschaftspolitische Möglichkeit zur Beherrschung der Wirtschaftskrise

---

11 Der Radikalenerlaß von 1972 zeigt jedoch, wie problematisch der Demokratisierungsprozeß sich gestaltete. Der Entwicklung der terroristischen Szene wurde durch eine engere Auslegung demokratischer Freiheitsrechte entgegengewirkt.

betrachtet. Nach dem Konzept der Globalsteuerung bleiben die privatwirtschaftlichen Entscheidungen (Mikroebene) unangetastet, allerdings sollen gesamtwirtschaftliche Größen (Makroebene) wie Konsum, Staatsausgaben oder Nachfrage beeinflußt werden. Das Gesetz zur Förderung der Stabilität und des Wachstums der Wirtschaft (Stabilitätsgesetz) vom Juni 1967 war ein exemplarischer Ausdruck dieser neuen wirtschaftspolitischen Orientierung, die durch die Beteiligung der SPD an der Bundesregierung 1966 ermöglicht wurde. Mit dem Stabilitätsgesetz sollte das gesamtwirtschaftliche Gleichgewicht erhalten werden, indem die wirtschafts- und finanzpolitischen Maßnahmen so zu treffen wären, daß sie im Rahmen der marktwirtschaftlichen Ordnung gleichzeitig zur Stabilität des Preisniveaus, zu einem hohen Beschäftigungsgrad und zu außenwirtschaftlichem Gleichgewicht bei stetigem und angemessenen Wirtschaftswachstum beitragen (sogenanntes Magisches Viereck, §1 StabG). Die Globalsteuerung zielt in erster Linie auf die Kompensierung von Schwankungen der gesamtwirtschaftlichen Nachfrage.[12] Der Staat versucht nach diesem Konzept, aufgrund von Planungsdaten seine Einnahmen und Ausgaben antizyklisch zu tätigen und damit indirekt Einfluß auf private Investitions- und Konsumentscheidungen zu gewinnen. Durch eine Erhöhung der Staatsausgaben und Steuererleichterungen soll in einer rezessiven Phase die Gesamtnachfrage ausgeweitet und nötigenfalls durch eine Staatsverschuldung gedeckt werden. In der konjunkturellen Hochphase wird die Nachfrage gedrosselt, was eine Einschränkung der staatlichen Ausgaben und Steuererhöhungen impliziert.

Der Krise, deren hauptsächliche Ursache in mangelnder Nachfrage gesehen wurde, sollte - gemäß der Globalsteuerung - mit antizyklischen Konjunkturprogrammen begegnet werden. Diese waren vor allem im Infrastrukturbereich angesiedelt. Der Konjunkturumschwung, der im Frühsommer 1967 einsetzte, war

„das Resultat von Nachfrageimpulsen aus drei Richtungen. Gemeinsam gewannen die Inlandsnachfrage nach Investitionsgütern, die Auslandsnachfrage und die Tiefbaunachfrage der öffentlichen Hand ... die Oberhand über rezessive Tendenzen. Die entscheidenden An-

---

12 Den Schwankungen der gesellschaftlichen Nachfrage wurde z.B. durch den Ausbau indirekter Löhne (Einkommen) entgegengewirkt.

regungen scheinen dabei von den konjunkturfördernden Maßnahmen des Bundes ausgegangen zu sein. Die Auftragsvergabe aus dem ersten Investitionshaushalt des Bundes hatte im März 1967 begonnen; Ende April 1967 waren Aufträge in Höhe von etwa einer Milliarde DM vergeben, bis Ende Mai 1967 bereits in Höhe von 2,3 Mrd. DM. Von den primären Ausgabewirkungen entfielen schätzungsweise zwei Drittel auf das Baugewerbe, insbesondere den Tiefbau, und etwa ein Drittel auf die Grundstoff-, Produktionsgüter- und die Investitionsgüterindustrien. Außerdem wurde die Nachfrage nach Investitionsgütern von Januar bis Oktober 1967 durch steuerliche Abschreibungserleichterungen angeregt." (Sachverständigenrat 1968, S. 2)

Nach der Einschätzung des Sachverständigenrates waren es also vor allem Impulse des Staates, die die wirtschaftliche Entwicklung aus der rezessiven Phase herausführten.[13]

Über die Konjunkturprogramme hinaus wurde mit Hilfe der Konzertierten Aktion (Bundeswirtschaftsminister Karl Schiller) das Verhalten der Tarifpartner mit der Wirtschaftspolitik abgestimmt.

Hatte die Politik der Globalsteuerung zu einer Überwindung der ersten Nachkriegsrezession beigetragen, so konnte damit doch kein anhaltender und stetiger wirtschaftlicher Aufschwung erzielt werden. Im Gefolge der ersten Ölkrise 1973 begann erneut eine Abschwungphase, die 1975 zur bis dahin schärfsten Rezession der Nachkriegszeit führte. Zum ersten Mal in der Geschichte der BRD waren über eine Million Menschen von Arbeitslosigkeit betroffen. Die Bundesregierung reagierte auch in dieser Phase mit einer antizyklischen Wirtschaftspolitik und verabschiedete im September 1974 ein Konjunktur-Sonderprogramm zur regionalen und lokalen Abstützung der Beschäftigung, das im wesentlichen auf eine Belebung des Hochbaus zielte. Zudem wurden direkte Investititionszulagen und Lohnzuschüsse bei der Einstellung arbeitsloser Arbeitnehmer beschlossen. Dennoch konnte die Ar-

---

13 Es ist allerdings zu konstatieren, daß die Staatsausgaben - nach Angaben des Statistischen Bundesamtes - in der Zeit von 1958 bis 1973 weitgehend linear anstiegen und erst 1973 eine abrupte Zunahme zu verzeichnen war. Ein vergleichsweise leichter Anstieg der Staatsausgaben war jedoch auch schon 1967 gegeben, also mit dem Einsetzen der Globalsteuerung. Die aktive Politik führte jedoch zu einer anderen Verteilung der Haushaltmittel.

beitslosigkeit nicht wesentlich gesenkt werden, und sie wurde allmählich zum größten Problem der wirtschaftlichen Entwicklung in der BRD. Vor allem die zweite Ölkrise, die eine weltweite Rezession hervorrief, führte zu einem weiteren Anstieg der Arbeitslosenzahlen. Mit der „stagflationären Konstellation", dem gleichzeitigen Verfehlen des Wachstums-, Beschäftigungs- und Preisstabilitätsziels, Mitte der 70er Jahre entstanden Zweifel am Erfolg der Globalsteuerung. Zwar verfolgte die Bundesregierung bis Ende der 70er Jahre eine antizyklische Politik, doch die Kritik an dieser Wirtschaftspolitik wurde - auch aufgrund internationaler Verflechtungen der Wirtschaft - größer. Letztlich war es das Argument der überhöhten Staatsverschuldung und die Furcht vor inflationären Tendenzen, die einen inoffiziellen Abschied von der Globalsteuerung brachten. Die neue wirtschaftspolitische Orientierung, die sich zu Beginn der 80er Jahre durchsetzte und die Globalsteuerung ablöste, war die Angebotsökonomie, also eine Variante des Neoliberalismus.

d) Ökonomische Bereiche: Naturwissenschaftlich-technische Orientierung

Forschungs- und Technologiepolitik

Nachdem in der Nachkriegszeit bis in die 60er Jahre hinein eine reaktive Technologiepolitik vorherrschte, sollte sich auch diese in der zweiten Phase der Bundesrepublik zu einer aktiven Politik wandeln. So heißt es im Bundesbericht Forschung von 1967: „Forschungspolitik darf sich nicht nur davon leiten lassen, Rückstände aufzuholen. Sie muß sich stärker und konsequenter als bisher solcher Aufgaben annehmen, von deren Lösung die weitere Entwicklung von Gesellschaft und Wirtschaft in besonderem Maße abhängen." (zitiert nach: Stucke, S. 119) Dieser aktiven Forschungspolitik lag die Erkenntnis zugrunde, daß eine Förderung der technologischen Schlüsselbereiche volkswirtschaftlich nützlicher ist als die Subventionierung stagnierender Bereiche. Dieser Wandel der Forschungs- und Technologiepolitik führte zu Maßnahmepaketen der Bundesregierung wie dem Programm zur Förderung der Datenverarbeitung von 1967. 1968 richtete das Bundesministerium für wissenschaftliche Forschung (BMwF), das 1964 aus dem Ministerium für Atomkernenergie und Wasserwirtschaft hervorgegangen war, ein Querschnittsreferat „Neue Technologien" ein und konnte damit seinen Programmbereich erweitern. „Dieses Programm war .... - anders als die bis dahin aufgenommenen Fachprogramme - politisch induziert". (Stucke 1993, S. 121) Inhaltlich löste die Politik sich mit diesem Programmbereich von einer „Krisenstrategie" (Kohle, Stahl) und folgte einer „Chancenstrategie" im Bereich der Forschung. Der Staat sollte eine mittel- und langfristige Innovationsplanung betreiben und damit den kurzfristigen Planungshorizont der Unternehmen ergänzen. Im Zuge der Etablierung der sozial-liberalen Koalition erweiterten sich im Jahre 1972 die Aufgaben der Forschungspolitik. Das Programm „Neue Technologien" wurde durch das Programm „Technologische Forschung und Entwicklung" modifiziert. Neben der bereits „etablierten" Förderung von Industrie- und Infrastrukturtechnologie konnte jetzt auch eine Forschungsförderung zur Verbesserung der Lebensbedingungen und für Forschungs- und Entwicklungsvorhaben im Gesundheitsbereich betrieben werden. Diese forschungspolitische Orientierung kulminierte in dem Anspruch des 1973 neu strukturierten Bundesministeriums für Forschung und Technologie, das eine reformpolitisch akzentuierte Strukturpolitik betreiben wollte. Dies bedeutete, daß nun die technologische Entwicklung, ihr Bedarf und ihre Folgen in die Forschung einbezogen werden sollten (vgl. Stucke 1993, S.122ff.). In den folgenden Jahren kam es zu einer Ausdifferenzierung des Programms „Technologische Forschung und Entwicklung" in Einzelprogramme und später zu einer Auflösung des Gesamtprogramms.

Der Wandel von einer reaktiven zu einer aktiven Technologiepolitik Ende der 60er und zu Beginn der 70er Jahre zeigt sich auch an den FuE-Ausgaben der öffentlichen Gesamthaushalte. Wurden 1962 gut 2% der öffentlichen Haushaltsmittel für Forschung und Entwicklung ausgegeben, so erhöhte sich dieser Wert auf knapp 4% im Jahre 1970 (Bundesbericht Forschung 1988, zitiert nach: Stucke 1993, S. 134).

Tab. 6: Naturwissenschaftlich-technische Entwicklung - Phase II

Entdeckung; Aufklärung; erste technische Entwicklung; innovative Anwendung	- Verkehr und Transport (Hochleistungsschnellbahn; Urbane Verkehrssysteme; Massenguttransport-schiffe) - Energieversorgung, -speicherung, -übertragung (Energiedirektumwandlung; Supraleitungskabel; Höchstspannungsforschungszentrum) - Neue Technologien für den Umweltschutz (Umweltschutzmeßtechnik; Umweltschutz-verfahrenstechnik) - Biotechnik (Künstlicher Organersatz; Biotechnische Proteinsynthesen; Bionik) - Physikalische Technologie (Optische Großgeräte; Leistungshalbleiter; Videokabelkommunikation; Institut für Grenzflächen- und Vakuumforschung) - Werkstofftechnologie (Werkstoffe für extreme Beanspruchung) - Plasma-, Vakuum- u. Tieftemperaturtechnik - Technische Optik - Informations- u. Rohstofftechnologien - Konstruktion und Fertigung - Chemieforschung - Moderne Meß- und Analysentechnik
Verbreitung; Diffusion	- Alltagsgeräte, die in der ersten Phase der Ober- und Mittelschicht vorbehalten waren (z.B. PKW, Farbfernseher) - Verkehrstechnik (weitere Verbreitung von PKW; Ausbau von Flughäfen und der Flugsicherung) - Industrielle Fertigung (Elektronische anstelle von mechanischer Steuerung; Computer in der Produktion) - Wohnungsbau- und Industriebau (neue Materialien: z.B. Asbest) - Infrastruktur (Ausbau des Straßennetzes, Telefonnetze) - Chemische Industrie (Pharmazeutische Produkte) - Energiesektor (Atomenergie) - Drucktechnik (Fotosatzsysteme, Optomechanische Belichtung; CRT; Laserbelichtung; PC-Texterfassung und Konvertierung in Satzsysteme) - Computertechnik (Büro, Schule, Alltag): Taschen-rechner und PC

Technologische Entwicklung

Aus dem Querschnittsprogramm „Neue Technologie" kann man erkennen, welche technologischen Forschungen Ende der 60er und zu Beginn der 70er Jahre als Zukunftstechnologien galten. In der Tabelle 6 „Naturwissenschaftlich-technische Entwicklung - Phase II" sind die unter der Rubrik „Entdeckung, Aufklärung, erste technische Entwicklung und innovative Anwendung" aufgeführten Technologien im wesentlichen diesem Programm (Stand 1970) entlehnt (siehe hierzu Tabelle in: Stucke 1993, S. 125; Quelle BMBW intern).

Die Funktion staatlicher Technologiepolitik wurde darin gesehen, den technischen Fortschritt durch eine Anschubförderung in den technologischen Phasen der Entdeckung bis zur innovativen Anwendung zu initiieren und so eine technologisch orientierte Strukturpolitik zu betreiben. Diese Förderung umfaßte sowohl anerkannte kostenintensive Großtechnologien wie die Kernforschung und die Weltraumforschung (hier ist auch die Bedeutung des Verteidigungsministeriums zu beachten) als auch neue Technologien wie Bionik, Biotechnologie oder Lasertechnik, deren Zukunftsbedeutung allerdings - von der deutschen Industrie - noch nicht erkannt wurde.

Alltagstechnik

In der Alltagstechnik wurden Güter, die in der ersten Phase der Bundesrepublik noch weitgehend den Ober- und Mittelschichten vorbehalten waren nun allgemein verbreitet. So ersetzten Automobile zunehmend andere Verkehrsmittel wie Fahrräder, Motorräder und öffentliche Verkehrsmittel, und das Fernsehen nahm ebenso Einzug in die meisten bundesdeutschen Haushalte wie der Waschvollautomat oder das Telefon. Auch gab es - mit der Verbreitung von Taschenrechnern - erste Anzeichen einer Computerisierung des Alltags. Der Energieverbrauch war weiterhin drastisch angestiegen und betrug 1973 11000 Petajoule und 1980 11400 Petajoule. Zur Erinnerung: Im Jahre 1960 wurden 6200 Petajoule verbraucht.

Dennoch und gerade deshalb: Die Phase der „uneingeschränkten" Technikakzeptanz war vorbei. Der zunehmende Industrialisierungsgrad der Gesellschaft hatte zu Umweltbelastungen geführt, die nun vor allem von den „neuen sozialen Bewegungen" thematisiert wurden und

in Teilen der Bevölkerung zu einer Technikkritik beitrugen. Technikkritik erwuchs aber auch aus den sozialen Folgen der Technisierung
des Alltags, hier vor allem aus einer Veränderung der Kommunikati-
onsbeziehungen durch das Fernsehen, aus der zunehmenden Anonymi-
sierung durch Technik und aus den potentiellen Gefahren der Rüstungsproduktion.

Das politisch-administrative System reagierte auf die steigenden
Umweltbelastungen, indem es zum einen Forschungen im Bereich der
Umwelttechnologien förderte und zum anderen die Umweltpolitik
wahrnehmbar institutionalisierte (siehe hierzu: Edda Müller 1986).

e) Staatliche Bereiche: Herrschendes politisches
Orientierungsmuster

Die konservative Grundorientierung der bundesdeutschen Politik wurde nun - mit den Beteiligungen der SPD an den Regierungskoalitionen
- von einer Reformpolitik abgelöst. Wichtige innenpolitische Ziele dieser Reformpolitik waren die Demokratisierung der Gesellschaft, die
Verwirklichung von Chancengleichheit (z.B. Bildungsreform), die Modernisierung der Wirtschaft und damit verbunden die langfristige Ar-
beitsplatzsicherung, die Humanisierung der Arbeitswelt, die Gleichstellung von Frauen sowie die Reformen des Bodenrechts, des Steuerwe-
sens und der öffentlichen Verwaltung. Politik sollte aus ihrer reaktiven
in eine aktive Rolle überführt werden, und das politisch-administrative
System sollte auf der Basis mittel- und langfristiger Planung Strukturreformen initiieren.

Die Ideen der Reformpolitik korrespondierten einer „progressiven"
gesellschaftlichen Mentalität. Vor allem jüngere Menschen, Frauen,
Arbeiter, aber zunehmend auch Teile der Mittelschicht (Angestellte,
Beamte, Selbständige) wurden von dieser reformorientierten Politik
angesprochen, übten Kritik an der bisherigen Politik, bezogen politisch
Stellung und unterstützten die innenpolitischen Reformprozesse.[14]

---

14 Auch außenpolitisch war mit der Kanzlerschaft Willy Brandts eine neue Phase
   entstanden: Die Westbindung der Bundesrepublik wurde jetzt um die Ostpolitik
   erweitert, ohne daß die Verträge mit der Sowjetunion, Polen und der DDR das
   Verhältnis zu den westlichen Verbündeten beeinträchtigt hätten. Die Verlei-
   hung des Friedensnobelpreises an Willy Brandt im Jahre 1971 war eine Bestäti-

Der Einfluß der Öffentlichkeit auf die Politik war im Vergleich zur ersten Phase gewachsen, was auf die quantitative Zunahme der Medien (zum Beispiel 2. Fernsehprogramm) und auf die Differenzierung der Medienlandschaft zurückzuführen war. Die Boulevardpresse wurde aufgrund diffamierender und unsachgemäßer Berichterstattung kritisiert. Ansonsten fand aber wie in der ersten Phase eine sachgerechte Berichterstattung der Medien statt. Teile der Medien verbündeten sich mit der Reformbewegung.

Daß die Reformen nicht wie erwartet durchgeführt werden konnten, es also nur Teilerfolge der Reformpolitik zu verzeichnen gab, hat vielfältige Ursachen. Zu erwähnen sind die Wirtschaftskrisen der 70er Jahre, „die erfolgreiche Politik der Opposition, ihr politisches Gewicht vermittels bundesstaatlicher Institutionen zu stärken" (Schmidt, zitiert nach: Blanke / Wollmann 1991, S. 188), und die Bereitschaft der Koalitionsregierungen aus SPD und FDP zu einer Politik des mittleren Weges.

Lag das Schwergewicht der Politik in der Kanzlerschaft Willy Brandts, der seine Politik im „Zeichen der Kontinuität und im Zeichen der Erneuerung" (Regierungserklärung vom 28. Oktober 1969) sah, noch auf einem betonten Reformkurs, so wandelte sich dies mit der Kanzlerschaft Helmut Schmidts zu einer Politik der Kontinuität. Schon im Vorfeld hatte Schmidt dies den Parteimitgliedern klarzumachen versucht:

„Wir haben zunächst einmal wie jedwede Regierung in jedem Land die klassischen Staatsfunktionen für den Bürger zu erfüllen. Und das ist die wirtschaftliche und soziale Sicherheit; die ist gar kein sozialdemokratisches Extra. Sondern das verlangen die Bürger, die die CDU wählen, von der CDU genauso. Und dazu gehört dann als zweites auch: Innere Sicherheit, innere öffentliche Sicherheit und nicht die Beschimpfung der Polizisten, die für Sicherheit sorgen. Dazu gehört als drittes: Äußere Sicherheit ... Nur wenn sie das Gefühl haben, daß wir die klassischen Funktionen eines modernen Staates richtig erfüllen, nur dann können wir obendrauf unsere Reformen, unsere Programmatik mit deren Konsensus verwirklichen. Wenn wir aber in den klassischen Aufgaben versagen sollten, dann

---

gung dieser Politik und festigte in der Bevölkerung die Überzeugung, daß die sozial-liberale Koalition die notwendigen Reformen einleiten würde.

kriegen wir für das andere, das spezifisch Sozialdemokratische, keinen Konsensus, keine Zustimmung der Mitte." (Helmut Schmidt, zitiert nach: Jäger / Link 1987, S. 15)

Reform erscheint hier als eine Beigabe der sachnotwendigen Politik, gleichsam wie ein Sahnehäubchen auf dem immer gleichen und etwas trockenen Kuchen. Mit dieser Verschiebung des politischen Fokus wurde die „Tendenzwende" von einer Reformpolitik zu einer pragmatischen, am tagespolitischen Geschäft orientierten Politik eingeleitet. Die Politik des Krisenmanagements wurde kreiert.

Die innenpolitischen Auseinandersetzungen der 70er Jahre waren bestimmt vom Terrorismus und dem „Extremistenbeschluß", von der Sicherheits- und Verteidigungspolitik mit der Friedensbewegung als Gegenpol zur Bundesregierung, von den Auseinandersetzungen um die Kernenergie und von wirtschaftspolitischen Krisen mit steigender Arbeitslosigkeit und wachsender Staatsverschuldung.

Diese Themen brachten Uneinigkeit in das Regierungslager. So wurde beispielsweise auf dem Münchener Parteitag der SPD 1982 mit großer Mehrheit ein Beschluß verabschiedet, der den Titel trug „Sozialdemokratische Perspektiven zur Wiedergewinnung der Vollbeschäftigung - Arbeit für alle" und in dem Forderungen erhoben wurden, die vom Koalitionspartner FDP abgelehnt wurden.

„Dazu gehörten: auch künftig eine höhere Kreditaufnahme zur Verhinderung höherer Arbeitslosigkeit; eine zeitlich befristete Ergänzungsabgabe für höhere Einkommen und eine Arbeitsmarktabgabe zur Restfinanzierung beschäftigungspolitischer Programme; der Abbau ungerechtfertigter Steuerprivilegien; Erhöhung des Spitzensteuersatzes; Einführung einer Bodenwertzuwachsbesteuerung. Deutlich wurde die Übereinstimmung mit den Gewerkschaften in der Betonung der Notwendigkeit, die Mitbestimmungsmöglichkeiten weiterzuentwickeln und die Unternehmensverfassung so neu zu ordnen, daß 'die volle Parität von Kapital und Arbeit in allen wichtigen Entscheidungsprozessen gewährleistet' werde. Auch die Forderung nach Verkürzung der Lebensarbeitszeit entsprach gewerkschaftlichen Vorstellungen." (Miller / Potthoff 1991, S. 254)

Während hier also noch oder wieder Elemente einer antizyklischen Wirtschaftspolitik gefordert wurden, setzte sich im Wirtschaftsministerium unter Otto Graf Lambsdorff bereits eine neoklassische Politik durch. Politische Beobachter stellten fest: „Der Wirtschaftsflügel der FDP regierte, der Arbeitnehmerflügel der SPD wurde angehört." (Wolfram Bickerich, zitiert nach: Miller / Potthoff: 1991, S. 251)

Letztlich spielte dieser wirtschaftspolitische Wandel eine entscheidende Rolle bei der Auflösung der sozial-liberalen Koalition und der zweiten Phase der bundesdeutschen Systemgeschichte.

f) Staatliche Bereiche: Administratives Handlungsmuster

Mit der aktiven Rolle des Staates verband sich auch die Notwendigkeit von Reformen in der öffentlichen Verwaltung. Vier unterschiedliche Ansätze der Verwaltungsreform lassen sich in dieser Phase unterscheiden:

- Finanzreform
- Gebietsreform
- Reform der Ministerialverwaltung
- Reform des öffentlichen Dienstrechts.

Letztlich konnte lediglich bei der Finanzreform und der Gebietsreform von einem erfolgreichen Reformprozeß gesprochen werden. Die Finanzreform wurde im Zusammenhang mit der antizyklischen Wirtschaftspolitik gesehen und sollte bei den Kommunen zu verstärkten investiven Ausgaben führen und damit zu einer Konjunkturbelebung beitragen. Außerdem bildete sie durch den neugeschaffenen Finanzausgleich eine Ergänzung zur Gebietsreform, die bis heute in der Öffentlichkeit im wesentlichen mit der Verwaltungsreform der 60er und 70er Jahre gleichgesetzt wird. Die Gebietsreform hatte - als sie Ende der 70er Jahre abgeschlossen wurde - zu einer beträchtlichen Reduzierung der Zahl der administrativen Gebietseinheiten in der Bundesrepublik geführt (vgl. Seibel 1996/97, S. 93 ff.).

Die im Zusammenhang der Reformpolitik der sozial-liberalen Phase vor allem erstrebte Reform der Ministerialverwaltung scheiterte jedoch. Besonderes Interesse verdient diese Reform, weil sie auf die Stärkung der Planungs- und Koordinationskapazität der Ministerialverwaltung zielte. Die Defizite arbeitsteiliger Organisationen sollten durch neuartige Informations-, Planungs- und Entscheidungsverfahren überwunden werden.

„Die realen Effekte der Ministerialverwaltungsreform beschränkten sich indes auf die Einrichtung von Planungsstäben - von denen die Planungsgruppe im Bundeskanzleramt während der Kanzlerschaft Brandts (1969 - 1974) die prominenteste Einrichtung war - und die Vergrößerung der Basiseinheiten der Ministerien, der Referate, sowie in einzelnen Fällen deren Bündelung zu neuen, nach Möglichkeit aufgabenzentrierten Einheiten unterhalb der Abteilungsebene (Unterabteilungen, 'Gruppen'). Die hochgesteckten Erwartungen in neue Planungs- und Entscheidungstechniken, nach Möglichkeit computergestützt, wurden indes allesamt enttäuscht." (Seibel 1996/97, S. 96)

Dennoch gewann mit der Planungsorientierung die Ministerialverwaltung gegenüber der Politik an Gewicht. Die Bedeutung der Verwaltung bei der Politikformulierung und - durchführung stieg, sie verfügte über die Kenntnisse und Ressourcen zur Beherrschung der neuen Informations-, Planungs- und Entscheidungstechniken und konnte in ihrer Gesamtheit der dominanten Stellung der politischen und administrativen Spitzen nun in ausgeprägterem Maße als in der ersten Phase der BRD auch ein instrumentell-technisches Fachwissen entgegenstellen. Unterstützt wurde der Funktionsgewinn der Verwaltung durch die Ausdifferenzierung des Pluralismus und die gestiegenen demokratischen Einflußmöglichkeiten in der Gesellschaft. Die stärkere Einbeziehung von Interessengruppen und Bürgern in Planungsprozesse stärkte die Verwaltung durch ihre Vermittlerrolle zwischen diesen und den politischen Akteuren. Mit dieser Rolle erhielt die Verwaltung vielfach ein Informationsmonopol. Ein weiteres Indiz für den Funktionsgewinn der Verwaltung ist die zahlenmäßige Zunahme ihrer Mitarbeiter in dieser Zeit: Zwischen 1965 und 1975 waren die „Personalzahlen im gesamten Öffentlichen Dienst der Bundesrepublik von 1.870.613 auf 3.488.472 gewachsen. Der Anteil des Öffentlichen Dienstes an der Erwerbsbevölkerung war von 6,85 % (1965) auf 12,98 % (1975) gestiegen." (Seibel 1996/97, S. 98)

2.2. Interdepenz der Subsysteme (Bereiche)

a) Gesellschaftspolitische Bereiche: Organisierte Interessenvertretung

Der Bedeutungsgewinn der organisierten Interessenvertretungen resultierte aus der Wirtschaftskrise der Jahre 1966/67. In dieser Situation konnten vor allem die „gesellschaftlich relevanten" Verbände durch die „Konzertierte Aktion" einen zusätzlichen Einfluß auf den politischen Prozeß und auf politische Entscheidungen gewinnen. Zudem waren es neuartige Problemlagen wie etwa die gestiegenen Umweltbelastungen, die zu einer veränderten politischen Wahrnehmung und zur Interessenorgansiation neuer Art führten. Die wachsenden Umweltbelastungen wurden als die Kehrseite des technischen Fortschritts begriffen, was einen Nährboden für eine aufkeimende Technikkritik bildete.

b) Gesellschaftspolitische Bereiche: Bürgerschaftliche Willensbildung

Mit der Wirtschaftskrise kam es in vielen gesellschaftlichen Bereichen zu einer Akzeptanzkrise bezüglich der Lösungsfähigkeit des bislang vorherrschenden demokratischen Handlungsmusters und der Eliten, denn die Legitimationsbasis der Gesellschaft (die stetige Verbesserung des Wohlstands für alle) wankte. Der damit einhergehende Wertewandel führte zu veränderten Willensbildungsstrukturen in allen Lebensbereichen. In der Wirtschaft wurden mehr Mitbestimmungsrechte der Arbeitnehmer verankert, Politik und Verwaltung sollten bürgernäher agieren.

c) Ökonomische Bereiche: Wirtschaftspolitische Ausrichtung

Die Globalsteuerung war Teil der Reformpolitik der späten 60er und der frühen 70er Jahre, die mittels einer aktiven Politik auch zu mehr Demokratie und mehr Gleichheit in der Gesellschaft beitragen wollte. An der Technologiepolitik zeigte sich ebenfalls die Verwobenheit der Subsysteme, denn auch in diesem Bereich wurde eine aktive Technologieförderung von seiten des Staates betrieben, um die Wirtschaftskraft im internationalen Vergleich durch einen technologischen Vorsprung zu stärken und die Arbeitslosigkeit langfristig zu reduzieren.

d) Ökonomische Bereiche: Naturwissenschaftlich-technische Orientierung

Die Technologiepolitik paßte sich in die reformorientierte aktive Politik ein. Sie wurde auch als Strukturpolitik begriffen und nahm eine Schlüsselstellung bei der mittel- und langfristig orientierten Politik in dieser Phase der Bundesrepublik ein. Im Rahmen der Globalsteuerung hatte die Technologie- und Forschungspolitik ebenso eine wichtige Funktion in bezug auf die Stabilisierung der wirtschaftlichen Entwicklung wie in bezug auf eine Verbesserung der Lebensbedingungen, was nicht zuletzt eine Annäherung in der unterschiedlichen sozialen Schichtung implizierte.

Die aufkommende Technikverdrossenheit war Teil und Ausdruck einer allgemeinen Kritik an der bundesdeutschen Gesellschaft, die im Zuge der Studentenbewegung entstanden war. Außerdem war sie Teil der Kritik an der Rüstungsproduktion und wurde zudem durch die Diffusion umweltbelastender Produktionsverfahren, durch den zunehmenden Individualverkehr und durch Bedrohungen durch Großtechnologien (Atomtechnologie; Chemische Industrie; Abfallentsorgungsanlagen) gefördert.

e) Staatliche Bereiche: Herrschendes politisches Orientierungsmuster

Die Grundorientierung einer aktiven Reformpolitik in dieser Phase war mit der antizyklischen Wirtschaftspolitik der Globalsteuerung ebenso verbunden wie mit der aktiven Forschungs- und Technologiepolitik und dem Bestreben nach demokratischen Strukturen in Wirtschaft und Gesellschaft. Auch die Reformbestrebungen im öffentlichen Dienst paßten sich in diese Grundorientierung der Politik ein. Das politisch-administrative System sollte aktives Steuerungszentrum mit mittel- und langfristigen Planungshorizonten und Initiator von Strukturreformen in verschiedenen Bereichen der Gesellschaft sein.

f) Staatliche Bereiche: Administratives Handlungsmuster

Bezüglich der Verwobenheit der Verwaltung (administratives System) mit anderen Bereichen lassen sich mehrere Phänomene anführen. Die „zu reformierende" Verwaltung nahm innerhalb der Reformpolitik eine exponierte Stellung ein; sie sollte koordinierend und mittel- und langfristig planend tätig sein (z.b. Globalsteuerung). Zudem sollte sie als Informationsvermittler zwischen Bürgern, Interessengruppen und Politik fungieren und damit den Demokratisierungsprozeß befördern. Hierzu sollte sie sich neuer Technologien bedienen und mit ihrer Hilfe die Effizienz und Effektivität des Verwaltungshandelns erhöhen.

2.3. Kennzeichnung der Phase

Die zweite Phase der bundesdeutschen Systemgeschichte läßt sich als sozial-liberaler Pluralismus mit einem aktiven Staat kennzeichnen.

Der Glaube an die Selbstheilungskräfte des Marktes gehörte der Vergangenheit an, und es wurde auf der Grundlage der sozialen Marktwirtschaft nach „neuen" politischen Mustern zur aktuellen Krisenbewältigung (1966/67) und zur Bändigung der grundsätzlich krisenhaften Tendenzen der Marktwirtschaft gesucht. Das jetzt akzeptierte „Politikmuster" verband aktive Politik mit mittel- und langfristiger Planung des Staates unter Einbeziehung von Interessenvertretungen und Bürgern zur Effektivitäts- und Effizienzsteigerung der staatlichen Interventionen in die marktwirtschaftlichen Prozesse. Nicht, daß es Staatsintervention gab - diese gab es in rudimentärer Form auch schon in der ersten Phase der Bundesrepublik (z.B. Subventionen) - war das Neue, sondern der Versuch der systematischen, konzeptionellen Staatsintervention mit Hilfe einer reformierten öffentlichen Verwaltung unter Einbeziehung von Interessenverbänden und Bürgern.

Der Staat übernahm zusätzliche, aber auch andere Aufgaben als in der ersten Phase. Seine gestaltende Funktion wurde nun durchaus anerkannt, er sollte „aktiv" in die ökonomischen und gesellschaftlichen Prozesse eingreifen (dürfen). In der Ökonomie verdeutlichte die Rezession, daß eine staatliche Lenkung notwendig werden könnte, um die dem Wirtschaftssystem immanenten Krisen zu überwinden. Damit einher ging auch eine progressive Auslegung des Sozialstaatspostulats. Die freie Entfaltung möglichst vieler sollte durch staatliche Hilfen gefördert werden (z.B. BAföG).

Als eine Voraussetzung für die verbesserte Steuerungsfähigkeit des Staates galten durchgreifende Veränderungen im öffentlichen Sektor selbst. Es kam zu Territorial- und (begrenzten) Funktionalreformen. Politische Makro-Planung wurde versucht und z.T. fast „euphorisch" begonnen. Die Verwaltung wuchs angesichts dieser staatlichen Aufgaben zu einem unentbehrlichen Instrument bei der Planung und beim Vollzug der anwachsenden öffentlichen Programme heran. Im Zuge dieser größeren Verantwortung nahmen ihre Kontakte zur sozioökonomischen Außenwelt zu. Sie stand als ständige Ansprechpartnerin den gesellschaftlichen Interessen zur Verfügung, selektierte Informationen, entwickelte Handlungsvorschläge und Programme („Vorbereitungsherrschaft" der Verwaltung gegenüber der Regierung). Die Phase des sozial-liberalen Pluralismus war so auch durch eine Politik-Erzeugung gekennzeichnet, die - wegen umfangreicher Aufgabenwahrnehmung - auf hohe Professionalität der Verwaltung setzen mußte. Die Verwaltung gewann „politisches Gewicht". Man kann von einer Phase des - wenigstens gewollten - Neo-Interventionismus sprechen.

Fragt man, was der gesellschaftliche Kitt in dieser Phase der Bundesrepublik war, so kann zunächst wiederum der relativ hohe Wohlstand der Bevölkerung genannt werden. Durch eine auf Chancengleichheit zielende Politik sollten zudem auch bislang benachteiligte Gruppen der Bevölkerung von diesem Wohlstand profitieren. Aber es war mehr als dies: Es war auch die Kritik an der Nachkriegsphase - es war die Kritik an der Verdrängung der nationalsozialistischen Vergangenheit und an dem Verzicht auf eine umfassende Planung und Demokratisierung von Staat und Gesellschaft (Wirtschaft) sowie das Erschrecken über die Wiedererstarkung nationaler und rechtsradikaler Kräfte in der ersten Wirtschaftskrise, die eine kritische Öffentlichkeit zur Unterstützung der aktiven reformorientierten Politik veranlaßte. Hinzu kamen die handelnden Personen in der Politik - allen voran die Kanzler Willy Brandt und Helmut Schmidt -, die symbolisch und politisch handelnd für eine neue, für viele akzeptable Form der Politik standen und diese medienwirksam präsentierten.

Wiederum kann das vorherrschende Zeitverständnis zur extrahierenden Kennzeichnung der Phase angeführt werden. Vorherrschend ist jetzt der Zeitvektor. Erhöhung der Rationalität des staatlichen und gesellschaftlichen Handelns sollte durch Planung (Zielbestimmung, Programm, Operationalisierung) erfolgen. Die Vorstellung war, den Zielpunkt (Z) über die gedachte gerade Linie (GL) vom Ausgangspunkt (A) in angegebenen aufeinander bezogenen Zeiträumen (t) zu erreichen (Abb. 2). Mit dem Planungsgedanken wurde eine stetige Verbesserung, eine Höherentwicklung der Gesellschaft verbunden. Diese Vorstellung erfüllte sich so nicht, was auch die Implementations- und Restriktionsanalysen der Sozialwissenschaften in dieser Zeit belegen.

Abb. 2: „Vektorielles" Planungsverständnis

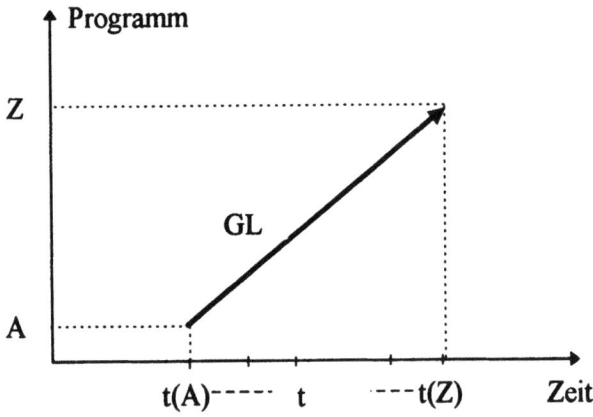

2.4. Phasenübergang II / III

Das Ende der Phase des sozial-liberalen Pluralismus wurde durch wachsende soziale und ökonomische Defizite eingeleitet, die auf eine - oft nur vermeintliche - Übersteuerung der Wirtschaft und Gesellschaft durch Regierung und Verwaltung zurückführbar schienen. Ökonomisch war es die beginnende „stagflationäre Konstellation" (also die gleichzeitige Verletzung des Wachstums-, Beschäftigungs- und Preisstabilitätsziels), die den Neo-Interventionismus infrage stellte. Hinzu kam das Anwachsen der Staatsverschuldung, das die politischen Gegner zum Vorwurf der Handlungsunfähigkeit der Regierung veranlaßte. So gab es kaum noch Spielräume für neue Konjunkturprogramme, zumal die Bundesbank die Konsolidierung der Staatsfinanzen und die Stabilisierung der Währung präferierte.

Die ziemlich mächtig erscheinende Position des Staates wurde auch problematisiert, weil sich die sozialen Disparitäten nicht wesentlich reduzieren ließen. Neoklassische Ideen und die Rücknahme zu vieler staatlicher Interventionen drängten den Staat in eine eher stabilisierende Rolle. Hinzu kam die Schwierigkeit der Integration heterogener gesellschaftlicher Gruppen durch die Politik der sozial-liberalen Koalition. Mitte der 70er Jahre wurde die „Konzertierte Aktion" aufgekündigt, es gab Streiks und Aussperrungen. Am „rechten" Rand der Koalition wurde - mit der Angebotsökonomie - eine Senkung der sozialstaatlichen Leistungen gefordert, um die Lohnkosten zu drücken, und am „linken" Rand forderten die „neuen sozialen Bewegungen" einen Ausstieg aus der Atomenergie und eine „Friedenspolitik". Diese Faktoren veränderten die Machkonfiguration und trugen am Ende der zweiten Phase der Systemgeschichte der Bundesrepublik dazu bei, daß das Konzept der „aktiven Politik" aufgegeben wurde.

In der Welt der Ideen hatte sich keine neue verbindliche und breit akzeptierte Position etablieren können. Jürgen Habermas sprach von der neuen Unübersichtlichkeit, es läßt sich auch von einer neuen Beliebigkeit oder einem Allerweltsrelativismus reden. Dies meint, daß Positionen - auch scheinbare Grundüberzeugungen - flexibel geändert werden, und außerdem Versatzstücke unterschiedlichster Provenienz miteinander kombiniert werden dürfen. Beispielsweise löste in der Soziologie die Lebenstildiskussion und mit ihr die Individualisierung und Flexibilisierung der Sozialstruktur die älteren Theorien sozialer Ungleichheit ab, und (nicht nur) in der Architektur kam die Postmoderne in Mode. Architekturkritiker sprachen in diesem Zusammenhang von einem neuen Manierismus und meinten damit, daß Stilelemente verschiedener Epochen „beliebig" zusammengefügt werden. Mit dem

Auftreten des Manierismus deuten sich ceteris paribus Übergangsphasen an.

3. Dritte Phase: Spätpluralistische Gesellschaft mit Verhandlungsstaat

3.1. Beschreibung der Subsysteme

a) Gesellschaftspolitische Bereiche: Organisierte Interessenvertretung

Ließ sich in der zweiten Phase - vor allem mit der Konzertierten Aktion - von einer ansteigenden Einflußnahme der organisierten Interessen auf die Politik sprechen, so wurde nun in der dritten Phase diese Einflußnahme durch beständig stattfindende Verhandlungen zwischen Vertretern der Interessenverbände und Akteuren des politisch-administrativen Systems ersetzt. Es entwickelten sich ausdifferenzierte Verhandlungsnetze. Auch in der Politikwissenschaft boomte der Netzwerkbegriff. Die Ausdehnung der gleichrangigen Interaktion zwischen staatlichen und gesellschaftlichen Akteuren ging so weit, daß die bisherige (wenigstens partielle) hierarchische Steuerung der Gesellschaft durch den Staat abgelöst wurde von einer Selbststeuerung der policy-orientierten Netzwerke:

„Die allgemeine Entwicklung wird charakterisiert durch die Tendenz zur funktionalen und institutionellen Differenzierung, zu weltweit steigender Interdependenz, und deshalb auch zu noch dichteren Interaktionsgeflechten zwischen den Handlungseinheiten auf allen Ebenen und in allen Bereichen." (Scharpf 1992a)

Aufgeschlüsselt heißt dies:
- Die Pluralisierung und gleichzeitige Dezentralisierung ergaben sich aus der gesellschaftlichen Entwicklung, die die Gesamtarbeitsteilung vorantrieb und zugleich veränderte. Dies war ver-

bunden mit instabilem Werte-Pluralismus, sozialer und personaler Selbstentfaltung und basisnaher Politikartikulation.

- Zudem waren Pluralisierung und Dezentralisierung auch verknüpft mit der fortschreitenden Zersplitterung und Spezialisierung des Rechts und der Verwaltungsverfahren, bis hin zum Drang nach „Einzelfallgerechtigkeit" (R. Herzog 1991).
- Das Problemdickicht wurde durch die technologische Entwicklung (hier vor allem durch extrasoziale Folgen) und durch die Punktualisierung des Expertenwissens bestimmt (vgl. Böhret 1993, S. 13).

Die Ausdifferenzierung immer weiterer Bereiche des Lebens - mit oftmals zeitlich befristeten Arrangements - führte zu wechselnden Policy-Netzwerken mit etablierten Interessenverbänden, zeitlich befristeten Initiativen und staatlichen Akteuren. Dabei schienen sich, wie eine Untersuchung aus der Innenwelt der Verbände zeigte, weniger Formen des Korporatismus als vielmehr pluralistische Spielregeln durchzusetzen. Siegfried Mann, langjähriger Hauptgeschäftsführer des BDI und Staatssekretär a.D., kam jedenfalls zu der empirisch belegten Aussage:

„'Klassischer' Korporatismus, das ist zunächst festzustellen, hat zumindest im Verhältnis von Spitzenverbänden zu staatlichen Organen des Bundes auf wirtschaftspolitischem Gebiet in der Bundesrepublik nicht wirklich stattgefunden. Staatliches Bemühen i.S. des oben entwickelten Maßstabs, Großverbände für staatliche Steuerungsleistungen auf institutionalisierter Grundlage zu instrumentalisieren, mußte schon an den dafür viel zu engen binnenstrukturellen Grenzen der potentiellen korporatistischen Akteure, nämlich der Unternehmensverbände und der Gewerkschaften, scheitern. ... Ein selten in solchem Ausmaß zu registrierendes Mißverhältnis zwischen theoretischem Aufwand und empirischer Bedeutungslosigkeit charakterisiert dieses (Korporatismus C.B. / G.K.) wohl im wesentlichen abgeschlossene politikwissenschaftliche Kapitel. ... Die von v. Alemann noch 1985 registrierte 'Formierung von Interessen zu korporativen Einheiten' läßt sich nicht nachvollziehen." (Mann 1994, S. 287 f.)

Offensichtlich konnte die hierarchische Autorität des Staates auch nicht in einer korporatistischen Form hergestellt werden, statt dessen wurde sie aufgelöst in fortschreitenden Pluralisierungs- und Dezentralisierungsprozessen. Damit hatte die Erosion des souveränen Nationalstaats

> „im Inneren die hierarchische Überordnung des Staates über die ausdifferenzierten gesellschaftlichen Teilsysteme betroffen. Recht, Wirtschaft, Wissenschaft, Technik, Gesundheitswesen, Medien, Bildung, Kultur oder Soziale Dienste sind zwar überall Aufgabenbereiche der staatlichen Politik und zumeist auch in hohem Maße vom Staat abhängig, aber sie bilden zugleich eigenständige Funktionssysteme mit einer endogenen Entwicklungslogik und eigensinnigen, für die Politik intransparenten Relevanzkriterien ... Der Versuch, sie unmittelbar der politischen Logik zu unterwerfen, das haben die Erfahrungen im real existierenden Sozialismus gezeigt, blockiert die Entwicklung der spezifischen Leistungsfähigkeit dieser Funktionssysteme. Auf der anderen Seite bleiben einseitig-hierarchische Interventionen, welche die 'autopoietische' Funktionslogik der zu steuernden Systeme unangetastet lassen, ohne sie selbst mitvollziehen zu können, entweder unwirksam oder in ihrer Wirkung unkalkulierbar" (Scharpf 1992b, S. 94).

Beispiele für die sektoralen Politiknetzwerke, die sich mit der fortschreitenden Ausdifferenzierung von Gesellschaft und Politik ergaben, waren die Konzertierte Aktion im Gesundheitswesen oder das Bündnis für Arbeit. Diese beiden in Zielrichtung und Teilnehmergruppen gewichtigen Bündnisse erinnerten „schon" wieder an die Mechanismen der Krisenlösung in der ersten Rezession der bundesrepublikanischen Systemgeschichte. Allerdings war ihre funktionale Kraftentfaltung unter den Bedingungen des spätpluralistischen Systems „noch" nicht ausreichend. Denn Staat und Gesellschaft befanden sich in einem Verhandlungssystem, in dem staatliche und gesellschaftliche Akteure gemeinsam an der Erreichung des Wohlfahrtsoptimums beteiligt waren.

Allerdings wurden die von Fritz Scharpf theoretisch hergeleiteten Bedingungen für eine Gemeinwohlproduktion in den Verhandlungssystemen empirisch in den 90er Jahren nicht alle erfüllt (vgl. Scharpf 1992b, S. 93 ff.). Denn trotz der Ausdehnung und des Bedeutungsgewinns der Verhandlungssysteme schwand die Verbindlichkeit und damit die Steuerungsrelevanz der in den sektoralen Politiknetzwerken ausgehandelten Kompromisse. Deutlich wurde dies im Gesundheitssystem, wo die Verhandlungsergebnisse von Ärzten umgangen wurden, und beim Bündnis für Arbeit, wo es entgegen der Vereinbarung zu keinen massenhaften Neueinstellungen von Arbeitnehmern durch Unternehmen kam. An die Stelle der verbandlichen Steuerung trat mehr und mehr eine atomisierende Individualisierung der Interessen. Ausdruck davon waren sinkende Mitgliederzahlen in Arbeitgeber- und Arbeitnehmerverbänden.[15] In einer neuen - möglicherweise der Globalisierung geschuldeten - Konkurrenzsituation griffen einzelne Unternehmer zu einer individualistischen Form des Überlebenskampfes.[16] Sie versuchten, Flächentarifverträge auszuhebeln, vereinbarten flexible Arbeitszeiten und gaben zeitlich äußerst befristete Arbeitsplatzgarantien. Auch Arbeitnehmer wandten ihren Interessenverbänden mehr und mehr den Rücken zu. Vielleicht waren es fortschreitende Ausdifferenzierungsprozesse in der Gesellschaft, die das Erkennen und Artikulieren jeweils gemeinsamer Interessen (z.B. von Arbeitnehmern einerseits und Unternehmern andererseits) erschwerten. Jedenfalls schienen die spezifischen Interessen der einzelnen mehr und mehr nur noch individuell vertretbar zu sein. Unternehmer, Arbeitnehmer oder andere Verbandsmitglieder fühlten sich von den Verbänden nicht mehr ausreichend repräsentiert und meinten, daß sie ihre Individualinteressen besser selbst, und „alleine" sogar erfolgreicher vertreten könnten. Die Entsolidarisierung schritt voran. Die „Rede vom sozialen Atom" erfuhr ihre Bestätigung. Damit begann die pluralistische, die organisierte Gesellschaft zu erodieren. Die Ausdifferenzierung, die ökonomisch abgesicherten, individualisierenden Einsprengsel und die beginnenden beruflichen Kurzzeitorientierungen brachen die alten Gruppen- und die z.T. oligarchischen Verbandsstrukturen auf. Die eingeübten (Ver-) Handlungsmuster verloren ihren „Sinn" und „Zweck".

---

15 Was auch andere Verbände, Vereine und wichtige Gemeinschaften (hier insbesondere die Kirchen) betraf.
16 Gleichzeitig wurden Verbände in dieser Phase zu bedeutenden Stabilisatoren.

Das mit diesen Punkten skizzierte Bild eines erodierenden pluralistischen Systems mit individuellen und atomistischen Einsprengseln kann als **spätpluralistische** Gesellschaftsformation bezeichnet werden.

b) Gesellschaftspolitische Bereiche: Bürgerschaftliche Willensbildung

Die Auseinandersetzung um die demokratische Willensbildung ist in der dritten Phase der Bundesrepublik von „Verdrossenheiten" gekennzeichnet: Die Begriffe Parteienverdrossenheit, Politikverdrossenheit und Staatsverdrossenheit hatten Konjunktur. Dies war begündet und drückte sich aus im politischen Erfolg extremistischer Parteien, in Parteispendenaffären und in sinkender Wahlbeteiligung.

Erreichte die Wahlbeteiligung bei der Bundestagswahl 1972 mit 91,1 % ihren bisherigen Höchststand in der Bundesrepublik und betrug sie 1983 noch 89,1 %, so ist seitdem ein erheblicher Rückgang der Wahlbeteiligung zu verzeichnen. Bei der Wahl zum 12. Bundestag 1990 nahmen „nur" noch 77,8 % der Wahlberechtigten an der Wahl teil, und 1994 lag der Anteil der Wähler mit 79,0 % nur unwesentlich höher. Noch größere Rückgänge sind bei Landtags- und Kommunalwahlen zu verzeichnen. Da die Wahlbeteiligung in der BRD für eine Demokratie ohne Wahlpflicht traditionell hoch war, könnte man diesen Rückgang als „Normalisierung" bezeichnen. Gegen diese These spricht jedoch die unterdurchschnittliche Wahlbeteiligung jüngerer Menschen.

> „Es sieht so aus, als ob die jüngere Generation zunehmend auf Distanz zur Parteiendemokratie geht, ein Eindruck, den die Nachwuchssorgen der Parteien wie der Gewerkschaften bestätigen." (Schmitz 1996, S. 62)

Fragt man nach den Gründen für die Politikverdrossenheit, so wurde an erster Stelle das Gefühl in der Bevölkerung verantwortlich gemacht, „daß eine Lösung drängender globaler Probleme von der Politik nicht geleistet wird" (Hösle 1996, S. 219). Aber auch andere Gründe wurden genannt, die in der Organisation der Parteien zu suchen waren. So wurden Zielkonflikte der Parteien zur Erklärung herangezogen. Die Parteien - so wurde argumentiert - hätten gleichzeitig vier unterschiedliche Aufgaben zu bewältigen: Erstens müßten sie Mitglieder werben und weltanschaulich ansprechen, zweitens müßten sie die Interessen ihrer Wähler repräsentieren, drittens müßten sie die Parlaments- und Regierungsarbeit - was auch Kompromißbildung bedeutet - erfolgreich bewältigen, und viertens müßten sie die Karriereerwartungen ihrer Mitglieder befriedigen. Angesichts der sich hieraus ergebenden Zielkonflikte würden die Parteien bei einigen Aufgaben versagen. Dennoch hätten die Parteien die Macht im Staate an sich gezogen, so daß von einem „Parteienstaat" gesprochen werden könne.

Hans Herbert von Arnim kritisierte besonders heftig einen Machtmißbrauch durch die Parteien. Er unterschied vier Hauptkritikpunkte: Erstens komme das Volk „nicht zu Wort, sondern werde durch die politischen Parteien ersetzt, die aber ihrerseits ihrer Funktion als Mittler zwischen Staat und Volk nicht gerecht würden." Zweitens versagten die Parteien vor der Lösung dringender Gemeinschaftsaufgaben, „es bestehe ein Defizit an Problemlösungskompetenz". Drittens führe die Aushöhlung der Gewaltenteilung durch die Parteien zu Funktionsstörungen des gesamten Systems, und viertens dominiere in „den Parteien ... das Eigeninteresse an Macht, Posten und Geld" (von Arnim 1996, S.29). Vor allem die „Machenschaften" im Zusammenhang mit der Parteienfinanzierung und der Ämterpatronage würden dieses Eigeninteresse der Parteien belegen.

Diese Kritik an den Parteien und am parlamentarischen System zielte auf eine Stärkung der plebiszitären Elemente in der Politik und auf eine Stärkung „unpolitischer" technokratischer Eliten, die aufgrund ihrer parteipolitischen Unabhängigkeit eher dem Gemeinwohl verpflichtet seien:

„Gegengewichte (gegen die Parteienherrschaft) können vor allem in zwei Richtungen gedacht werden: Die eine wäre die Stärkung von solchen Kräften und Institutionen, die vom - unausgewogenen - politischen Kräftespiel der Parteien und Verbände relativ unabhängig sind, wie der Bundespräsident, die Gerichte, die Bundesbank, die Rechnungshöfe usw. So sind zum Beispiel die Übertragung der gesamten Geldpolitik auf die unabhängige Bundesbank und die 'Ersatzgesetzgebung', mit der das Bundesverfassungsgericht teilweise an die Stelle der Parlamente tritt, Ausdruck zunehmenden Mißtrauens gegenüber 'der Politik'. Doch trägt dieser Weg wohl nur in

Grenzen, schon deswegen, weil mit dem stärkeren Gewicht solcher Institutionen auch die Versuche ihrer Parteipolitisierung, zumindest bei der personellen Besetzung, noch weiter zunehmen dürften. Sollte aber dennoch eine wirkliche Distanzierung gelingen, so würde die demokratische Legitimation solch unabhängiger Institutionen immer fraglicher - es sei denn, sie würden direkt vom Volk gewählt.
Als wirkliches Gegengewicht kommt vor allem *ein* Akteur in Betracht: das Volk selbst. Es muß - in Ergänzung zur parlamentarischen Willensbildung - nicht nur mehr Einfluß auf Sachentscheidungen erhalten, sondern vor allem die Personalauswahl selbst treffen können." (von Arnim 1993, S. 340 f.)

Mit diesem Vorschlag wurde auch eine Direktwahl von Amtsträgern (Bürgermeistern, Ministerpräsidenten) durch das Volk propagiert.

Tatsächlich hatte aber schon in der dritten Phase der bundesrepublikanischen Systemgeschichte eine Stärkung des direkten Bürgereinflusses stattgefunden. So fanden Elemente der süddeutschen Ratsverfassung auch in „norddeutschen" Ländern Verbreitung. Die Direktwahl von Bürgermeistern und Landräten in Hessen, Nordrhein-Westfalen und Rheinland-Pfalz wurde eingeführt. Auch gab und gibt es in fast allen Bundesländern die Möglichkeit des Volksentscheids. Andere Formen der unmittelbaren Beteiligung von Bürgern hatten sich ebenfalls etabliert. Erinnert sei hier an Seniorenbeiräte, Planungsbeiräte und Ausländerbeiräte, die im allgemeinen einen beratenden Status in Stadt- und Gemeinderäten erhielten.

Die Forderungen nach einer stärkeren Beteiligung der Arbeitnehmer an unternehmerischen Entscheidungen und damit die Forderung nach einer Demokratisierung der Wirtschaft wurden in dieser Phase allerdings weitgehend zurückgedrängt.

c) Ökonomische Bereiche: Wirtschaftspolitische Ausrichtung

Mit der stagflationären Wirtschaftssituation geriet die Globalsteuerung bereits in der zweiten Hälfte der 70er Jahre in Bedrängnis. Vor allem die Staatsverschuldung und der umstrittene Erfolg der Konjunktur- und Beschäftigungsprogramme dienten ihren Kritikern als Argument. Der Sachverständigenrat propagierte mit der Angebotspolitik eine Variante des Neoliberalismus und unterstützte damit die Bundesbank, die schon seit Mitte der 70er Jahre mit ihrer Geldpolitik, dem Monetarismus, eine andere Variante des Neoliberalismus verfolgte.

Zum neuen wirtschaftspolitischen Paradigma wurde jetzt also die Angebotspolitik. Grundlage dieses Paradigmas war, wie bei allen neoliberalen Wirtschaftskonzepten, die Annahme einer grundsätzlichen Stabilität des marktwirtschaftlichen Systems. Für die Krisen der Marktwirtschaft werden vor allem staatliche Interventionen verantwortlich gemacht. Zwar würden - so die Argumentation - auch ohne staatliche Einflüsse die Krisen nicht vollständig ausbleiben, sie wären jedoch nicht so gravierend. Die marktwirtschaftlichen Kräfte würden aus sich heraus zu einer raschen Restabilisierung beitragen.

Die Wirtschaftskrise zu Beginn der 80er Jahre, die sich in steigenden Arbeitslosenzahlen, einer hohen Preissteigerung und niedrigen Wachstumsraten ausdrückte, sei mithin auf die Staatsinterventionen zurückzuführen. Für die Redynamisierung der Wirtschaft wurde nun eine angebotsorientierte Politik empfohlen. Diese sieht die Hemmnisse für eine Entfaltung der Vitalkräfte des Marktes auf der Angebotsseite der Gütermärkte. Anders als in der ersten Wirtschaftskrise der Bundesrepublik sollte deshalb nicht die Nachfrageseite des Marktes, sondern die Angebotsseite gestärkt werden. Denn - so die Annahme - es gebe nicht genügend Investitionsanreize für Unternehmen. Aufrund dieses Mangels würden die Unternehmen ihre (hohen) Gewinne nicht reinvestieren. Allerdings wurden auch kritische Stimmen laut, die die unterstellten Zusammenhänge von Gewinn und Investition sowie Investition und Beschäftigung zurückwiesen. So argumentierte die Memorandum-Gruppe 1982:

„Unverdrossen setzt die Bundesregierung auf die Formel von den Gewinnen, die Investitionen schaffen, und den Investitionen, die für Vollbeschäftigung sorgen. Diese Kette ist brüchig, wie wir schon mehrfach nachgewiesen haben: ...
Diese Entwicklung zeigt deutlich, daß steigende Gewinne in immer geringerem Ausmaß zusätzliche Investitionen hervorrufen.
- Gleichzeitig führt die Einführung neuer arbeitssparender Technologien dazu, daß durch eine gegebene Zusatzinvestition immer weniger zusätzliche Arbeitsplätze geschaffen und durch Ersatzinvestitionen immer mehr Arbeitsplätze vernichtet werden." (Memorandum 1982, S. 19)

Trotz dieser Einwände setzten sich die angebotsorientierten Theoreme schon in der letzten Phase der sozial-liberalen Regierungszeit durch. Die „Wende", die 1982 von der CDU/CSU und der FDP „eingeleitet" wurde, war eine konsequente Fortführung des bereits vollzogenen Paradigmenwechsels.

Otto Graf Lambsdorff, der als Wirtschaftsminister der alten Bundesregierung unter Kanzler Helmut Schmidt und dann der neuen Regierung unter Kanzler Helmut Kohl die Kontinuität dieser Wirtschaftspolitik verantwortete, hatte 1982 ein „Gesamtprogramm für eine Politik zur Überwindung der Wachstumsschwäche und zur Bekämpfung der Arbeitslosigkeit" entwickelt, das vier Aktionsbereiche umfaßte:

1. Wachstums- und beschäftigungsorientierte Haushaltspolitik
Durch eine drastische Einschränkung der Ausgaben sollte eine Konsolidierung des Haushalts erfolgen. Diese Sparmaßnahmen sollten vor allem im Personalbereich, bei den Subventionen und bei den Leistungen nach dem Arbeitsförderungsgesetz (z.B. Senkung der Leistungssätze für Arbeitslosengeld, BAföG, Wohngeld) erfolgen.

2. Investitions- und leistungsfördernde Steuerpolitik
Die Steuerquote sollte insbesondere durch eine schrittweise Abschaffung der Gewerbesteuer, duch eine Senkung der Vermögenssteuer und Entlastungen bei der Lohn- und Einkommensteuer reduziert werden. Die Gegenfinanzierung sollte durch eine Anhebung der Mehrwertsteuer erfolgen.

3. Konsolidierung der sozialen Sicherheit sowie beschäftigungsfördernde Sozial- und Arbeitsmarktpolitik
Eine stärkere Berücksichtigung der Prinzipien Selbstversorgung, Eigenbeteiligung und Subsidiarität sollte in allen Bereichen der Sozialpolitik (z.B. Renten- und Krankenversicherung, Lohnfortzahlung im Krankheitsfall, Sozialhilferecht) zu einer Senkung der Lohnnebenkosten führen.

4. Politik zur Förderung von Marktwirtschaft, Wettbewerb und wirtschaftlicher Selbständigkeit
Durch Deregulierung (z.B. Mietrecht) und Entbürokratisierung sollte die Investitionsbereitschaft der Unternehmen und die Bereitschaft zu beruflicher Selbständigkeit und zu Existenzgründungen gefördert werden.

Insgesamt zielte das Konzept der Angebotspolitik auf eine Senkung der Lohnkosten. Dabei wurde sowohl eine Reallohnsenkung als auch eine Senkung der Lohnnebenkosten propagiert. Hinter dem Konzept stand die Annahme, daß die Arbeitslosigkeit auf zu hohen Lohnkosten beruhe („Mindestlohnarbeitslosigkeit"), was die Investitionsbereitschaft der Unternehmer senke und damit Neueinstellungen verhindere. Zudem würden die hohen Lohnkosten die Schattenwirtschaft fördern. Die weiterhin steigende Arbeitslosigkeit wurde vielfach mit dem Hinweis auf jene Schattenwirtschaft bagatellisiert und zum Teil dann wieder als Schwarzarbeit kriminalisiert. Deshalb sollten auch Maßnahmen zur Verhinderung von Schwarzarbeit ergriffen werden.

Früher rechtlicher Ausdruck dieser wirtschaftspolitischen Wende waren z.B. das Beschäftigungsförderungsgesetz vom 1. Mai 1985 und das Steuersenkungsgesetz von 1985.

Trotz steigender Arbeitslosigkeit wurde am Konzept der angebotsorientierten Wirtschaftspolitik auch in den 90er Jahren festgehalten. Die Argumentation zur Stützung dieser Politik wurde jetzt um die Standortdebatte erweitert. Mit der „Globalisierung" der Wirtschaft und der daraus resultierenden weltweiten Konkurrenzsituation könne der Standort Deutschland - so die These - nur durch einen Umbau bestehen, der die „Strukturschwächen des Standorts Deutschland" überwinde. Die Gründe für die hohe Arbeitslosigkeit sind nach Wirtschaftsminister Rexrodt in erster Linie struktureller Art:

„- Eine unzureichende Flexibilität auf Arbeits- und Gütermärkten behindert die notwendige schnelle Anpassung an das sich rapide wandelnde weltwirtschaftliche Umfeld.
- Ein Übermaß an Staatstätigkeit sowie zu hohe Steuern, Abgaben und sonstige Kosten hemmen die Investitions- und Leistungsfähigkeit in unserer Wirtschaft." (Rexrodt 1996, S. 3)

Die Bundesregierung wollte - nach Rexrodt - mit ihren wachstums- und beschäftigungspolitischen Maßnahmen diese Strukturschwächen überwinden. Zu ihren Initiativen zählte das erneuerte „Bündnis für Arbeit", das „Aktionsprogramm für Investitionen und Arbeitsplätze" vom Januar 1996 und das „Programm für mehr Wachstum und Beschäftigung" vom April 1996. Die Schwerpunkte dieser Programme erinnern an das Programm, das Wirtschaftsminister Lambsdorff 1982 vorstellte. Rexrodt nannte fünf Schwerpunkte:

1. Offensive für unternehmerische Selbständigkeit und Innovation
Dieser Punkt umfaßte Maßnahmen der Bundesregierung, die sowohl „die steuerlichen Rahmenbedingungen als auch die Organisation des Kapitalmarktes und insbesondere die Bereitstellung von Wagniskapital" einbeziehen.

2. Kostensenkung des Faktors Arbeit
Hierunter faßte Rexrodt die Senkung der Lohnzusatzkosten. „Der Weg dorthin führt über die Senkung der Sozialausgaben durch Konzentration auf die wirklich Bedürftigen in unserer Gesellschaft, durch stärkere Selbstbeteiligung und Eigenverantwortung, damit zugleich durch mehr Anreize zur individuellen und familiären Vorsorge gegen soziale Risiken."

3. Wachstums- und beschäftigungsfördernde Steuerpolitik
Um die Investitions- und Innovationsdynamik der Unternehmen zu stärken, war eine Abschaffung der ertragsunabhängigen Steuern (Gewerbekapital- und Vermögensteuer) sowie eine Senkung der Gewerbeertragsteuer vorgesehen. Zudem war eine Reform der Einkommensteuer geplant.

4. Gewährleistung dauerhaft solider Staatsfinanzen
Die Konsolidierung der Haushalte von Bund, Ländern und Gemeinden sowie auch der Versicherungssysteme sollte über die. Begrenzung und Verminderung der Ausgaben erfolgen.

5. Mehr Beschäftigung durch mehr Wettbewerb
„Bei der Stärkung der marktwirtschaftlichen Anpassungsfähigkeit setzt die Bundesregierung auf Wettbewerb, offene Märkte, konsequente Deregulierung und Privatisierung sowie eine zukunftsgerichtete Strukturpolitik." (Rexrodt 1996, S. 3 f.)

Bei diesem Maßnahmenpaket wird noch einmal das Anliegen der angebotsorientierten Wirtschaftspolitik deutlich, das vor allem in der Entlastung der Angebotsseite des Marktes besteht, um dadurch Anreize für mehr Investitionen zu schaffen. Konkreter hieß dies: Reduzierung des Staatssektors durch Privatisierung, Steuersenkungen für Unternehmen, Deregulierung, Senkung der Lohn(zusatz)kosten. Insgesamt zielte diese Politik auf eine Beseitigung von Investitions- und Beschäftigungshemmnissen. Die zugrunde liegende Hypothese dieser Wirtschaftspolitik lautete: „Wenn erst die Bedingungen auf der Angebotsseite stimmen, dann wird wieder mehr investiert, gehen die Wachstumsraten wieder nach oben und wird wieder eingestellt." (Böhret / Jann / Kronenwett 1988, S. 33)

Vornehmlichstes Ziel der angebotsorientierten Wirtschaftspolitik war es, die deutsche Wirtschaft in unterschiedlichsten Bereichen im globalen Wettbewerb konkurrenzfähig zu erhalten.[17] Neben den traditionellen (EU-Staaten, USA, Japan) waren - mit der gesellschaftlichen Transformation in Osteuropa und mit der rasanten Entwicklung asiatischer Volkswirtschaften (z.B. Korea, Taiwan, Singapur, China) - neue Konkurrenten entstanden, die sich in einigen Wirtschaftsbereichen aufgrund technologischer Entwicklung und niedriger Lohnkosten zu ernstzunehmenden Wettbewerbern entwickelt hatten. Es war und ist jedoch fraglich, ob die bundesdeutsche Wirtschaft mit den Niedriglohnländern bei technologisch weniger anspruchsvollen Produkten konkurrieren kann. So heißt es beispielsweise im Bericht „Zur technologischen Leistungsfähigkeit Deutschlands 1996" des BMBF:

> „Die Stückwerte der Importe aus diesen Ländern (südostasiatische Länder; liegen C.B./G.K.) meist so deutlich unter den entsprechenden Werten aus Industrieländern, daß zu vermuten ist, daß es sich um Güter handelt, die innerhalb einer heterogen zusammengesetzten Warengruppe eher am Ende des Produktlebenszyklus anzusiedeln sind: Es handelt sich meist um technologisch vergleichsweise wenig anspruchsvolle Güter, z.T. preiswerte Konsumgüter, während die Industrieländer teurere, technologieintensive Erzeugnisse der jeweiligen Erzeugnisgruppen liefern." (BMBF 1996, S. 50)

Die erhofften außenwirtschaftlichen Effekte der Angebotsökonomie waren und sind damit in einigen technologisch weniger anspruchsvollen Wirtschaftsbereichen zumindest fraglich.

---

17 Dabei ist allerdings zu bedenken, daß die neoliberale Politik durch eine Deregulierung zunächst die Globalisierung ermöglichte. Dies wird in der neoliberalen Argumentation ausgeblendet, die die Austeritätspolitik durch die Globalisierung begründet: Politik schafft ihre eigenen Sachzwänge.

Zu diesen außenwirtschaftlichen Effekten kam hinzu, daß die Binnennachfrage durch die Senkung der Lohnkosten und durch die damit nachlassende Kaufkraft der Bevölkerung gedrosselt wurde; dies hatte wiederum negative Auswirkungen auf die wirtschaftliche Entwicklung und den Arbeitsmarkt.

Während die Wertpapierbörsen Rekorde über Rekorde feierten, stieg die Arbeitslosigkeit. Ursächlich dafür war zum einen, daß die Investitionen - zumindest in der BRD - trotz guter Gewinnmargen ausblieben, und zum anderen, daß hohe Investitionen durch Rationalisierungseffekte selten zur Schaffung von Arbeitsplätzen beitrugen; in einigen Bereichen bewirkten sie sogar deren Abbau. Auch die Ersetzung des Taylorismus durch andere Management-Methoden (lean management, lean production, just in time-Management-Methoden) erhöhte nicht die Zahl der Beschäftigten in der Privatwirtschaft und im Staat. Diese Management-Methoden zielten vielmehr auf eine Einbindung der geistigen Fähigkeiten der Mitarbeiter, um die Effizienz und Kooperation (flache Hierarchien) im Arbeitsprozeß zu erhöhen. Die Effizienzsteigerung durch diese Methoden führte in einigen Bereichen zu einer besseren internationalen Konkurrenzfähigkeit und damit zum Erhalt von Arbeitsplätzen. Aber insgesamt und absolut gingen Arbeitsplätze verloren. Allerdings lösten diese neuen Management-Formen und Produktionsmethoden den Taylorismus nicht in allen Produktionsbereichen ab. Vielmehr bildete sich ein - allerdings miteinander verflochtenes - Nebeneinander von tayloristischer Arbeitsteilung und neuen „integrierten" Arbeitsformen heraus. So war ein „modellhaftes" Auseinanderfallen des Arbeitsmarktes zu konstatieren. Einerseits entstand ein Arbeitsmarkt mit hochflexiblen Arbeitsverträgen und tayloristischer Arbeitsteilung mit hierarchischer Kontrolle. Oftmals war dieser Arbeitsmarkt von Einkommens-Dumping betroffen (Modell 1). Andererseits entwickelte sich ein Arbeitsmarkt, in dem eine hohe Einbindung der Mitarbeiter stattfand. Da hier eine Effizienzsteigerung durch die Kompetenz(steigerung) der Mitarbeiter erwartet wurde, konnten die Arbeitsverträge nicht in gleicher Weise wie in Modell 1 flexibilisiert werden. Hier, in Modell 2, wurden weiterhin hoch regulierte Arbeitsverträge abgeschlossen, da eine kontinuierliche Anbindung der Mitarbeiter vom Produktionsprozeß selbst verlangt wurde (vgl. hierzu: Leborgne / Lipietz 1996; Zukunftsinitiative Rheinland-Pfalz und PLEIAD 1995).

Angesichts der Entwicklung am Arbeitsmarkt schwand das Vertrauen der Bevölkerung in die soziale Marktwirtschaft, und auch Bundespräsident Roman Herzog erkannte eine „Legitimationskrise der Marktwirtschaft" und beklagte, daß an die Stelle der sozialen Marktwirtschaft mit ihrer Sozialpflichtigkeit eine Marktwirtschaft trete, deren einziges Gebot die Profitmaximierung sei.

„Nicht Sozialpflichtigkeit, sondern schlichte Gewinnmaximierung und Kapitalvermehrung gelten nunmehr als bester Weg" (Roman Herzog, zitiert nach: Die Zeit: Nr. 11, 7. März 1997, S. 25).

Mindestens der Erfolg der angebotsorientierten Wirtschaftspolitik schien zunehmend fraglich. Die Arbeitslosenzahlen stiegen weiter und erreichten im Februar 1997 nach offizieller Verlautbarung der Bundesanstalt für Arbeit 4,7 Millionen Menschen. Zusätzlich konnte von einer erheblichen verdeckten Arbeitslosigkeit ausgegangen werden. Da Sozialleistungen und Ausbildungsplätze reduziert wurden, klagten Kirchen und Wohlfahrtsverbände seit Jahren die Entwicklung einer neuen Armut an (vgl. z.B.: Rat der Evangelischen Kirche in Deutschland und Deutsche Bischofskonferenz o.J. (1996)). Die Schere zwischen Reichen und Armen wurde größer, die „Zweidrittel-Gesellschaft" schien kein Hirngespinst zu bleiben. In dieser gespaltenen Gesellschaft würden zwei Drittel der Gesellschaft in Wohlstand und ein Drittel der Bevölkerung vom Arbeitsleben ausgeschlossen oder aus anderen Gründen an der Armutsgrenze leben. Es sei hier darauf hingewiesen, daß manche Experten - ceteris paribus - davon ausgehen, daß in Zukunft die „Wohlfahrtsschere" weiter geöffnet wird und noch mehr Menschen vom Wohlstand ausgeschlossen werden könnten. Man extrapoliert die 50%-Gesellschaft oder sogar die 20:80-Gesellschaft (vgl. Martin / Schumann 1996, S. 9 ff.). Besonders bedrückend war und ist in diesem Zusammenhang, daß zunehmend - wie die Statistiken der Sozialämter belegten - Kinder und Jugendliche von der neuen Armut betroffen werden. Von der Öffentlichkeit weitgehend unbeachtet, stieg beispielsweise die Zahl der Straßenkinder in der Bundesrepublik. Nach Schätzungen lebten im Frühjahr 1997 in der Stadt Mannheim 60 bis 80 Kinder auf der Straße und in Frankfurt am Main wurden in den Jahren 1994 und 1995 jeweils 323 Kinder und Jugendliche von Streetworkern erstmals betreut (vgl. Streetwork Innenstadt Frankfurt a.M. o.J, S. 12 f.). Durch die Wiederherstellung der deutschen Einheit wurden die Folgen der Strukturschwächen der bundesdeutschen Wirtschaft zeitlich noch aufgeschoben. Mit der Vergrößerung des Binnenmarktes stieg zunächst noch die Nachfrage, und die deutsche Wirtschaft erlebte einen vorübergehenden Aufschwung. Hierzu trugen erhebliche Investitions- und Infrastrukturprogramme des Staates für den Aufbau Ost bei, was aber uno actu zu einer höheren Staatsverschuldung führte. Die Nachfragesteigerung des Staates, die gegen das Paradigma der Angebotsökonomie verstieß, resultierte aus der besonderen historischen Situation der Vereinigung. Es war also vorübergehend eine Situation eingetreten, in der gleichzeitig die Angebotsökonomie propagiert sowie umgesetzt und die Nachfrage durch staatliche Maßnahmen erheblich erweitert wurde.

d) Ökonomische Bereiche: Naturwissenschaftlich-technische Orientierung

War die Technologieentwicklung in der zweiten Phase durch eine aktive Politik mit dem Ziel technologischer Innovation gefördert worden, so ist die dritte Phase durch eine fehlende strategische Orientierung der Technologiepolitik gekennzeichnet. Zwar wurden eine Vielzahl einzelner Technologieprogramme initiiert und evaluiert, doch waren sie eher Reaktionen auf kurzfristige Bedürfnisse gesellschaftlicher Partner der Politik denn Resultat strategischer Planung.

So war es nicht verwunderlich, daß - nach einem Bericht des Bundesministeriums für Bildung, Wissenschaft, Forschung und Technologie - die wirtschaftliche und staatliche Forschung in der Bundesrepublik in vielen Schlüsseltechnologien im internationalen Vergleich Defizite aufwies.

„Das vergleichsweise niedrige Aktivitätsniveau Deutschlands in vielen Schlüsselgebieten hat sich - trotz der viel beachteten Forschungsergebnisse des Wissenschaftsbereichs bei Biotechnologie und Mikroelektronik - nicht grundlegend geändert ... Insgesamt kann es durchaus sein, daß sich in der Mikroelektronik und in der multimedialen Technologie mittelfristig eine Renaissance des Standorts Deutschland ankündigt, wobei allerdings eine in der Breite führende Rolle auszuschließen ist. Die derzeitigen Aufholprozesse kann man als 'targeting' bezeichnen." (BMBF 1996, S. 45 f.)

Auch in der Biotechnologie und in der Softwareentwicklung schien sich die eher ungünstige Ausgangsposition der bundesdeutschen Forschung allmählich zu verbessern. Allerdings konnte und darf derzeit lediglich in der Umwelttechnologie von einer führenden Rolle der bundesdeutschen Forschung gesprochen werden. Eine Umfrage bei allen habilitierten Naturwissenschaftlern zu Zukunftstechnologien in Rheinland-Pfalz ergab auch für die nächste Zeit eine „überragende Bedeutung ökologischer Fragestellungen" (Böhret / Konzendorf / Troitzsch, 1996, S. 4) für die Entwicklung von Wissenschaft und Technik (Abb.3).

Abb. 3: Beziehungen zwischen Technikbereichen

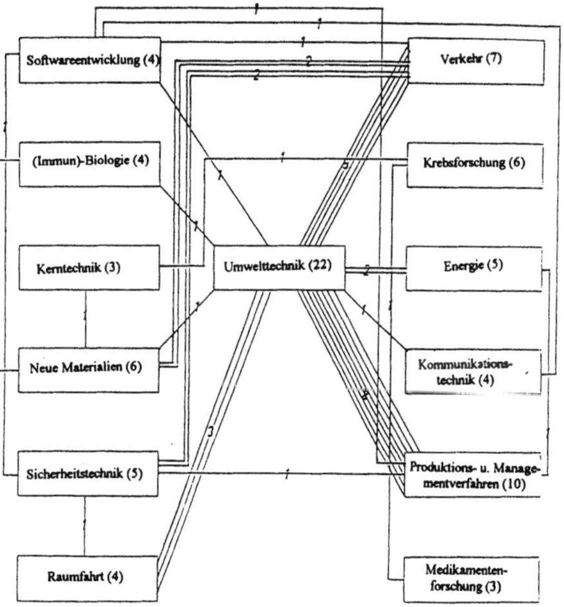

Zahlen in Klammern: Häufigkeit der Nennungen unter „wichtigen" Themen; Zahlen auf den Linien: Häufigkeit der Verknüpfungen (Abb. aus: Böhret / Konzendorf Troitzsch 1996, S. 69)

Insgesamt kann konstatiert werden, daß die Bundesrepublik in vielen technologischen Bereichen im internationalen Vergleich in einen Rückstand geraten war. Die Technologiepolitik wollte dieses Defizit zwar ausgleichen, doch verfuhr sie - wie in der ersten Phase der Bundesrepublik - eher reaktiv, ohne in zukunftsträchtigen Technologiebereichen besonders aktiv zu wirken. So gerieten insbesondere die Bereiche der Spitzen- und Schlüsseltechnologien im Rückstand, während die Bundesrepublik im Bereich der höherwertigen Technologien (Fahrzeugtechnik, Maschinenbau und Chemie) ihre Stärken beibehielt und teilweise sogar erhöhte. Aber eben: „Die Sektoren Chemie, Maschinen- und Fahrzeugbau haben in der deutschen Wirtschaft eine hohe Zugkraft. Nur: Ihre Wachstumspotentiale sind eher als begrenzt einzustufen." (BMBF 1996, S. 44)

Diesem für die langfristige technologische Entwicklung in der Bundesrepublik nicht sonderlich günstige Bild korrespondierten rückläufige Investitionen für Forschung und Entwicklung (FuE).

„Die FuE-Intensität ist seit etwa 1987 bis in die jüngste Vergangenheit hinein rückläufig und befindet sich mit einem Anteil von 2,3 vH am Bruttoinlandsprodukt nun auf einem Niveau, das noch unter dem von Anfang der 80er Jahre liegt. Die Entwicklung ist in anderen hochentwickelten Volkswirtschaften ähnlich verlaufen. Offensichtlich sind die größten Industrieländer, die Ende der 80er Jahre etwa 3 vH ihrer Ressourcen in FuE investierten, damit an eine 'Schallmauer' gestoßen." (BMBF,1996, S. 29 und Abb. B.4)

Deutschland rangierte - gemessen am Anteil der FuE-Ausgaben am Bruttoinlandsprodukt - hinter Japan, den USA und Frankreich auf Rang 4 unter den G-7 Industrieländern.[18] Die rückläufigen Investitionen umfaßten staatliche und wirtschaftliche FuE-Ausgaben, wobei die Industrieforschung zunehmend von der Industrie selbst gefördert wur-

---

18 Auch in der Länderliste des UN-Entwicklungsprogramms (UNDP) ist Deutschland weiter zurückgefallen: Platz 19 unter 175 Ländern, gemessen am „Index für die menschliche Entwicklung". In diesen Index gehen die Leistungen eines Landes ein in Bezug zur Lebenserwartung, Bildungsstand und bereinigtes Realeinkommen (Kaufkraft). Spitzenpositionen nehmen ein: Kanada, Frankreich, Norwegen, USA.

de (Eigenfinanzierungsquote 1987: 83%). Die staatlichen Akteure begleiteten diese Industrieforschung mit Mitteln der Innovationsförderung. Eine Gefahr für die Entwicklung der FuE-Intensität in der Bundesrepublik war - im Zuge der neuen Internationalisierung - die Verlagerung von Forschungsaktivitäten deutscher Unternehmen ins Ausland (vgl. BMBF 1996, S. 54). Zudem war für die Entwicklung zukunftsträchtiger Schlüsseltechnologien die festzustellende Reduktion marktferner Forschung nachteilig (vgl. BMBF 1996, S. 43). Diesem „Trend der Industrie, sich aus langfristigen Forschungsfeldern zurückzuziehen" (BMBF 1996a, S. 9) wurde von seiten der Politik kaum entgegengewirkt. Große, neue Fachprogramme waren seit Mitte der 70er Jahre nicht mehr entstanden, und auch in organisatorischer Hinsicht stagnierte die Forschungspolitik. „Neue Programmschwerpunkte werden (lange Zeit C.B. / G.K.) - quasi in Form eines organisationellen Nullsummenspiels - im wesentlichen durch Umstrukturierungen und Umgruppierungen der vorhandenen Referate integriert." (Stucke 1993, S. 75 f.)

Mit der Bildung des sogenannten Zukunftsministeriums im Jahre 1994 wurde dann zwar eine organisatorische Veränderung vorgenommen, doch blieben bedeutende neue, zukunftsorientierte Forschungsprogramme weiterhin aus. Außerdem wurde mit dem Zuschnitt des Zukunftsministeriums, das die Bereiche Bildung und Wissenschaft, Forschung und Technologie (BMBF) umfaßt, die Chance zu einer intensiveren und effektiveren Koodinierung der Technologiepolitik zwischen Bund, Ländern, Wissenschaft und Wirtschaft bisher nicht verwirklicht. Durch die fehlende Anbindung der Forschungs- und Technologiepolitik an die zentralen Problembereiche der Wirtschaft wurde eine mögliche Chance zur Integration der Bereiche vertan (vgl. Schröder 1995, S. 280).

War zu Beginn der 80er Jahre in der Bevölkerung - auch verursacht durch katastrophale Unfälle im Bereich der Großtechnologien (Seveso, Tschernobyl) - eine Technikfeindlichkeit weit verbreitet, so erlebten die 90er Jahre eine Renaissance der Technikakzeptanz. Ursächlich für diesen Wandel dürften zwei Faktoren gewesen sein: Zum einen die Verbreitung umweltfreundlicher Technik und die damit einhergehende Verbesserung der Umweltqualität in Deutschland und zum zweiten die

Argumentation, daß technologische Entwicklungen im Zuge der Internationalisierung der Wirtschaft für den Erfolg deutscher Produkte auf dem Weltmarkt und damit für die Schaffung von Arbeitsplätzen notwendig seien.

Fragt man nach den technischen Entwicklungen, so liefern der erste deutsche Delphi-Bericht sowie die Umfrage zur naturwissenschaftlichen, technischen und medizinischen Forschungslandschaft in Rheinland-Pfalz (Böhret / Konzendorf / Troitzsch 1996) einigen Aufschluß. Beispielhaft werden im folgenden Ergebnisse dieser Umfragen für die Rubrik „Entdeckung bis innovative Anwendung" angeführt. Unter der Rubrik „Diffusion" findet sich eine Beschreibung von massenhaft angewandten Techniken in dieser Phase.

In vielen der unter der Rubrik „Entdeckung; Aufklärung, erste technische Entwicklung, innovative Anwendung" in Tabelle 7 genannten Technologien war die Bundesrepublik im internationalen Vergleich in einen Rückstand geraten und befindet sich derzeit (1997) noch dort. Nur im Umweltbereich zählte die Bundesrepublik - auch in bezug auf Spitzen- und Schlüsseltechnologien - zu den führenden Technologienationen. Möglicherweise war der relativ geringe Anstieg des Energieverbrauchs zwischen 1980 und 1995 (von etwa 11400 auf etwa 12000 Petajoule) auf diese Technologien zurückführbar. Aber auch mit ihnen konnte keine Stagnation oder gar eine Senkung des Energieverbrauchs erzielt werden: Mobilität und Industrialisierung verschlangen nach wie vor große Menge fossiler (nicht nachwachsender) Energien.

Tab. 7: Naturwissenschaftlich-technische Entwicklung - Phase III

Entdeckung; Aufklärung, erste technische Entwicklung, innovative Anwendung	- Verkehr und Transport (Entwicklung von umweltfreundlichen Transportmethoden und neuer Sicherheitstechnik (ACC; Elektroautos) - Energieversorgung, -speicherung, -übertragung (Solarhäuser;- Gas- u. Dampf-Kombikraftwerke; Abfalltechnik für radioaktiven Müll) Neue Technologien für den Umweltschutz (Senkung von Stickoxiden; Senkung von CO_2-Emissionen; Ersatzstoffe für FCKW und Halon; Recyclingfähige Materialien) - Biotechnik (mit Weiterentwicklung von Gentechnik und Gentherapie) - Physikalische Technologie (neue Mikrosystemtechnologie) - Werkstofftechnologie (Neue Materialien: Keramik; Missile drug; Verbesserte Batterien; Supraleitsubstanz) - Pflegeroboter (Japan); altersgerchte Geräte
Verbreitung; Diffusion	- Alltagsgeräte (zusätzlich: PC) - Verkehrstechnik (Weitere Verbreitung von PKW; Fahrrad als „neues" Transportmittel) - Industrielle Fertigung (Roboter, vollautomatisierte Fabrik, mobile Container Fabrik) - Wohnungsbau- und Industriebau (Ökologisches Bauen; z.B. transluzente Wärmedämmung am Bau; ökologischer Städtebau) - Infrastruktur (Interaktive Kommunikationsnetzwerke - z.B. Internet) - Umweltorientierte Landwirtschaft - Chemische Industrie: Pharmazeutische Produkte - Energiesektor (In geringem Maße alternative Energiegewinnung - Windräder, Solarhäuser; Fernwärme; Kraft-Wärme-Kopplung) - Medizintechnik (Mikrosystemtechnik, Bildgebende Verfahren in der Diagnostik und Operationstechnik) - Drucktechnik (Desktop Reproduktion Text-/Bildverarbeitung am PC; Schnittstellen zu Scannern der EBV) - Computertechnik: PC, Netzwerke usw.

e) Staatliche Bereiche: Herrschendes politisches Orientierungsmuster

1. Bereits in der zweiten Hälfte der 70er Jahre hatte sich die Reformeuphorie der späten 60er und frühen 70er Jahre aus der Politik verflüchtigt, und an ihre Stelle war ein nüchterner Pragmatismus mit „realpolitischer Perspektive" für das Machbare getreten. An einer Politik der Chancengleichheit (der Sorge für alle) wurde jedoch prinzipiell festgehalten. Mit der Umbildung der Regierungskoalition zu Beginn der 80er Jahre schien - trotz aller Wende-Rhetorik - die Politik der Sorge fortgesetzt zu werden, wenn auch Einschnitte in das soziale Netz aufgrund steigender Staatsverschuldung unvermeidlich schienen. Vieles deutete auf eine Politik der Kontinuität hin. Doch ließ sich bereits zu dieser Zeit vage ein möglicher Wandel in der Verteilung des erwirtschafteten gesellschaftlichen Reichtums und in der Ausrichtung der darauf reagierenden Politik erkennen. So sprachen Konservative nicht mehr von Chancengleichheit, sondern von Chancengerechtigkeit für alle, und es galt der Satz: „Leistung muß sich wieder lohnen".

Die damit angedeutete Verschiebung des Verteilungsmodus gesellschaftlichen Reichtums ließ zumindest erahnen, daß die konservative Wende, die sich zu Beginn der 80er Jahre vollzogen hatte und die sich auch gerne als geistig-moralische Wende präsentierte, eine „Politik der Härte" in ihrem Repertoire hatte. Diese Politik der Härte wurde dann unter dem „Zwang" der Globalisierung der Märkte zur Realität. Die Vorstellung eines Wohlstands für alle wurde fallengelassen. Unter dem Druck der Anpassung an die internationalen Herausforderungen erschienen der Abbau staatlicher Leistungen, Deregulierung und Entstaatlichung als unausweichlich. Anstelle politischer Visionen, Leitvorstellungen, Ziele und politischer Steuerung trat wiederum das Phänomen „Markt" und eine sektorale, netzwerkorientierte Anpassungssteuerung. Aktuell aktivierbare gesellschaftliche Macht ersetzte bei den Verteilungskonflikten zunehmend die Idee der Sozialpflichtigkeit. Die Nachwelt, deren Interessen eine langfristige strategische Planung notwendig gemacht hätte, zählte ebenso zu den Verlierern wie Sozialhilfeempfänger, Arbeitslose und untere Lohngruppen. Gleichzeitig kletterten die Aktienkurse in nie erreichte Höhen. Doch die Frage nach einer gerechten Verteilung des gesellschaftlich erwirtschafteten Reichtums war für das herrschende politische Orientierungsmuster scheinbar marginal. Nach der Argumentation der weiterhin propagierten Angebotsökonomie lag die einzige Chance im globalen Wettbewerb in einer Verbesserung der Anreizmechanismen auf der Unternehmerseite. Das hieß konkret: Abbau der sozialstaatlichen Leistungen, Abbau der Lohnnebenkosten, Deregulierung und Verwaltungsmodernisierung mit dem Leitbild eines „schlanken", billigen Staates.

2. Politik war in der dritten Phase gekennzeichnet von einem besonderen Ausmaß an Konkretismus und der Ablehnung umfassender Zukunftsleitbilder (Machbarkeitspostulat). Sie war auf das Hier und Jetzt bezogen. Anders formuliert: Es ging ihr um aktuelle, inkrementale Problemlösungen „hier und da" und um den kurzfristigen politischen Machterhalt. Es ging jedenfalls nicht mehr um die Lösung langfristiger gesellschaftlicher Probleme oder gar den zukunftsorientierten Umbau der Gesellschaft. Die konservative Wende fiel damit hinter das Diktum Edmund Burkes, dem Vater des modernen Konservatismus, zurück. In seinen Betrachtungen über die französische Revolution schrieb er 1790: „Ein Staat, dem es an allen Mitteln zu einer Veränderung fehlt, entbehrt die Mittel zu seiner Erhaltung. Ohne solche Mittel läuft er Gefahr, selbst den Teil seiner Konstitution, den er am heiligsten zu bewahren wünschte, zu verlieren." Seine Vorstellung von beweglichem Konservatismus umfaßte damit die Notwendigkeit anpassender Reformen. In der dritten Phase der Bundesrepublik lautete die stereotype Antwort der Politik auf viele Herausforderungen jedoch: „Weiter so". Beispielsweise wurden die demographische Entwicklung und ihre Folgen für den Generationenvertrag mit dem Ausspruch „die Renten sind sicher" ignoriert. Mit dieser Politik der Verdrängung (des „Aussitzens") massiven gesellschaftlichen Wandels entstand ein Reformstau; doch kehrten und kehren die verdrängten Probleme nun in verschärfter Form zurück. So sind neue „schleichende Katastrophen" auch Folge einer reaktiven Politik, die Entwicklungen analytisch nicht erfaßt und gegenüber sich aufstauenden Problemen immer hilfloser werden muß.

3. Politik verzichtete zunehmend auf eine Gesamtsteuerung der Gesellschaft, an ihre Stelle traten sektorale Politiknetzwerke, bestehend aus staatlichen und gesellschaftlichen Akteuren, die in vielge-

staltigen Aushandlungsprozessen gemeinsame Lösungen für die entstandenen Anforderungen suchten. Die staatlichen Akteure erschienen dabei als gleichrangige „Akteure unter anderen", der Staat verlor mehr und mehr an autonomer Handlungsfähigkeit. An die Stelle eines zumindest partiell eigenmächtigen Staates trat eine Ansammlung regelgebundener, politisch-administrativer Willensbildungs- und Handlungsinstitutionen, deren Handlungsspielräume eng an die gesellschaftliche Entwicklung gekoppelt waren. Der Staat im Spätpluralismus wird zum - mit speziellen Aufgaben und Funktionen betrauten - Partner der interessenformierten Gesellschaft (vgl. Böhret 1993, S. 5).

4. Machbarkeitspostulat, Konkretismus, Kurzfristigkeit und Querschnittigkeit waren und sind Merkmale eines inkrementalen Prozesses, auf den Politik in der dritten Phase weitgehend reduziert wurde. Damit einher ging die - auch in den Sozialwissenschaften - weit verbreitete These, daß Planung nicht mehr möglich sei. Vergangenheit und Zukunft erschienen als kontingent, und Politik wurde auf ein fatales „so ist's nun mal" reduziert (vgl. Lenk 1996, S. 835 ff.). Immer wieder wurde der Sachzwang zitiert. Mal trat er als Globalisierung auf, und manchmal erschien er sogar als Gemeinwohl: „Die Verpflichtung aufs Gemeinwohl aber läßt der Regierung keine Wahl: Sie muß die Last der Hilfen verringern." (FAZ, 11. März 1997, Nr. 59, S. 1). Der Sachzwang zielt(e) auf die Entpolitisierung der Politik.

5. Eine visionsfreie Politik aber wird orientierungslos und vermag keine Aufbruchstimmung zu vermitteln, was die Verdrossenheiten unterstützt. So ist schon in der Bibel zu lesen: „Wo keine Weissagung ist, wird das Volk wild und wüst." (Sprüche 29,18). Mit Deregulierung und Abbau staatlicher Leistungen wird bestenfalls kurzfristig und selektiv auf globale Herausforderungen geantwortet. Letztlich drückt sich der bescheidene Erfolg des Neoinkrementalismus in anwachsender Arbeitslosigkeit und Staatsverschuldung aus.

6. Die mit dieser weitgehenden Erfolglosigkeit verbundene Krise läßt wieder das Gespenst des Ernstfalls auftreten. Wir erinnern uns: bereits 1971 hatte Roman Herzog, der 1997 vor dem Verlust der Sozialpflichtigkeit warnte und die soziale Integration der Gesellschaft anmahnte, geäußert, daß es im Ernstfall „notwendig sei, ...eine Kon-

zentration sämtlicher staatlichen Kräfte vorzunehmen, und zwar in der Hand eines monokratisch organisierten Staatsorgans..." (Roman Herzog, zitiert nach: Lenk 1989, S. 220).

7. Wie am Ende der ersten Phase der Systemgeschichte schon verzweifelt mit dem Konzept der „formierten Gesellschaft" krisenhafte soziale Anomien aufzuschieben versucht wurden, so werden auch jetzt (in noch schwierigerer Lage) „gemeinsinn"-bezogene Theoreme vorgetragen. In der amerikanischen Kommunitarismus-Bewegung scheinen sich durchaus der „Formierungsidee" Ludwig Erhards vergleichbare Muster zu zeigen. Die Kommunitaristen (A. Etzioni, M.J. Sandel u.a.) wollen angesichts der fortgeschrittenen Individualisierung und Entsolidarisierung den inneren Zusammenhalt der Gesellschaft (Kohäsion) stärken. Im kommunitaristischen Manifest heißt es denn auch:

„Die ausschließliche Verfolgung privater Interessen löst das Netz gesellschaftlicher Strukturen auf, von dem wir alle abhängen und schadet dem Bemühen um demokratische Selbstverwaltung."
„Kern des gemeinschaftsorientierten Verständnisses sozialer Gerechtigkeit ist der Gegenseitigkeitsgedanke." (Manifest, nach Böhret 1994, S. 11)

8. Wie die Bewertungen von Einsätzen der Bundeswehr zeigten, wurden in der Krise auch wieder klassische Ideologien zur Integration wirksam. Nicht zufällig mehrten sich Kommentare, in denen die internationalen Bundeswehreinsätze mit Pragmatismus und mit ein wenig Nationalstolz verbunden wurden. So kommentierte z.B. Eckhard Fuhr den Albanien-Einsatz mit dem stolzen Ausspruch: „Die Deutschen waren auf sich gestellt." (FAZ vom 18. März 1997) Auch in allen anderen Phasen der bundesdeutschen Geschichte gab es nationalistische Tendenzen, Mitte der 90er Jahre wurden sie jedoch wieder „hoffähig" gemacht.

9. Die Bedeutung der Medien war mit der Zunahme der Rundfunkanstalten (Private Rundfunksender) erheblich gestiegen. Die Medien wurden eindeutig zur 4. Gewalt. Im Kampf um Einschaltquoten verlor die Berichterstattung im Vergleich zur ersten und zweiten Phase der bundesdeutschen Systemgeschichte oft an Seriosität und sachlicher Qualität. Politische Inhalte wurden **in einem Teil der Medien** äußerst vereinfacht und falsch wiedergegeben. Den politischen Parteien fiel es

immer schwerer, die ohnehin etwas verwischten programmatischen Unterschiede mediengerecht darzustellen. Die politischen Personen und Karrieren traten in den Vordergrund.

f) Staatliche Bereiche: Administratives Handlungsmuster

Nach wie vor folgte die deutsche Verwaltung weitgehend dem Bürokratiemodell, wie es von Max Weber beschrieben wurde.

Die Verwaltung gewann durch die Selbstregulierungsmechanismen in den sektoralen Politiknetzwerken weiter an Eigenständigkeit gegenüber der Politik. Die Vorbereitungs- und Umsetzungsherrschaft der Verwaltung erhöhte sich, was auch auf fehlende Zielvorgaben der politischen Akteure zurückführbar war.

In der dritten Phase der Bundesrepublik Deutschland hatte die Verwaltung zwei zentrale Herausforderungen zu bewältigen. Zum einen war dies der Aufbau Ost, also die Transformation einer Gesellschaft mit Planwirtschaft in eine marktwirtschaftliche Gesellschaft (vgl. Wollmann / Derlien / König / Renzsch / Seibel 1997), und zum zweiten nicht zuletzt unter neuen Knappheiten ihre eigene Modernisierung und ihren eigenen Abbau als Beitrag zum „schlanken Staat".

Angestoßen durch interne (Ineffizienz) und externe Faktoren (Staatsverschuldung, „Globalisierung") wurde „Verwaltungsmodernisierung" zum Schlagwort für Entbürokratisierung, Deregulierung und Adressatennähe (Bürger / Wirtschaft). Alles sollte schlanker, billiger und schneller werden. Der Staat insgesamt mußte sich auf Kernaufgaben beschränken, und die Politik sollte die selbstzufriedene Verwaltung antreiben. Die Verwaltungsmodernisierung folgte dem Leitbild des „schlanken Staates". Dies bedeutete vor allem Aufgabenabbau des Staates und Privatisierung. Zudem ging es „um die Übertragung einschlägiger Elemente einer Wettbewerbs- oder 'Management'-Logik aus dem privatwirtschaftlichen Bereich auf den öffentlichen Sektor" (Seibel 1996/97, S. 102). Hier waren es vor allem betriebswirtschaftliche Instrumente (z.B. doppelte Haushaltsführung), die eine Modernisierung und Effizienzsteigerung des öffentlichen Sektors herbeiführen sollten. Im wesentlichen bezog sich und bezieht sich die Verwaltungsmodernisierung auf fünf Schwerpunkte: Aufgabenumbau mit Privatisierung, Rechtsoptimierung, Effektuierung der Binnenorganisation,

Personalmobilisierung und -einsparung sowie Finanzreformen mit Budgetierung und dezentraler Haushaltsverantwortung.

Die Verwaltungsmodernisierung folgt(e) im wesentlichen einer neoliberalen Strategie. Das heißt, mit Instrumenten wie Privatisierung und contracting-out sowie einer Effektuierung der Binnenorganisation sollte anstelle der „bürokratischen" und „rechtlichen" Steuerung eine marktwirtschaftliche Steuerung treten. Der Markt, d.h. die Privatwirtschaft und Quasi-Märkte werden - so die Annahme - die vormals staatlichen Aufgaben schon effizienter erfüllen. Die Aufgabenkritik war im übrigen weniger von politischen Zielen als von Sparzwängen geprägt, und so fielen auch - im Gegensatz zur Verwaltungsreformbewegung der zweiten Phase - mittel- und langfristige Planungsaufgaben des Staates der Aufgabenkritik zum Opfer. Der Stellenabbau im öffentlichen Sektor (allerorten wurden Einstellungssperren verhängt) war eine konsequente Folge dieser Politik. Zusätzlich wurde versucht, Elemente neuer Management-Philosophien (New Public Management, Business Reengineering mit Budgetierung und Controlling, aber auch Führungsfunktion auf Zeit etc.) in die öffentliche Verwaltung einzuführen, um die Binnenorgansiation der Verwaltung effizienter zu gestalten.

Zum vorherrschenden Leitbild wurde der „schlanke Staat" erklärt und damit letztlich der systematische Abbau staatlicher Aufgabenerfüllung. Die Erfolge der breit angelegten Kampagne war bis jetzt bescheiden.

Mit Gegenmodellen des entwicklungssteuernden und funktionalen Staates wurden zwar auch andere Modernisierungsmodelle entwickelt. Doch paßten diese nicht zum herrschenden politischen und ökonomischen Paradigma.

3.2. Interdependenz der Subsysteme (Bereiche)

a) Gesellschaftspolitische Bereiche: Organisierte Interessenvertretung

Die Verwobenheit gesellschaftlicher und staatlicher Akteure in sektoralen Netzwerken ist für den Spätpluralismus konstitutiv. Eine weitere

Interdependenz ergibt sich aus der Ausdifferenzierung der Gesellschaft mit individualistischen und atomistischen Einsprengseln und der Forderung nach Flexibilisierung (auch Deregulierung) etlicher gesellschaftlicher Bereiche, die - in einer anderen praradigmatischen Phase - eher durch den Staat geregelt worden wären (z.B. im Umweltbereich).

b) Gesellschaftspolitische Bereiche: Bürgerschaftliche Willensbildung

Die Verwobenheit bürgerschaftlicher Vorbehalte mit staatlichem Handeln (ausgedrückt in Staats- und Politikverdrossenheit) und mit anderen Bereichen bestand hauptsächlich in der Wahrnehmung und Verschiebung ungelöster Problemlagen (Arbeitslosigkeit, Umweltprobleme, Renten etc.). Die Bürger trauten „der Politik" eine Lösung der Probleme nicht mehr zu, die Politik konnte nur noch vertrösten. Mit Bürgerbeteiligungsverfahren sollte versucht werden, die Politikverdrossenheit zu verringern und Bürger wenigstens in sektorale Policy-Netzwerke einzubinden.

c) Ökonomische Bereiche: Wirtschaftspolitische Ausrichtung

Der Angebotsökonomie korrespondierte die Modernisierung der öffentlichen Verwaltung, wie sie in dieser Phase betrieben wurde. Es ging in beiden Bereichen um den Abbau von Investitionshemmnissen und um die Etablierung eines „freien Marktes". Die „Globalisierung" diente in der zweiten Hälfte dieser Phase als Argument zur Fortführung der Angebotsökonomie. Die steigende Arbeitslosigkeit trug aber erneut zur Politikverdrossenheit bei und führte durchaus zu einem Vertrauensverlust der Bevölkerung gegenüber der sozialen Marktwirtschaft und den politischen Institutionen in der Bundesrepublik.

d) Ökonomische Bereiche: Naturwissenschaftlich-technische Orientierung

Die Technologiepolitik in dieser Phase war reaktiv. Eine strategische Ausrichtung läßt sich nicht erkennen. Dies paßt sich in das visionsfreie politische Orientierungsmuster der Phase ein. Die Technologiepolitik orientierte sich in starkem Maße an traditionellen Bereichen, in denen bundesdeutsche Konzerne in der Vergangenheit große wirtschaftliche Erfolge hatten, und weniger an vagen Zukunftstechnologien. Technologiepolitik ist damit eher Industriepolitik als technologische Strukturpolitik. Dies entspricht einem Konservatismus, der auf eine modernisierende Anpassung an den gesellschaftlichen Wandel in vielen Bereichen verzichtete. Gleichzeitig entstand zum Beispiel in der Informationstechnologie und in der Biotechnologie ein technisches Innovationspotential, mit dem der gesellschaftliche Wandel nicht Schritt hielt. Es entstand - wie in anderen Politikfeldern - ein Reformstau.

e) Staatliche Bereiche: Herrschendes politisches Orientierungsmuster

Die propagierte Angebotsökonomie setzte auf die Selbstheilungskräfte des Marktes, dem korrespondiert ein politisches Orientierungsmuster, das auf eine strategische Steuerung der Gesellschaft verzichtet. Politik verfährt inkremental. Eng verbunden war das herrschende politische Orientierungsmuster auch mit der in dieser Phase betriebenen Verwaltungsmodernisierung, die mit dem Leitbild des „schlanken Staates" in erster Linie auf die Aufgabenreduktion des Staates und auf Privatisierung zielte. Diese „harte" Welle der Verwaltungsmodernisierung wurde durch halbherzige binnenorganisatorische Modernisierung abgefedert.

f) Staatliche Bereiche: Administratives Handlungsmuster

Die Modernisierung der Verwaltung zielte auf einen Abbau öffentlicher Aufgabenerfüllung durch Privatisierung. Zudem wurde eine Ökonomisierung der Verwaltung (betriebswirtschaftliche Instrumente) mit dem Ziel der Effizienzsteigerung der Verwaltung betrieben. Leitbild war der „schlanke Staat", also vor allem ein billiger Staat. Diese Art der Verwaltungsmodernisierung paßte sich in das Paradigma der Angebotsökonomie ein und wurde vielfach mit der Anpassungsnotwendigkeit an die Globalisierung begründet. Die Beteiligung gesellschaftlicher Gruppen an diesen Prozessen entsprach der Politik der sektoralen Netzwerke.

3.3. Kennzeichnung der Phase

Die dritte Phase der Systemgeschichte der Bundesrepublik Deutschland läßt sich als spätpluralistische Gesellschaft mit Verhandlungsstaat kennzeichnen.

Die Ausdifferenzierung der sozialen Lagen und die Spezifizierung von Interessen führte in der dritten Phase der bundesrepublikanischen Systemgeschichte (etwa Anfang der 80er bis Mitte oder auch Ende der 90er Jahre) zu einer weiter fortschreitenden Pluralisierung der Gesellschaft. Die Häufigkeit und Dichte der Verhandlungsbeziehungen erhöhte sich. Verhandlungsnetze zwischen staatlichen und gesellschaftlichen Akteuren wurden ausgedehnt und intensiviert. Es bildeten sich „Arenen", in denen gesellschaftliche und zunehmend auch staatliche Akteure vielfältige Kompromisse auf Zeit aushandelten und Verhandlungsregeln anpaßten. In der Ökonomie trat an die Stelle der Globalsteuerung zunehmend die neoklassische Angebotspolitik und damit auch ein erneuertes Vertrauen in die Selbstheilungskräfte des Marktes. Staatliche Interventionen wurden grundsätzlich als schädlich für die Stabilisierung der wirtschaftlichen Entwicklung angesehen. Der Staat galt - auch im ökonomischen Bereich - nur als gleichwertiger Akteur neben allen anderen. Eine besonders herausragende und souveräne Steuerungsfunktion wurde ihm „für den Normalfall" nicht mehr zugebilligt. Dafür wurde er als partnerschaftlicher Mitverhandler und Moderator in die multilateralen Aushandlungsarenen einbezogen. Staatliche und sozio-ökonomische Akteure erschienen mehr und mehr als gleichwertig und ähnelten sich in ihrer Handlungsweise. Dem korrespondierte ein politischer Konkretismus, der Politik auf das hier und jetzt Machbare und auf Machterhalt reduzierte. Das herrschende konservative politische Orientierungsmuster in dieser Phase verzichtete weitgehend auf Reformen und Modernisierungen; Staat und Gesellschaft gerieten in vielen Politikfeldern in einen Reformstau.

Nicht zuletzt wegen der extensiven pluralistischen Willensbildung und der Folgen des Reformstaus sank die positive Wahrnehmung der parlamentarischen Demokratie, was sich auch in abnehmender Wahlbeteiligung und der Suche nach zusätzlichen Formen politischer Partizipation äußerte.

Vor allem die in der zweiten Phase noch beanspruchte staatliche Steuerung nach Kriterien einer „aktiven Politik" war nicht mehr gefragt. Der Staat entwickelte sich zunehmend vom Steuerungszentrum zum „Verhandlungsstaat" mit inkrementalistischer Handlungsweise in immer weiter fragmentierten Politikbereichen. Hoheitliche Funktionen wurden zunehmend als „Rest-"Tätigkeiten verstanden. Die Ergebnisse der multilateralen Aushandlungen waren nicht mehr primär staatsbestimmt, sondern in dem Macht- und Argumentationsspiel vieler Akteure „ergaben" sich die Resultate (vgl. Scharpf 1992 und Böhret 1992).

Zunehmend wurde - und wird - dabei der Staat von den sozialen und ökonomischen Partnern zur „Schlankheitskur" gedrängt. Damit sanken und sinken staatliche Interventionschancen (auch über „Genehmigungsverfahren"), und öffentliche Aufgaben werden tendenziell reduziert. In dieses Bild passen sich die neuen Bemühungen um die Modernisierung der Verwaltung ein. Diese wird hauptsächlich als Privatisierung staatlicher Aufgaben und zusätzlich binnenorganisatorisch als mikroökonomische Anpassung der Verwaltung an die privatwirtschaftliche Umwelt verstanden. Auch die Verwaltung soll betriebswirtschaftliche Kategorien beachten, sie soll ihre internen Operationsmodi effektivieren und ihre Organisation effizienter gestalten.

Die Integration der Gesellschaft erfolgte in dieser Phase über einen weiterhin relativ hohen Wohlstand. Vor allem die Unternehmer konnten sich mit der angebotsökonomischen Variante der Wirtschaftspolitik anfreunden. Und ein völlig neuer politischer Sachverhalt kam hinzu: Politik erschien eigenartig alternativlos. So war die Opposition - trotz vielfältiger Krisen - nicht in der Lage, ein Alternativkonzept zum herrschenden Paradigma zu entwickeln und medienwirksam zu präsentieren.

Verwiesen werden muß auch auf die integrierende Kraft der deutschen Einheit. Sie stellt politisch und ökonomisch einen historischen Sonderfall dar und schob die Ablösung des in dieser Phase herrschenden Paradigmas hinaus.

Das Zeitverständnis - als abstrakte, charakterisierende Größe der Phasen - wandelt sich erneut. Dominant wird wieder der Zeitkreis. Allerdings ist - anders als in der ersten Phase der bundesdeutschen Systemgeschichte - auch der Zeitvektor aktiv, jedoch im Verhältnis zur zweiten Phase stark abgeschwächt. Die Dominanz des Zeitkreises wird beispielsweise in der neoliberalen Wirtschaftstheorie deutlich: hier läßt sich das Zeitverständnis auf die zirkuläre Abfolge von Investition, Konsum und Reinvestition reduzieren, während die Verwaltungsmodernisierung auf die nahe Zukunft gerichtete Projekte umfaßt.

3.4. Phasenübergang - Ende der dritten Phase

Das Ende der dritten Phase deutete sich bereits zu Beginn der 90er Jahre an, wurde aber - wie schon gesagt - durch die deutsche Einheit hinausgezögert. Gründe für das Ende dieser Phase waren vornehmlich in neuen sozialen Disparitäten (Wohlstandsgefälle, Arbeitslosigkeit, neue Armut), in einer steigenden Staatsverschuldung und auch der daraus resultierenden Handlungsbegrenzung des Verhandlungsstaates zu suchen. Der Staat begann in dieser Phase, altbewährte Muster der Krisenbewältigung zu implementieren. Das Bündnis für Arbeit und die Programme in der Bauindustrie können hier paradigmatisch erwähnt werden. Doch die korporatistische Disziplinierung der Individualinteressen durch eine verbindliche Verbandsführung schien und scheint zu versagen. Trotz hoher Renditen wurden und werden insgesamt Arbeitsplätze abgebaut.

Die Politik der Policy-Netzwerke versagte angesichts des Wandels der Gesellschaft und führte - verknüpft mit einem machtorientierten, visionsfreien Pragmatismus - zu einem Reformstau in etlichen Politikfeldern, was nicht zuletzt zur Politikverdrossenheit beitrug.

Die Staatsverschuldung und exogene Ereignisse wie die ökonomische Internationalisierung und die ökologische Globalisierung schienen der Politik kaum noch Handlungsspielräume zu überlassen. Die Politik verstrickte sich zunehmend in selbstgeschaffenen Sachzwängen, in der scheinbaren politischen Alternativenlosigkeit.

Die Machtkonfigurationen in der Gesellschaft verschoben sich. Deutlich wurde dies beispielsweise bei dem „feindlichen Übernahmeversuch" des Thyssen-Konzerns durch die Krupp AG. Erstmals in der

Geschichte der Bundesrepublik standen sich hier einerseits der Staat, Teile des produktiven Kapitals und die Gewerkschaften und andererseits Teile des produktiven Kapitals und des Finanzkapitals feindlich gegenüber. Nicht unwahrscheinlich ist, daß sich hier ein neues Verhältnis von produktivem Kapital und Finanzkapital andeutet (vgl. hierzu: Walther 1996, S. 19 ff.).

In der Wissenschaft (bislang vor allem in der Naturwissenschaft) formierte sich ein neues, möglicherweise bald breit akzeptiertes Paradigma: die Evolutions- und Komplexitätstheorie. Schon bilden sich Übernahmen in anderen Wissenschaften heraus. Die wissenschaftliche Auffassung der Welt wandelt sich vom Sein zum Werden; chaotische und selbstorganisierende Vorgänge werden integriert. In der Zeitdimension werden Zeitkreis und Zeitvektor „aufgehoben". Wiederholung (Zeitkreis) und verändernde Planung (Zeitvektor) vereinen sich im Bild der spiralförmigen Zeithelix. Damit liegt in der Welt der Ideen ein neues Paradigma vor, das unser Verständnis von Natur und Gesellschaft grundlegend verändert und das praktische Implikationen haben könnte.

4. Zwischenbilanz I

Der Rückblick auf die Systemgeschichte der Bundesrepublik Deutschland ist damit abgeschlossen. Welche Antworten gibt nun dieser Rückblick auf die eingangs formulierten Hypothesen eins bis vier, die anhand der Systemgeschichte der BRD überprüft werden sollten.

Hypothese 1: Hypothese des begrenzten evolutiven Möglichkeitsraums

Lassen sich aus der Systemgeschichte der BRD Aussagen über den evolutiven Möglichkeitsraum des Systems treffen? Wir meinen Ja!

Die Auslotung des Möglichkeitsraumes der verschiedenen Subsysteme wird durch die Analyse der Systemgeschichte möglich. Es lassen sich evolutionäre Raumgrenzen bestimmen. Für die in der folgenden Tabelle genannten Dimensionen haben wir die systemgeschichtliche

Entwicklung beschrieben und ihr Interdependenzgeflecht gezeigt, für sie lassen sich die Grenzen des Möglichkeitsraums angeben (Tab. 8)[19].

Tab. 8: Grenzen des Möglichkeitsraums *(Die Grenzen des Möglichkeitsraums sind selbst **nicht** kompatibel mit der evolutionären Systementwicklung)*

Bereich	Grenze 1	Grenze 2
Organisierte Interessen-vertretung	Herrschaft der Verbände	Auflösung der Verbände, Individueller Atomismus
Bürgerschaftliche Willensbildung	Rousseausche Direkt-Demokratie	Herrschaft ohne demokratische Legitimation des Volkes (Diktatur)
Wirtschaftliche Ausrichtung	Reine Marktwirtschaft Manchester-Kapitalismus	Zentralverwaltungswirtschaft
Naturwissenschaftlich-technische Orientierung	Enttechnisierung	Verantwortungslose technische Machbarkeit ohne Berücksichtigung irreversibler Folgen
Herrschendes politisches Orientierungsmuster	Reiner Nachtwächterstaat	Omnipotenter Staat
Administratives Handlungsmuster	Dominanz der Verwaltung	Gleichschaltung der Verwaltung

---

19 Es gibt weitere Bereiche wie die Kultur und den Sport, die sich in das Interdependenzgeflecht einpassen. So verwundert es nicht, daß es im Sport einen Trend zu individuellen Sportarten und weg von traditionellen Vereinssportarten gibt. Dies ist ebenfalls ein Ausdruck der Individualisierung der Gesamtgesellschaft. Zudem macht die emergierende transindustrielle Gesellschaft die Einübung kultureller Standards (Disziplin, Gehorsam) nicht mehr in gleicher Weise notwendig wie die Industriegesellschaft. Der Sport paßt sich also in das herrschende Paradigma ein, zugleich entwickelt er durch sein spielerisches Element eine eigene Rationalität. Am Beispiel des Sports zeigt sich auch, daß die Subsysteme selbst dynamischen Veränderungen unterliegen. War der Sport in der ersten Phase der BRD noch in erster Linie eine Freizeitbeschäftigung mit „spielerischen" Momenten, so sind weite Teile des Sports in der dritten Phase kommerzialisiert, so daß Teile des Sports in dieser Zeit deutliche Überschneidungen mit dem ökonomischen System aufweisen.

Damit ist deutlich: Auch der evolutive Prozeß ist offen, aber nicht beliebig. Es sind Entwicklungen vorstellbar, die die - mit dem System nicht kompatiblen - Evolutionsgrenzen erreichen oder sogar außerhalb dieser Grenzen zu verorten sind. Ist dies der Fall, so bewegen wir uns nicht mehr innerhalb der Evolutionsgrenzen der Bundesrepublik - die Evolution wird abgebrochen. Der Evolutionsbruch führt zu einer völlig neuen Ausgangssituation in der sich eine neue Ordnung herausbilden kann.[20]

Die Analyse der Systemgeschichte der BRD zeigt noch etwas anderes: Innerhalb des Möglichkeitsraums der Bereiche bildet sich in einer historischen Phase jeweils ein Muster (eine Gestalt) aus. Die konkrete Ausgestaltung der Bereiche ist interdependent und paßt jeweils zueinander. Das heißt im Umkehrschluß: Bestimmte Ausprägungen in den einzelnen Bereichen passen nicht zusammen; sie ergäben ein „unmögliches Muster" (siehe Abb. 4).

---

20 Auch chaostheoretisch könnte man diesen Evolutionsbruch nachvollziehen: Das „stabile" System der Bundesrepublik gerät durch Nichtanpassung an seine Umwelt in Turbulenzen, die Turbulenzen schaukeln sich durch Periodenverdopplung auf, es kommt zum Chaos und aus dem Chaos entsteht eine neue Ordnung. Ob diese neue Ordnung nach unseren heutigen Vorstellungen wünschenswert und lebenswert ist, kann nicht beantwortet werden.

Abb. 4: Historische Gestaltung innerhalb des evolutiven Möglichkeitsraums

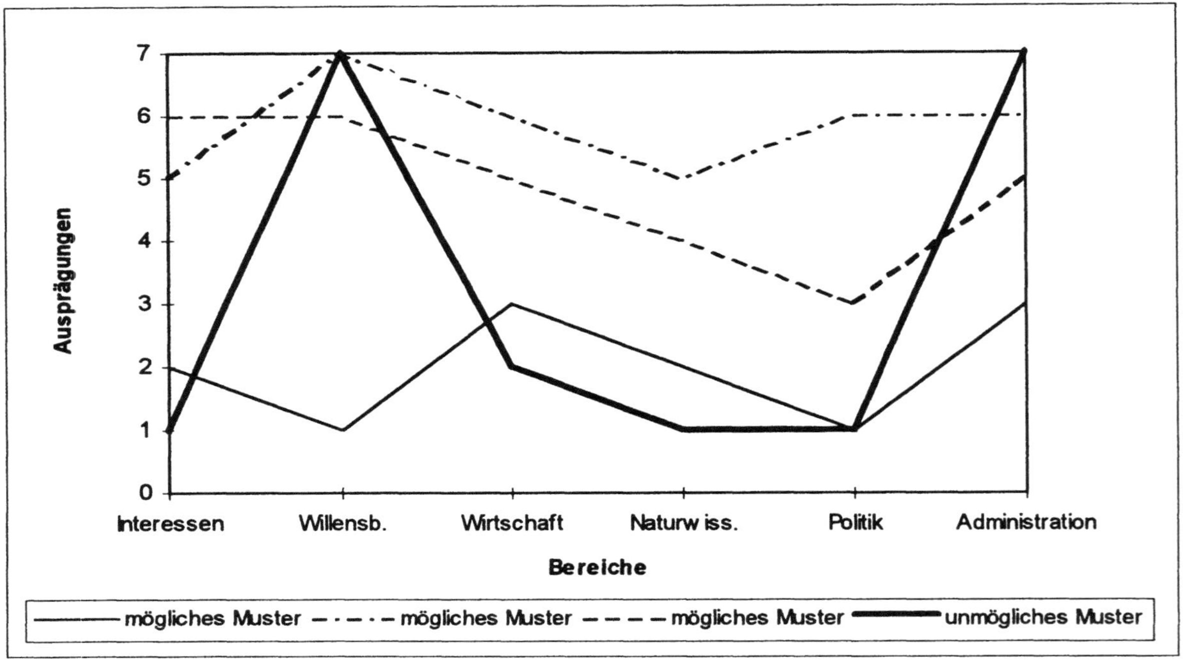

möglichstes Muster — — — möglichstes Muster — · — · möglichstes Muster ——— unmögliches Muster

Hypothese 2: Interdependenz-Hypothese

Die Interdependenz-Hypothese bestätigt sich: Die Verwobenheit mit temporären, wechselseitigen Abhängigkeiten der Subsysteme ist gegeben. Es läßt sich eine Verwobenheit der Systeme erkennen; von autonomen Subsystemen (vgl. Staubmann 1997, S. 218 ff.) kann nicht gesprochen werden. Die Interdependenz der Systeme verändert die Kommunikation und Handlungsweise auch in den Systemen.[21] Aufgrund dieser Interdependenz, die zwar nicht zu einer Identität (Homogenität), aber zu einer Selbstähnlichkeit der Systeme beiträgt, kann von der Gesellschaft als einer Einheit gesprochen werden. Das heißt: gesellschaftliche und staatliche Subsysteme sind in einer gesellschaftlichen Phase nicht völlig unterschiedlich strukturiert. Auch die Handlungsweisen innerhalb der Subsysteme zeigen Ähnlichkeiten. Hypothetisch kann formuliert werden, daß die Subsysteme, die sich der Entwicklung nicht anpassen, im evolutiven Prozess an den Rand gedrängt werden können. Zudem können aus der ungleichzeitigen, asynchronen Entwicklung der Subsysteme Dysfunktionalitäten entstehen, die das Zusammenwirken der Subsysteme stören. Das heißt: Die asynchrone Entwicklung der Subsysteme führt zu destabilisierenden (krisenhaften) Phänomenen.

Hypothese 3: Hypothese der bewegten Ordnung

Diese Hypothese besteht aus mehreren Teilbereichen. Diese Teile sind:
- Jedes gesellschaftliche Subsystem besitzt Freiheitsgrade, kann sich also begrenzt unabhängig von anderen entwickeln - **Teilhypothese 1**.
- In jedem der Subsysteme kann ein Entwicklungsimpuls initiiert werden (Destabilisator) - **Teilhypothese 2**.
- Dabei vermag dieser potentiell die anderen Subsysteme auch gegen auftretende Widerstände „mitzureißen" (Prinzip der Ko-Evolution: „Aneinander"-Entwicklung) - **Teilhypothese 3**.

---

21 So wird zum Beispiel mit dem Zeitvektor im politischen System die „politische Rationalität" modifiziert: die Machtdimension („politische Basis-Rationalität") wird um eine Gestaltungsdimension ergänzt.

- Aus dieser Ko-Evolution ergeben sich Übergänge und gesellschaftliche Entwicklungsphasen mit jeweiligen Paradigmen - **Teilhypothese 4**.

Teilhypothese 3/1

Mit dem Befund der Selbstähnlichkeit, dem Fraktalismus der Subsysteme, bestätigt sich deren begrenzte Unabhängigkeit. Zwar gibt es eine Verwobenheit der Systeme und eine daraus resultierende ähnliche Struktur wie auch ähnliche Handlungsweisen in den Systemen; dennoch besteht keine Gleichheit (Identität, Homogenität) der Systeme. In den Subsystemen sind jeweils Besonderheiten ausgebildet - es gibt keine Identität von Allgemeinem und Besonderem, sondern zwischen Allgemeinem, dem jeweils in einer Phase herrschenden Paradigma, und dem Besonderen besteht eine dialektische Beziehung. Das Besondere, die Nichtidentität, kann zur transzendentalen Kraft werden.

Teilhypothese 3/2

Die Impulse für die systemgeschichtliche Emergenz kommen aus verschiedenen Bereichen. Die zweite Teilhypothese, nach der angenommen wird, daß ein Entwicklungsimpuls aus **jedem** der Subsysteme erfolgen kann, haben wir noch nicht allgemein beweisen können. Aber die Gegenhypothese (Nullhypothese), nach der ein Impuls immer aus demselben Subsystem käme, kann zurückgewiesen werden. Die Anstöße zum Wandel gehen nicht von einem Subsystem alleine aus, und sie werden auch von außen stimuliert (externe Einflüsse von Destabilisatoren); deshalb sind sie schwer zu identifizieren.

In der nachfolgenden Tabelle (Tab. 9) wird grob vereinfachend der Einfluß der Subsysteme auf die systemgeschichtliche Emergenz erfaßt.

Tab. 9: Destabilisierende Einflüsse der Subsysteme auf die Phasen-übergänge

Bereich / Phasenübergang		Organisierte Interessenvertretung	Bürgerschaftliche Willensbildung	Wirtschaft	Naturwissenschaft Technikentwicklung	Politisches System	Administratives System
I ↓ II	a)	mittel bis hoch	mittel bis hoch	mittel	mittel bis hoch	hoch	niedrig bis mittel
	b)	Gewerkschaften, aber auch Teile der Arbeitgeberverbände	Studentenbewegung	Teile der Wirtschaft	Planungssysteme	Reformpotential der Sozialdemokratie	Verwaltungsreform als Destabilisator
II ↓ III	a)	mittel	niedrig	hoch	niedrig bis mittel	mittel	niedrig
	b)	Arbeitgeberverbände		Starke Unterstützung durch Großindustrie und Mittelstand	Alte Ideen, aber Konsumgüterorientierung	Konservative propagieren Wende, aber zunächst nur punktuelle Umsetzung	

a) Stärke des Einflusses b) Destabilisator

Gegen Ende jeder Phase gingen also von unterschiedlichen Subsystemen Impulse aus, die das herrschende Paradigma in Frage stellten und im Besonderen destabilisierend wirkten.

Am Übergang der Phase I zur Phase II ist es vor allem zunächst das politische System, das die mächtiger werdende Idee der Planung und - allgemeiner gesprochen - des Zeitvektors aufgreift, um der wirtschaftlichen und politischen Krise mit der aktiven Politik ein „neues" politisches Konzept entgegenzustellen. Die politischen Akteure suchen in anderen Subsystemen nach Verbündeten und finden diese zum Beispiel bei den Gewerkschaften, bei Teilen der Arbeitgeber (auch ihrer Verbände) und in der Bevölkerung (Wähler; in der Politik Aktive). Das neu emergierende Paradigma wird mächtig und ersetzt das alte.

Der Übergang der zweiten zur dritten Phase läßt sich ähnlich beschreiben. Staatsverschuldung und steigende Arbeitslosigkeit werden zum Anlaß für das Wiedererstarken des Zeitkreises, der - aufgrund der eher kurzfristigen, zirkulären Verwertungsrationalität - primär mit dem Wirtschaftssystem verbunden ist. In dieser Zeit suchen vor allem Teile der Wirtschaft nach Verbündeten zur Durchsetzung eines veränderten Paradigmas. Sie finden diese zum Beispiel in konservativen politischen Kreisen. Eine wirklich neue Idee geht mit dieser politischen Wende nicht einher, es ist eher eine Rückbesinnung auf ältere theoretische Konzepte und ein Potpourri unterschiedlicher theoretischer Provenienz, das zur Grundlage des neuen Paradigmas wird.

Teilhypothese 3/3

Die jeweilige Selbstähnlichkeit wie die Verwobenheit der Systeme in den Phasen bestätigt, daß eine Ko-Evolution der Subsysteme stattfindet. Der Impuls für die Emergenz einer neuen Phase der Evolution entsteht in mindestens einem der Subsysteme - es können aber auch in mehreren Subsystemen Impulse entstehen, die in etwa eine gleiche Veränderungsrichtung haben. Es läßt sich dann von einem Impulsbündel sprechen. Dieses Bündel oder einzelne Impulse werden aktiv, überwinden die stabilisierenden Kräfte („Immunsystem") und reißen in einem dynamischen Prozeß die anderen Subsysteme mit. Die Ko-Evolution der Systeme ist ein interdependenter und dynamischer Prozeß.

Teilhypothese 3/4

Mit diesem dynamischen, interdependenten Prozeß der Ko-Evolution emergiert eine neue Entwicklungsebene mit neuen Strukturen, konstitutiven Eigenschaften und „passenden" Handlungsweisen. Diese repräsentieren - für einige Zeit - die geltende Systemlösung, das herrschende Paradigma. Dieses wird quasi durch ein „Immunsystem" gegen neue „virulente" Impulse geschützt. Die neu etablierten gesellschaftlichen Kräfte schützen das Paradigma vor Destabilisatoren. Dies wird einige Zeit gelingen, dann allerdings werden Dysfunktionalitäten im Evolutionsprozeß auftreten, die ihrerseits zu mächtig werden, auf neue Lösungen drängen und irgendwann den nächsten Destabilisationsprozeß „erfolgreich" einleiten. Die Ko-Evolution schreitet fort - nach einer Übergangsphase emergiert eine neue Entwicklungsphase der Systemgeschichte.

Die Tabelle 10 gibt einen zusammenfassenden, schlagwortartigen Überblick über die phasenhaften Ausrichtungen einzelner Bereiche in der Systemgeschichte der BRD.

Tab. 10: Entwicklungsphasen, Interdependenzen, Paradigmen

Phase	Gesellschaft		Ökonomie		Staat		Paradigma
	Pluralismus	Willensbildung	Wirtschaft	Technik	Politik	Administration	
I	Liberalpluralistische Leistungsges.	Kanzlerdemokratie	Neolib. Ordnungspolitik	Maschinisierung der Lebenswelt	Minimalstaat	Ordnungsverwaltung	Liberale Marktsteuerung; Zeitkreis
II	Sozial-liberaler Pluralismus	partzipative u. parlamentarische Demokratie	Globalsteuerung	Großtechnologie; Akzeptanzkrise	Steuerungszentrum	Planende Verwaltung	Planende Reformorientierung; Zeitvektor
III	Spät-Pluralismus	Politikverdrossenheit	Neoklass. Angebotspolitik	Neue Technikakzeptanz; Ökotechnik	Verhandlungsstaat	kompensatorische Verwaltung	Arena gleichrangiger Partner; Zeitkreis plus „Mini"-Vektor

Mit der weitgehend bestätigenden Beantwortung dieser vier Teilhypothesen - lediglich die zweite Teilhypothese mußte leicht modifiziert werden - kann auch die Hypothese der bewegten Ordnung (dritte Hypothese) als (weitgehend) bestätigt gelten.

Hypothese 4: Hypothese des evolutorischen Lernens

Betrachtet man die Tabelle 10, so drängt sich der Eindruck auf, daß nach einer Phase der Selbststeuerung der Systeme wiederum eine Phase mit einer stärkeren staatlichen Steuerung einsetzt. Allerdings dürfte diesem Befund keine simple Kreislaufvorstellung entsprechen, sondern es scheint so zu sein, daß die ähnlichen Paradigmen der Phasen I und III (zum Beispiel ähnliches Zeitverständnis) in aufgeklärter Form in die Ko-Evolution zurückkehren.

Rückblick und Ausblick

Gegen Ende jeder Phase fanden in der Systemgeschichte der BRD jeweils dysfunktionale Ereignisse statt, die mit den bis dahin verfügbaren Handlungsweisen und zugrunde liegenden Theorien nicht bewältigt werden konnten. Somit entstanden krisenhafte Situationen, die einen allmählichen Wechsel zentraler Handlungsmuster und struktureller Grundlagen einschließlich des Paradigmenwechsels stimulierten. Die Ursachen für die Dysfunktionalitäten sind nicht eindeutig, oft erst im Nachhinein als bewirkende Auslöser zu identifizieren (chaostheoretisches Prinzip). Bislang gelang es, der Eskalation zur Krise, zum Bruch der systemischen Evolution, mit paradigmatischen Änderungen und mit innovativen Handlungsweisen zu begegnen, die zugleich von internen Stabilisatoren in ihrer Wirkung abgeschwächt wurden.

Die Destabilisatoren wirkten und wurden allmählich in einem dynamischen und interdependenten Prozeß innerhalb verschiedener Subsysteme und dem Gesamtsystems erfolgreich („übermächtig"). Das passierte dort, wo negative exogene Ereignisse (Krisen: „unlösbare" Probleme, beherrschbare, begrenzte, befristete Katastrophen) auftraten, verändernde gesellschaftliche und politische Interessen erstarkten und neue Ideenwelten die alten Denkgewohnheiten ablösten. Zu den Destabilisatoren zählten in allen Phasen auch ökonomische Schwierigkeiten, doch sie waren es nicht zwingend und ausschließlich.

Es ist offensichtlich ein Zusammenwirken von negativen exogenen Ereignissen, sich wandelnden Machtkonfigurationen (Interessen) und neuen Denkgewohnheiten, die schon lange Zeit ein Schattendasein geführt haben können, die zur Ablösung des „veralteten" Paradigmas und zur Installation des neuen beitrugen.

Zur Integration der Gesellschaft in der Bundesrepublik Deutschland trug zweifellos der Wohlstand bei. Aber er integrierte keineswegs alleine. Wichtige Faktoren waren auch die Akzeptanz der pluralistischen Kräfte gegenüber den politischen und ökonomischen Strukturen in der BRD, ihre Kompromißbereitschaft sowie die Zufriedenheit der Bevölkerung mit den Willensbildungsstrukturen und deren rechtzeitiger Anpassung.

Die Politik- und Staatsverdrossenheit der letzten Jahre ist nun - neben den ökonomischen und sozialen Problemen - ein starkes Indiz für die Emergenz einer neuen systemgeschichtlichen Phase in der Bundesrepublik. Hinzu kommt, daß die Lösungsmechanismen der pluralistischen Gesellschaft erodieren. Die Verbindlichkeit der verbandlich ausgehandelten Kompromisse schwindet. Es spricht vieles dafür, daß dieses multifaktorale Destabilisationsbündel zum Ende der dritten Phase führt, daß wir uns schon im Übergang befinden.

Auch wenn es nicht immer offenkundig ist: In der Ko-Evolution von Staat und Gesellschaft kommt dem Staat in jeder Phase eine konkrete Rolle zu. Dies kann beispielsweise eine Initiative innerhalb der Destabilisation sein oder eine Bremsfunktion bei verändernden Prozessen, etwa gegenüber sozialen Konflikten. Beides mag „im Fluß" der interdependenten Dynamik jeweils eine relevante Tätigkeit sein. Dysfunktional wird die Rolle dann, wenn der Staat zu lange an ungeeignet gewordenen Problemlösungsmustern festhält und den Prozeß des lernenden Veränderns behindert, anstatt in den evolutorischen Prozeß „einzufließen". Deshalb ist es unabdingbar, daß der funktional agierende Staat seine „Fitneß"[22] (vgl. Lewin 1993) aufrechterhält, um die evolutiven Phasenübergänge zu erleichtern. Sei es, daß er dabei selbst die Destabilisatoren-Rolle übernimmt oder diese doch unterstützt (z.B. Makrosteuerung initiiert - wie 1966/67; sei es, daß er hilft, die Beschleunigung oder die Tachogenität (Selbstbeschleunigung) des Wandels erträglich zu gestalten (z.B. Bündnis für Arbeit oder für Umwelt; sozialpolitische Abfederung).

Die Zukunft ist offen, aber nicht beliebig. Sicher scheint, daß ein „Weiter so" zu erheblichen Turbulenzen und in die Nähe des Ernstfalls führen wird. In diesem Punkt muß man Edmund Burke folgen. Das Ende der Geschichte ist jedenfalls noch nicht gekommen.

Die Betrachtung der Systemgeschichte der Industriegesellschaft der BRD ist damit abgeschlossen. Im anschließenden Kapitel III soll die

---

22 Es handelt sich um einen Begriff aus der Komplexitätstheorie, der besagt, daß sich Subsysteme an den Rand ihrer Ordnung drängen, und zwar auf der Suche nach höherer Leistungsfähigkeit (Fitneß) im Wettbewerb mit anderen.

Hypothese des Übergangs von der Industriegesellschaft zur transindustriellen Gesellschaft überprüft werden. Die Operationalisierung dieser Hypothese lautet: Es finden derzeit Entwicklungen statt, die zu einer Erosion der Industriegesellschaft (des „Industrialismus" überhaupt) führen.

Es soll zudem ein Korridor aufgezeigt werden, in dem sich eine evolutionäre Entwicklung der Gesellschaft bewegen kann. Das auf diese Weise virtuell geschaffene Bild einer Gesellschaft der Zukunft wird genau so wahrscheinlich nicht Realität werden, aber es kann uns als Vision oder als Leitbild auf dem Weg in eine „lebenswerte" Gesellschaft dienen.

III. Von der Industriegesellschaft zur transindustriellen Gesellschaft

Seit einiger Zeit deutet sich erneut ein grundlegender gesellschaftlicher Wandel an. Gesellschaftsanalysen wie David Riesmans „Einsame Masse" (Riesman 1958), die „Postindustrielle Gesellschaft" von Daniel Bell (Bell 1975), die Analysen zur dromokratischen Gesellschaft von Paul Virilio (Virilio 1980), neuere Lebensstilanalysen (hierzu z.b. Bourdieu, 1987; Hans Peter Müller 1992), die Diskussion des Wertewandels (z.b. Inglehart 1977 / Klages 1979), Ulrich Becks Analyse der Risikogesellschaft (Beck 1986) sind Indikatoren dieses grundlegenden Wandels von der Industriegesellschaft zur transindustriellen Gesellschaft.

Der Begriff „Industriegesellschaft" war und ist in den Sozialwissenschaften keineswegs unumstritten. Mit J.K. Galbraiths neoklassischer Analyse „The New Industrial State" (Galbraith 1967) in den 60er Jahren und mit dem 16. Deutschen Soziologentag im Jahre 1968 unter dem Motto „Industriegesellschaft oder Spätkapitalismus" hatte sich die Kontroverse um den Begriff, die Analyse und über die (wünschenswerte) Weiterentwicklung zugespitzt.

Es sei hier angemerkt, daß die Verwendung des Begriffs Industriegesellschaft nicht implizieren soll, die westlichen Gesellschaften seien nicht mehr kapitalistisch. Steigende Arbeitslosigkeit, wachsende soziale Disparitäten, die Konzentrationsprozesse des Kapitals und der internationale Konkurrenzkampf belegen gerade in den letzten Jahren, daß der Tauschwert ein wichtiges Merkmal dieser Gesellschaft geblieben ist. Aber ihre Wandlungsfähigkeit zeigt sich heute in zusätzlichen Strukturmerkmalen, die allesamt mit dem Begriff der Industriegesellschaft erfaßt werden können.

Die Industriegesellschaft entwickelte sich vor etwa 200 Jahren und löste die Agrargesellschaft ab; sie selber wird jetzt allmählich von der transindustriellen Gesellschaft abgelöst.

Gesellschaftliche Strukturen, Wertsysteme und Handlungsweisen verändern sich mit der allmählichen Auflösung der Industriegesellschaft. Erinnert werden soll hier an den Wandel der Kommunikationsstrukturen (Multi-Media-Welten), an die Bedeutung ökologischer Produktionsmethoden und ökologischer Produkte für die Verbraucher, an die Zunahme und den Wandel der Freizeit (Risikofreizeit), an die Individualisierung und „neuartige Kollektivierung" der Lebensweise sowie an neue Arbeitsformen.

Ein zentrales Element des gesellschaftlichen Wandels ist die wachsende Bedeutung des Wissens; es wird zum maßgeblichen Steuerungsmedium der Gesellschaft (z.B. Innovationskerne), es wird aber auch als Bildung zum entscheidenden Faktor des gesellschaftlichen Status der Individuen in einer Gesellschaft, die durch eine Zunahme des tertiären Sektors (Dienstleistungen) und durch eine steigende Informatisierung (vgl. Zukunftsinitiative Rheinland-Pfalz und PLEIAD 1995) gekennzeichnet ist.

Zudem findet eine fortwährende Beschleunigung des gesellschaftlichen Lebens, zumindest des Arbeitslebens statt (Virilio-Welt). Die großen Produktionseinheiten materieller Güter werden zugunsten kleinerer Produktionseinheiten mit immateriellen Gütern (Dienstleistung, Software im weiteren Sinne), ökologischer Orientierung und regionaler Vernetzung aufgelöst. Die „immaterielle Produktion" erfordert auch just in time-Kommunikationsbereitschaften. Damit und aufgrund immer spezialisierterer Ausbildungsgänge sowie räumlich und funktional differenzierter und segmentierter Arbeitsmärkte wird räumliche und funktionale Mobilität zunehmend zur notwendigen Anforderung für ein erfolgreiches Berufsleben.

Will man die allmähliche Ablösung der Industriegesellschaft durch die transindustrielle Gesellschaft näher beschreiben, so bedarf es zunächst adäquater Kriterien (Strukturmerkmale) zur Charakterisierung der Industriegesellschaft.

Die zentralen Strukturmerkmale der Industriegesellschaft grenzen diese von der Agrargesellschaft ebenso wie von der emergierenden transindustriellen Gesellschaft ab. Zentrale Strukturmerkmale der Industriegesellschaft sind oder waren:

- **Großindustrielle Produktionsweise**
  - Arbeitsteilung
  - Planung, Rationalisierung, Wissenserweiterung
  - Lohn- und „Normalarbeitsverhältnisse"
  - Vom Antagonismus über Partnerschaft zur neuen Individualisierung
- **Urbanisierung**
- **Räumliche Trennung von Wohnen und Arbeiten**
- **Kommunikations- und Transportsysteme**
- **Ressourcenverbrauch**

Anhand dieser Kriterien wird im weiteren geprüft, ob der derzeitige epochale Wandel der Gesellschaft zu einer Erosion der Industriegesellschaft führt und ob sich dabei ein Übergang zur transindustriellen Gesellschaft abzeichnet. Dabei wird deutlich, daß sich nicht alle Merkmale innerhalb kurzer Zeitspannen gänzlich verändern, sondern daß sich die neue Gesellschaftsform allmählich und erst ab einem bestimmten Zeitpunkt notwendig (chaostheoretisches Prinzip) durchsetzt (vgl. Abb. 5)

Abb. 5: Zeit und Merkmale gesellschaftlichen Wandels

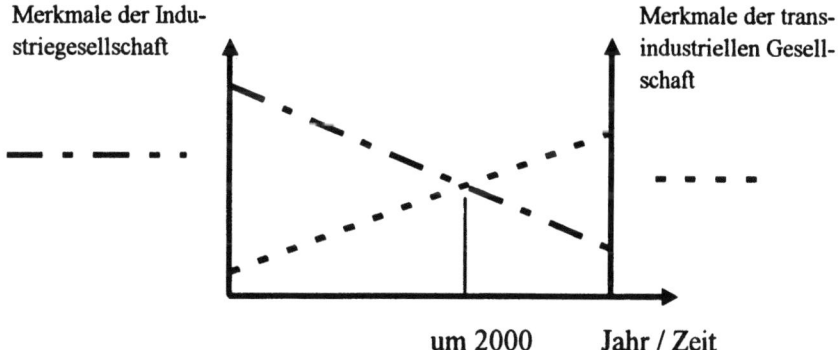

Merkmale der Industriegesellschaft

Merkmale der transindustriellen Gesellschaft

um 2000   Jahr / Zeit

1. Großindustrielle Produktionsweise

1. Grundzüge

Kennzeichen der agrarischen Gesellschaft war die großfamiliäre Produktionsgemeinschaft. Dieses Zusammenwirken des ganzen Hauses, des Oikos, bildete sowohl eine räumliche als auch eine sozialstrukturelle Einheit. Die Produktionsgemeinschaft zielte auf Autarkie, sie produzierte nahezu alle Güter, die zum täglichen Leben und Überleben notwendig waren. Produktions- und Reproduktionsbereich fielen zusammen.

Die Subsistenzwirtschaft der agrarischen Gesellschaft löste sich durch die Industrialisierung auf. An ihre Stelle trat eine arbeitsteilige Gesellschaft, deren Produktionseinheiten (Manufakturen, Fabriken, Bergwerke) eine oder wenige Ware(n) produzierten und diese - was der Warenbegriff bereits enthält - zum Tausch anboten. Die Produkte menschlicher Arbeit hatten also nicht mehr lediglich wie (idealtypisch) in der Agrargesellschaft einen Gebrauchswert, sondern sie besaßen zugleich einen Tauschwert. Die Dynamik, die sie gegenüber der Agrargesellschaft zweifellos auszeichnete, bezog die neue Gesellschaft aus der Konkurrenzsituation der Produzenten, denn die Absatzchance einer Ware hing von der darin enthaltenen menschlichen Arbeit und deren Wert ab. Dies galt nicht zuletzt für die Ware Arbeitskraft selbst. Um in dieser Konkurrenzsituation bestehen zu können, entwickelten sich rationellere Formen der Produktionsgemeinschaften. Von der Rationalisierung waren sowohl die Arbeitsgeräte als auch die Produzenten betroffen. Letztere wurden mehr und mehr zu Anhängseln der immer spezialisierteren Arbeitsgeräte, mit denen die massenhafte Produktion einer Ware rationeller, d.h. mit weniger Einsatz geronnener und aktueller menschlicher Arbeit und deshalb kostengünstiger, möglich war. Im Zuge dieser dynamischen Konkurrenzsituation mit Rationalisierungstendenz entstanden immer größere Produktionseinheiten, die möglichst schnell möglichst viele gleichförmige Produkte produzieren sollten. Dies ist im wesentlichen der Kern der großindustriellen

Produktionsweise, die auf seiten der Konsumenten eine Zufriedenheit mit weitgehend gleichförmigen Massenprodukten und somit „einheitliche" Kundenbedürfnisse voraussetzte.

Heute aber, und dies ist ein Einfallstor für eine Renaissance kleinerer Produktionseinheiten, sind die Kundenbedürfnisse differenzierter, die Konsumenten verlangen nach „individueller" Befriedigung. So entsteht eine „individualisierte Massenproduktion" (Welsch 1997, S. 352), in der durch eine Verkleinerung der Produktionseinheiten (downsizing) die Kundenbedürfnisse befriedigt werden.

Ein weiteres Einfallstor in die großindustrielle Produktionsweise alten Typs besteht in einer „neuartigen" Komponentenproduktion der Waren. Die Fertigung eines gesamten - eventuell komplexeren Produkts - wird nicht mehr in einer Produktionseinheit vorgenommen, sondern das spätere Produkt wird in Komponenten zerlegt und von „kleineren" Produktionseinheiten, auch sogenannten Zulieferern vorgefertigt und just-in-time und immer häufiger auch just-at-client fertiggestellt. Mit dieser grundlegenden Änderung der Produktion wird die Fertigung der Güter von einem festen Ort, der „großen" Fabrik, auf viele Orte bis zu einer Art Container-Produktion verlagert; sie „vagabundiert". Ermöglicht wird diese Art der Produktion durch moderne Informations- und Kommunikationstechniken, größere Mobilität (Transportwesen) und neue Arbeitsgeräte, die sich auch oftmals durch eine „Miniaturisierung" auszeichnen.

Als eine logische Weiterentwicklung dieser Komponentenproduktion entsteht das virtuelle Unternehmen, eine Art loser Verbund (Netzwerk) von Anbietern unterschiedlicher Dienstleistungen und Fertigungstechniken, die in einem Kooperationsverhältnis stehen und bei Bedarf von der zentralen Einheit des Unternehmens aktiviert werden. Diese neue Form der Arbeitsteilung findet zum Teil auf regionaler Ebene und zum Teil auf internationaler Ebene statt.

1.1. Arbeitsteilung

Die dem Industrialismus inhärente technische Arbeitsteilung, der Taylorismus oder Fordismus, wird durch eine neue Reintegration von Pro-

duktionsprozessen abgelöst. Diese Reintegration wird derzeit beispielsweise mit den Methoden und Instrumenten der lean production
umgesetzt. Dies bedeutet Abbau von Hierarchien, ganzheitliche Nutzung der Arbeitskraft und Gruppenarbeit statt solitärer Arbeitsteilung.
Die neuen reintegrierten Produktionseinheiten ersetzen mit „ganzheit-
lichen" Arbeitsprozessen nach und nach die tayloristische Arbeitsteilung mit ihrer ausgeprägten hierarchischen Ordnung, ansatzweise auch
schon im „Verwaltungsbetrieb". Die Eigenverantwortung der Mitarbeiter in allen Arbeitsphasen (z.B. Planung, Organisation, Produktion)
wird dadurch gestärkt, sie können ihr Wissen und ihre individuellen
Fähigkeiten effektiver in den Produktionsprozeß einbringen. Zudem
kann mit lean production schneller eine Veränderung des Produktes
umgesetzt werden als dies in der hocharbeitsteiligen und vollautomati-
sierten Fertigung der Fall war und ist. Je differenzierter hochtechnolo-
gische Produkte in kleinen Serien hergestellt werden, desto mehr scheinen wieder (hoch-)qualifizierte Arbeitskräfte benötigt zu werden
(Beispiel: Japan). Menschliche Arbeit ist dafür „günstiger" einzusetzen
als die hohe Umstellungskosten verursachenden automatisierten
„Roboter"-Systeme. Hinzu kommt, daß die berufsspezifische und soziale Arbeitsteilung nach und nach durch interdisziplinäre, verschie-
denste Qualifizierungs- und Statusgruppen umfassende „teams" ersetzt
wird. Zu beachten ist jedoch: Die hier angedeuteten Einbrüche in die
großindustrielle Produktionsweise sind nicht in allen Produktionsbereichen zu erkennen, bzw. betreffen nicht alle in gleichem Maße. In der
Fertigung vieler Massenprodukte scheinen Taylorismus und Automa-
tisierung nach wie vor die effizientesten Formen der Produktion zu
sein.

Zudem dürften sich generell beachtliche soziale Nebeneffekte ergeben. Es ist nicht auszuschließen, daß sich eine gespaltene Gesellschaft
herausbildet, in der sich eine große Anzahl der Menschen stetig das erforderliche Wissen sowie neue Geschicklichkeiten (einschließlich sozialer und kommunikativer Kompetenz) erwirbt und hohe Mobilitäten
(mentale, räumliche und sektorale) auf sich nimmt, während zugleich
ein beachtlicher Teil der potentiellen Erwerbspersonen „als neue Anal-
phabeten" ausgegrenzt und in „Sozialbrachen" befriedet werden
(müssen). Wer am Erwerb und Erhalt der Wissens- und Bildungs-

aneignung nicht hinreichend teilnehmen kann, wird als Nichteigentümer von Human"kapital" schnell zum Proletarier des 21. Jahrhunderts.

1.2. Planung, Rationalisierung, Wissenserweiterung

Diese arbeitsteilige und automatisierte großindustrielle Produktionsweise verlangte gegenüber der agrarischen Produktionsweise ein hohes Maß an Planung und Rationalisierung. Nicht nur der Produktionsprozeß selbst wurde zerstückelt und arbeitsteilig, also synthetisch wieder zusammengefügt und - unter Einsatz von immer mehr die menschliche Arbeit einsparenden Maschinen - möglichst effizient gestaltet, sondern auch der Austausch der Waren mußte geplant und rationell organisiert werden.

Wie schon angedeutet, erfahren diese Planungs- und Rationalisierungsprozesse mit dem Trend zur Container-Produktion eine weitere Steigerung und eine neue Qualität. Die Informations- und Kommunikationstechnik ermöglicht die virtuelle Fabrik im globalen Maßstab, in der vermittels der Kommunikationsnetze die lose verbundenen Teile befristet zueinander finden. Eine Schaltzentrale plant und steuert das Treffen der versprengten Einzelteile dieser virtuellen Fabrik und zunehmend auch der virtuellen Behörden. Die fortschreitende Rationalisierung der Produktion besteht unter anderem darin, daß kulturelle Standortfaktoren in die internationale Arbeitsteilung („Globalisierung") einbezogen werden.

In diesem Kontext der erweiterten Planung und Rationalisierung muß die verbreitete Verwissenschaftlichung und durchgängige Technologisierung voranschreiten. Die Produkte selbst verändern sich im Zuge dieser Prozesse, immer häufiger ist nur noch die Hülle eines Produktes materieller Art, während sein Kern aus immateriellem Wissen (Software im weiteren Sinne, transferierte Erfindungen, Entwürfe, Pflege und Erhaltung, Aus- und Weiterbildung, Organisation/Verfahren usw.) besteht. Beides, immaterielle Produktion und „Verwissenschaftlichung", erfordern die vorrangige Förderung des Humanpotentials. Die Produktionsstandorte der Zukunft werden immer mehr von der relativen Konzentration des neuen Humanpotentials - angereichert um Produktionsintelligenz und Verfahrenswissen - bestimmt.

Damit wird die transindustrielle Gesellschaft vorrangig zur Bildungs-, Kommunikations- und Wissensgesellschaft, was wiederum Konsequenzen für Arbeit, soziale Strukturen und Lebensstile hat. Die Dynamik dieser Gesellschaft wird - aufgrund gesteigerter, jetzt weltweiter Konkurrenzsituationen - weiter anwachsen. Das Wissen des Humanpotentials wird zur ersten und wichtigsten Produktivkraft. Diese Entwicklung fällt in Deutschland und auch in vielen anderen hochindustrialisierten Ländern zusammen mit einer demographischen Entwicklung, die zum heranalternden Humankapital führt. Dieses verfügt bei immer kürzeren Halbwertzeiten des Wissens zunehmend über obsolete Kenntnisse. Diese widersprüchliche Auseinanderentwicklung von nicht verwertbaren Kenntnissen und Fähigkeiten einerseits und immer schneller zu erneuernden Anforderungen an die Arbeitskraft andererseits kann nur reduziert werden durch lebenslange, bereichsübergreifende und antizipierende Fort- und Weiterbildung. Fraglich wird allerdings, wer diese Weiterbildung finanziert. Die Flexibilisierung der Arbeitsverhältnisse (Zeitverträge, Werkverträge etc.) führt jetzt schon dazu, daß sich Unternehmen aus der Finanzierung der Fort- und Weiterbildung zurückziehen. Die Selbstfortbildung, die selbstverantwortliche Humanpotentialbildung, wird ausgeweitet, jedenfalls wird sie notwendiger als bisher. Zu erwarten ist, daß in der Fort- und Weiterbildung neue Formen der Kooperation von Staat, Wirtschaft und Arbeitskraft entstehen.

1.3. Lohn- und „Normalarbeitsverhältnisse"

Zu Beginn der Industrialisierung wurden die Arbeitskräfte ausgebeutet. 12-, 14-, 16-Stunden-Schichten in Bergwerken und anderen Produktionsstätten - auch für Kinder und Frauen - waren die Regel. Die extrem gesundheitsschädlichen Arbeitsverhältnisse wurden nur gering entlohnt, so daß die Reproduktion der Arbeitskraft gerade gewährleistet war. Ausdruck dessen waren auch die äußerst schlechten Wohnverhältnisse. Insgesamt konnte von einer Verelendung der Arbeiterklasse gesprochen werden.

Das Lohnarbeitsverhältnis blieb in der Industriegesellschaft die vorherrschende Form der beruflichen Beschäftigung, allerdings wandelten sich die Arbeitsbedingungen erheblich und wurden „humanisiert".

Es bildeten sich in der großindustriellen Produktionsweise relativ starre Arbeitsstrukturen mit dauerhaften „Normalarbeitsverhältnissen", festen Tätigkeiten, festen Arbeitszeiten, Verträgen und langfristigen Bindungen. Diese werden in der transindustriellen Gesellschaft flexibilisiert, damit „individualisiert" und zeitlich „zerhackt". Der häufige Wechsel zwischen Arbeitsbereichen und die diskontinuierliche Berufstätigkeit werden ebenso „normal" wie die Zunahme hochflexibler Tele-Heimarbeitsplätze (vgl. Zukunftsinitiative Rheinland-Pfalz und PLEIAD 1995). Die Belegschaft der Unternehmen differenziert sich zunächst in eine Kernbelegschaft mit langfristigen Dauerarbeitsverträgen und in einen flexiblen Belegschaftsteil mit kurz- oder mittelfristigen (Projekt-)Arbeitsverträgen. Die Kernbelegschaft umfaßt die „Wissensarbeiter (knowledge workers), die die anspruchsvollen Informationstätigkeiten übernehmen" (Welsch 1997, S. 353) und die Mitarbeiter/innen, die in (re-)integrierten Arbeitsprozessen in eingespielten Arbeitsteams tätig sind (neue Routiniers). Der flexible Belegschaftsteil dient als Puffer, um auf die Marktanforderungen reagieren zu können. Hier ist auch noch die tayloristische Arbeitsteilung vorzufinden, weil nur geringe und/oder allmähliche know-how-Anpassungen erforderlich sind. Darüber hinaus werden Aufgaben im Wege des outsourcing an selbständige Dienstleister abgegeben. Das virtuelle Unternehmen greift auf sie je nach Bedarf zurück und beschäftigt sie befristet oder per Werk-/ Zeitvertrag.

Mit diesen neuen Arbeitsverhältnissen und Anforderungen an die Beschäftigten wird die Fremddisziplinierung geringer, vielfach wird nur noch das Endprodukt der Arbeit - allerdings rechtzeitig - verlangt. Wann und wo die Arbeitenden dies erstellen, ist ihnen weitgehend überlassen. Die Selbstdisziplinierung wird damit in noch stärkerem Maße als im Industrialismus, in dem die Taktung der Arbeit vorgegeben war, zur Eigenschaft erfolgreicher Lebensbewältigung. Die Abb. 6 illustriert diesen Wandel.

Abb. 6: Dimensionen der Arbeitswelt in der Industriegesellschaft und in der transindustriellen Gesellschaft

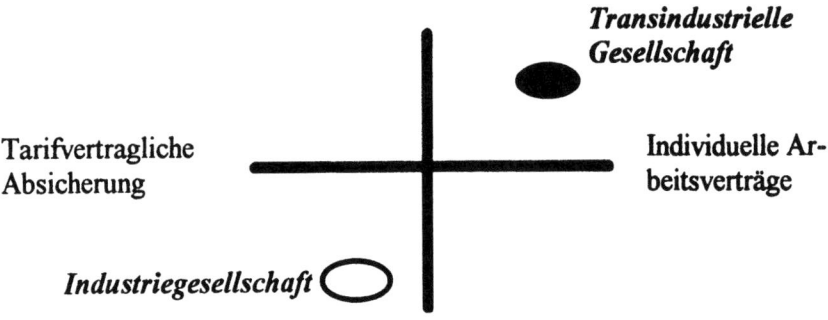

Diskontinuierliche Tätigkeit
(wechselnde Orte, flexible Zeiten)

Transindustrielle Gesellschaft

Tarifvertragliche Absicherung

Individuelle Arbeitsverträge

Industriegesellschaft

Kontinuierliche Berufstätigkeit
(feste Orte, feste Zeiten)

1.4. Vom Antagonismus über Partnerschaft zur neuen Individualisierung

Zu Beginn der Industrialisierung traten sich der Kapitaleigner und der Eigner der Arbeitskraft unmittelbar gegenüber, um die Bedingungen ihres Arbeitsverhältnisses formal auszuhandeln. Faktisch hieß dies freilich - etwa unter den extremen Bedingungen des „Manchester-Kapitalismus" für die Arbeitskraft - „Arbeit um jeden Preis". Dann entwickelten sich starke Interessenverbände, die anstelle der Kapitaleigner und Eigner der Arbeitskraft diese Verhandlungen übernahmen. Die Unternehmerverbände einerseits und die Gewerkschaften andererseits standen sich zunächst als Antagonisten gegenüber. Mit wachsendem Wohlstand und eingespielten Verhandlungssystemen gelang es jedoch, die Feindschaft in eine kooperative, kompromißaushandelnde Partnerschaft zu überführen. Wichtig war, daß die Kompromisse der Verbände nach innen, zu ihren Mitgliedern, verbindliche Wirkung hatten (Einhaltung von Vertragslaufzeiten und -inhalten).

Die derzeitige Krisensituation - als einem Ausdruck der Übergangsgesellschaft - führt zur Erosion der politischen Kraft der Verbände. Ihre Mitgliederzahlen sinken ebenso wie die Verbindlichkeit der von ihnen ausgehandelten Kompromisse. An die Stelle verbandlicher Steuerung tritt eine „atomisierende Individualisierung", die vage an die Anfänge der Industrialisierung erinnert. Es ist zu erwarten, daß sich in der transindustriellen Gesellschaft neue Formen der Interessenvertretung entwickeln, die mit ihrer veränderten Sozialstruktur und mit ihren Problemlagen korrespondieren. K.O. Hondrich warnt vor den Gefahren einer übertriebenen Individualisierung und betont, daß für „das Überleben auch moderner Gesellschaften ... nicht Individuen entscheidend sein (werden), sondern (auch und nachwievor C.B. / G.K) kollektive Bindungen und Institutionen." (FAZ vom 31.5.1997)

Insgesamt gerät die Festung „großindustrielle Produktionsweise" ins Schwanken, an ihre Stelle treten flexiblere Formen der Warenproduktion. Die neuen Produktionsweisen werden zur weiteren Entwicklungvoraussetzung hochentwickelter Gesellschaften am Ende des „Industrialismus".

2. Urbanisierung

Die Verstädterung des 19. und 20. Jahrhunderts war eine Folge der Konzentrationsprozesse der industriellen Produktionsweise. Die natürlichen Gegebenheiten bildeten die Standortvorteile für die Produktion: Bodenschätze und günstige Verkehrsbedingungen (Flüsse, Straßennetz, Bahnverbindungen, später Flugverbindungen) waren die wichtigsten Faktoren für die Konzentration von Menschen und den Prozeß der

Verstädterung. Durch den Bedeutungsgewinn der immateriellen Produktion und die globale Vernetzung mittels der Informations- und Kommunikationstechnik wird nun aber der Einfluß dieser Faktoren auf den Prozeß der Verstädterung relativiert. Wenn die Produktion vagabundiert, entfällt die ökonomische Notwendigkeit der Verstädterung. Denkbar wird damit ein Ent-Urbanisierungsprozeß „mit flächenhafter Besiedlung, allgegenwärtigen Standortqualitäten, aber auch mit neuen strukturellen und städtebaulichen Nachteilen" (Fischer 1995, S. 50). Dennoch - oder besser „daneben" gilt weiterhin, daß die kulturellen Vorteile der „freimachenden Stadtluft" auch die zukünftige Standortwahl der Unternehmen und der Arbeitskräfte mitbestimmen wird. Damit könnten zeitlich parallel Prozesse der Ent-Urbanisierung und einer neuen Urbanisierung stattfinden. Freilich werden bei dieser Urbanisierung andere Faktoren als zur Zeit der Industrialisierung für die Standortwahl ausschlaggebend sein. Beispielsweise: Lebensqualität der Stadt, dazu gehört die kulturelle, gesundheitsbezogene und freizeitbezogene Infrastruktur (auch für verschiedene Generationen und intergenerativ) sowie die in der transindustriellen Gesellschaft besonders wichtigen Bildungs- und Weiterbildungsangebote. Dies heißt unter anderem, daß Orte der Entspannung, des Spiels und der sinnlichen Bereicherung (Biotope, Geruchsgärten) ebenso einen Standortvorteil darstellen wie die verkehrstechnische Erschließung (Fußwege, Fahrradwege, Wasserwege, Qualität des öffentlichen Personennahverkehrs). Dazu zählen weiterhin das Stadtbild, die Sicherheit und natürliche Gegebenheiten (landschaftliche Attraktivität, Klima) sowie kulturelle Gegebenheiten, wie die Nähe zu anderen kulturellen Gewohnheiten (benachbartes Ausland). Es sind also im Gegensatz zum 19. und 20. Jahrhundert, in denen harte Faktoren den Verstädterungsprozeß initiierten und steuerten, in der transindustriellen Gesellschaft weiche Faktoren und „Aneinanderentwicklungen", die die Prozesse der Verstädterung maßgeblich bestimmen werden. Es ist nicht unwahrscheinlich, daß Großstädte dabei zugunsten von kleineren und mittleren Städten mit weichen Standortvorteilen an Attraktivität verlieren.

Aufgrund der hochdynamisierten Beschäftigungsverhältnisse mit Phasen „vorübergehender" Freisetzung bzw. der zeitlich limitierten Nutzung von Arbeitskräften wird die Migrations"bereitschaft" der Bevölkerung zunehmen, die Fluktuation in den Städten wird steigen, und auch mentale Flexibilität ist gefordert. Erfolgreiche Städte müssen im Standortwettbewerb auf die Flexibilisierung der Produktions- und Reproduktionsbereiche reagieren, sie müssen infrastrukturelle Angebote schaffen und den Aufbau flexibler Netzwerke (Tätigkeiten, Kommunikation, neue Durchmischung) unterstützen.

3. Räumliche Trennung von Wohnen und Arbeiten

Die Produktionsweise der Industriegesellschaft war durch hohe Umweltbelastungen ("direkte Einträge") gekennzeichnet; dies ändert sich in der transindustriellen Gesellschaft mit der Produktion von vornehmlich wissensbasierten Gütern. Damit wird die Reintegration von Arbeit und Wohnen möglich - ähnlich wie in der agrarisch-handwerklichen Gesellschaft. In räumlicher Hinsicht bedeutet dies, daß mehr Mischgebiete in den Stadtentwicklungsplänen ausgewiesen werden können. Immissionsträchtige Produktionsstätten bleiben weiterhin von Wohngebieten getrennt.

Die Tele-Heimarbeitsplätze sind heute bereits die vieldiskutierten Vorläufer dieser Verbindung von Wohnen und Arbeiten. In Deutschland ist die Verbreitung dieser Arbeitsplätze im internationalen Maßstab noch unterrepräsentiert. Ein rascher weiterer Ausbau ist also zu erwarten. Mit der neuen Selbständigkeit wird dieser Trend zusätzlich unterstützt.

Betrifft dies die "städtische" Verbindung von Wohnen und Arbeiten, so ist davon eine gesellschaftliche Dynamisierung zu unterscheiden. Mit den vagabundierenden Produktionsstätten wird "neues Nomadentum" entstehen; nämlich Menschen, die an unterschiedlichen Orten tätig werden (global, aber sporadisch mobil sind), und Menschen, die flexibel ihren Arbeitsplatz wechseln. Sie werden ihren "festen" Wohnsitz bzw. ihr Büro nur noch gelegentlich aufsuchen; für ihr Leben "auf der Walz" benötigen sie dennoch temporär Identifikationspunkte, die das psychische Wohlbefinden unterstützen.

Insgesamt wird aber Arbeit und Wohnen wieder verstärkt integriert - wie in der vorindustriellen Zeit. Die Informations- und Kommunikationssysteme und die Produktion immaterieller Waren ermöglichen eine neuartige Durchmischung von Funktionen in Räumen, wodurch eine hohe Raum-Zeit-Flexibilisierung stattfindet (vgl. Abb. 1); Arbeits-, Wohn- und Freizeitphasen durchmischt.

4. Kommunikations- und Transportsysteme

Die Entwicklung des Warentauschs ließ die Mobilität anwachsen. Spätestens mit der Industrialisierung entstand die Notwendigkeit, die Waren auf dem Markt auszutauschen. In räumlicher Hinsicht bedeutete dies die Schaffung von Plätzen zum Warentausch und den Bau von Transportwegen.

Der Warentausch in der transindustriellen Gesellschaft wird - aufgrund der Dominanz immaterieller Produkte - in immer stärkerem Maße über die digitalen Informations- und Kommunikationsnetze stattfinden. Der Kern der Waren, ihre Substanz, löst sich von ihrer stofflichen Gegenständlichkeit, virtualisiert sich für den Augenblick ihres Transports und wird erst wieder am Ort ihrer neuen Verwendung materialisiert, indem er eine neue Hülle erhält. Hinzu kommt, daß Video-Konferenzen die physische Anwesenheit der Konferenzteilnehmer an einem Ort nicht mehr verlangen, die virtuelle Konferenz ersetzt zunehmend (wenngleich nicht generell) die persönliche Anwesenheit. Mit diesen Entwicklungen werden die traditionellen Transportwege nicht gänzlich überflüssig - denn es gibt sie weiterhin, die traditionellen Waren, und auch die archaische Notwendigkeit, sich einmal zu „beschnuppern" -, aber ihre Bedeutung reduziert sich erheblich.

Eigenartigerweise ist derzeit noch kein Rückgang des „materiellen" Transports zu verzeichnen - trotz bereits bestehender weltweiter Kommunikationsnetze und auch zunehmender Bedeutung der immateriellen Waren. Im Gegenteil: Die freizeit- und berufsbedingte Mobilität sowohl der Waren als auch der Menschen nimmt noch zu.

Die „Globalisierung" der Produktion, die sich bislang in drei Phasen vollzogen hat, führt zu wachsendem Gütertransport. Die drei Phasen waren:

- erste Phase: Außenhandel wächst schneller als inländisches Bruttosozialprodukt.
- zweite Phase: Produktionsverlagerung zu den Märkten.
- dritte Phase: Transnationale Produktion, d.h. Verteilung der Produktionsstufen auf Länder mit jeweiligen Standortvorteilen (siehe hierzu: Eicker-Wolf 1996, S. 86 ff.).

Der Güterverkehr hat in der BRD im Zeitraum zwischen 1988 und 1991 erheblich zugenommen (Internet-Informationen des Bundesumweltministeriums). Es kann vermutet werden, daß dieser Trend noch einige Zeit anhält.

Manche Waren werden mehrfach - unter Ausnutzung ökonomischer Vorteile - über Kontinente transportiert, um endlich wohlfeil an einem Ort angeboten zu werden. Um ein Beispiel zu geben: Krabben aus der Nordsee werden auf Kühltransporter geladen, nach Nordafrika gebracht, dort von billigen Arbeitskräften gepult, wieder nach Norden transportiert, um hier endlich „frisch" verspeist zu werden. Diese globale Arbeitsteilung führt zu steigenden Transportaufkommen und zu Umweltbelastungen.

Zumindest hier stellt sich die Frage, ob diese absurde Folge einer primär ökonomischen Rationalisierung gesellschaftlich und ökonomisch noch akzeptabel ist. Anders formuliert: Ist dies die Handlungslogik der rationalsten aller möglichen Gesellschaften?

Derzeit scheint es zumindest so, als nähmen personale Mobilität und traditionelles Transportaufkommen auf dem Weg in die transindustrielle Gesellschaft ebenso zu wie der digitale Transport immaterieller Produkte. Zumindest die Übergangsgesellschaft zeigt hypermobile Züge.

5. Ressourcenverbrauch

Die Industriegesellschaft zeichnete sich im Vergleich zur Agrargesellschaft durch eine immense Ausdehnung des Ressourcenverbrauchs aus. Während der gesamten Phase der industriellen Entwicklung wurden immer größere Mengen der natürlichen Ressourcen eingesetzt.

Eine wesentliche Größe dieser Ressourcenausnutzung ist der Primärenergieverbrauch, der vor allem aus fossilen Energieträgern gedeckt wird. Eine Senkung des Verbrauchs dieser Energieträger in der transindustriellen Gesellschaft setzt die Entwicklung und Nutzung alternativer Energien (Sonnenenergie, Biovoltaik etc.) voraus, aber auch bessere Wirkungsgrade bei der Energieumwandlung (z.B. Gas- und Dampfturbinen-Kraftwerke) und die Senkung des Energieverbrauchs im Wohnungs-, Büro- und Industriebau. Vermutet werden kann auch, daß der Primärenergieverbrauch in der transindustriellen Gesellschaft aufgrund einer geringeren Zahl industriell gefertigter Güter abnimmt. Ob sich insgesamt der Energieverbrauch senken wird, hängt - wie bereits angedeutet - vom Transport- und Mobilitätsaufkommen ab.

Die derzeitigen Entwicklungen im Energieverbrauch deuten diesen Trend schon an. Während der Gesamtenergieverbrauch in der BRD relativ konstant ist, sinkt der Primärenergieverbrauch in der Industrie, gleichzeitig steigt der verkehrsbedingte Verbrauch (vgl. hierzu: Internet-Informationen des BMU sowie die Energiedaten '96 des BMWI).

Neue, sich zum Teil rasant entwickelnde technische Möglichkeiten lassen wahrscheinlich eine ökologischere Produktions- und Reproduktionsweise zu. So kann die „umweltneutrale" Information mobil werden, ohne daß ihre stoffliche Hülle transportiert werden muß, so können Arbeiten verrichtet werden, ohne daß Personen sich in Autos zu weitentfernten Arbeitsplätzen bewegen.

Die ökologische Dimension spielt in der weiteren Technologisierung also eine wichtige Rolle. Damit können Belastungen der Ökosysteme verringert werden. Insgesamt wird die Reversibilität der „Ausbeutung" der Natur und der Folgen technologischer Entwicklungen zu einem gewichtigen Faktor der Beurteilung und Förderung von technischen Innovationen. Die Gentechnologie ist sowohl eine Hoffnung als auch eine Gefährdung. Einerseits ermöglicht sie die massenhafte Erzeugung nachwachsender Energieträger und die Produktion schädlingsresistenter Gewächse, andererseits paaren sich mit dieser Hoffnung keineswegs unbegründete Ängste vor ihren möglichen Folgen. Ist die institutionalisierte Anwendung der Gentechnik schon unkalkulierbar genug, so potenziert sich die Gefahr durch deren „allgemeine" Verfügbarkeit noch. Hier, in der nicht-institutionalisierten Anwendung, erscheint die administrative Eindämmung der Gefährdungspotentiale kaum möglich. Eine neue Diskussion um die Ethik der Naturwissenschaft und ihrer technischen Anwendung ist deshalb unabdingbar (Morsey / Grün 1997).

Bei der Energiegewinnung und dem Ressourcenverbrauch zeigt sich, daß die technischen Möglichkeiten und die Produktivkräfte den gesellschaftlichen Strukturen, Institutionen und Handlungsweisen vorauseilen; sie dann aber - gemäß dem ko-evolutiven Paradigma - zur neuen Entwicklungsstufe „mitreißen" können.

6. Zwischenbilanz II:
Auf dem Weg zur transindustriellen Gesellschaft

(1) Die fünfte Hypothese (Übergang von der Industriegesellschaft zur tranindustriellen Gesellschaft) bestätigt sich: Es lassen sich hinreichend viele Indizien für eine Erosion der Industriegesellschaft finden; ihre Auflösung ist zumindest in den hochindustrialisierten Ländern bereits im Gange. An ihre Stelle tritt eine Gesellschaft, die wir als transindustrielle Gesellschaft bezeichnet haben.

Dieser Begriff scheint treffend, bedeutet er doch, daß der Kern oder die Substanz der Produktion vorrangig das Wissen und die immaterielle Produktionweise ist; im gleichen Maße wird die industrielle unbedeutender, ohne völlig zu verschwinden. So werden die Wissenschaft (Naturwissenschaft, Ingenieurwissenschaft und Verwaltungswissenschaft im weiten Sinne) und ihre Anwendung zur wichtigsten Produktivkraft. Ihre Förderung und ihr effektvoller Einsatz werden über den evolutorischen Wandel der Gesellschaft mitentscheiden.

(2) Die dargestellten allgemeinen Trends zeigen den Weg in die transindustrielle Gesellschaft auf. Die Veränderungen im Lebensstil (Wohnen - Arbeiten; Verstädterung) sowie die Veränderungen in der Produktionsweise resultieren zu einem erheblichen Teil aus der Produktivkraftentwicklung. So wird die Reintegration von Arbeit und Wohnen durch neue Informations- und Kommunikationssysteme ermöglicht. Die Produktivkraftentwicklung, ihre Grundlagen und ihre

(technischen) Folgen lassen sich im Hinblick auf die transindustrielle Gesellschaft grob angeben. Mit ihnen verändern sich auch die sozialen und politischen Verhältnisse, ohne von den Produktivkräften determiniert zu werden.

(3) In Tabelle 11 werden nochmals stichwortartig die zentralen Unterschiede der beiden Gesellschaftsformen dargestellt.

Tab. 11: Industriegesellschaft und transindustrielle Gesellschaft

Merkmale	Industriegesellschaft	Transindustrielle Gesellschaft
Produktionsweise	- Arbeitsteilung	- Eher ganzheitliche Arbeitsweise (Re-Integration)
	- Entfremdung vom Produkt, vom Arbeitsprozeß	- Entfremdung wird geringer
	- Fremddisziplinierung	- Selbstdisziplinierung
	- Rationalisierung durch Technisierung	- Rationalisierung durch Technisierung und ganzheitliche Produktions- und Managementmethoden
	- Große Produktionseinheiten	- Kleinere Produktionseinheiten
	- „Reale" Fabrik und Behörde	- Virtuelle Fabrik und Behörde
	- Wichtige Fähigkeiten der Arbeitskraft: Disziplin, Körperkraft, Stetigkeit u.Ä.	- Wichtige Fähigkeiten der Arbeitskraft: Wissen (Bildung), Kreativität, Flexibilität, Mobilität u.Ä.
	- Planung (Vorsorge)	- Planung mit starkem Zeitbezug (just in time)
	- Materielle Produkte	- Immaterielle Produkte
	- Betrieblich finanzierte Fortbildung	- Selbstfortbildung
	- Organisierte Interessenvertretung	- Individualisierung und „neue" Interessenorientierung
Urbanisierung	- Hohe Grad der Urbanisierung aufgrund harter Standortfaktoren	- Abgeschwächte Urbanisierung aufgrund weicher Standortfaktoren

Wohnen - Arbeiten	- Funktionale Trennung	- Re-Integration aufgrund neuer Kommunikationsmöglichkeiten
Kommunikations- und Transportsysteme	- Hohes Gütertransportaufkommen und hohe personale Mobilität	- Potentiell geringeres Gütertransportaufkommem (immaterielle Produktion) und geringere personale Mobilität (IKT; Vernetzung); faktisch bis heute Ausdehnung des materiellen Transports
Ressourcenverbrauch	- Hoher Ressourcenverbrauch durch industrielle Produktion und Mobilität	- Ressourcenschonendere Produktionsweise; unklares Mobilitätsverhalten

(4) Gehen wir von der dynamischen Interdependenz der Subsysteme aus - was bisher durch die Abfolge der Phasen bestätigt wurde - und reflektieren wir dabei die evolutive Spannung zwischen Destabilisatoren und Stabilisatoren, dann zeigt sich nun wieder eine Lage, in der die Entwicklungskräfte erschöpft erscheinen und die verfügbaren Lösungsmuster versagen. Diese Lage ist vorrangig gekennzeichnet durch Lähmungen in der Innovationskraft, das Fehlen breit akzeptierter Konzepte und Instrumente, durch politische Reaktionsschwächen, Verdrossenheiten und eine paradigmatische Beliebigkeit. Darin spiegeln sich wieder Selbstähnlichkeiten mit den Destabilisierungen in früheren Phasen, in denen sich ebenfalls die bislang erfolgreichen Problemlösungsmuster erschöpften und sich die Gesamt-"Fitneß" der interdependenten Subsysteme reduzierte. Diese gefährliche Schwächung des „Immunsystems" durch fehlende Gegenkonzepte und Antriebe führte jeweils zur systemimmanenten Suche nach einem geeigneteren evolutiven Muster und nach einem dafür „fitten" Träger, dem die „historische Rolle" des stimulierenden und zugleich (selbst-)steuerenden Initiators zugebilligt wurde, mit dem dann die nächste Entwicklungsphase erreicht und durchlaufen werden könnte.

Wir erkennen, daß nunmehr diese paßgerechte Rolle der demokratisch legitimierte und **hierfür** funktionale Staat übernehmen muß.

(5) Es ist nicht auszuschließen,

- daß sich wichtige Elemente der Industriegesellschaft noch für längere Zeit zumindest „parallel" zu den neuen Entwicklungen stabilisieren können und damit der ko-evolutive Prozeß verlangsamt oder gar verhindert werden könnte,
- daß sich zentrale Elemente der transindustriellen Gesellschaft unter externen Herausforderungen schneller und deutlicher herausbilden und den ko-evolutiven Prozeß (hin zu höherer Fitneß) beschleunigen, was auch die (temporäre) Institutionalisierung von Entwicklungssteuerung bedeuten dürfte.

Diese Präzisierung der evolutiven Linien soll durch zwei Szenarien des transindustriellen Gesellschaftsmodells verdeutlicht werden.

Das erste Szenario bildet die politische und gesellschaftliche Weiterentwicklung des Spätpluralismus und des Verhandlungsstaates („Modernisierung") ab. Das zweite Szenario beschreibt eine reformorientierte, zukunftsgestaltende Entwicklungssteuerung.[23]

Für beide Szenarien sind relevante gesellschaftliche Machtbasen vorhanden, die diese Szenarien jeweils unterstützen könnten. Beide Szenarien könnten somit politisch durchsetzbar sein.

Außerdem sind weitere Szenarien denkbar. So ist etwa ein „sozialistisches" Szenario der transindustriellen Gesellschaft vorstellbar, das eine Vergesellschaftung der Produktionsmittel und eine basisdemokratische Willensbildung umfassen würde. Ein solches Szenario muß aber in der heutigen historischen Konstellation als abstraktes Denkmodell verworfen werden - die gesellschaftlichen Kräfte zur Durchsetzung dieses Szenarios erscheinen derzeit nicht mächtig genug.

---

23 Reform wird als umfassendes und zukunftsgestaltendes „seitenverschobenes Prinzip der Mitte" verstanden. Das bedeutet: kein punktueller Reformismus, sondern gesellschaftsverändernde Niveauerhöhung im evolutiven Prozeß. „Reform" in diesem Sinne hat Geschichte, es muß für jetzt und zugleich für Zukünftiges („Nachwelt") gehandelt werden, wobei die Vernetzung (Interdependenz, das „Mitreißen") zu beachten ist. Reform ist konzeptionell (ja visionär) ausgerichtet, will mittels aktiver Politik auf angemessenen Wegen die Lage des Gemeinwesens und der Menschen verbessern beziehungsweise Chancen für die Zukunft erhalten.

Tabelle 12 faßt die zwei Szenarien höherer Wahrscheinlichkeit zusammen.

Tab. 12 Szenarien des transindustriellen Gesellschaftsmodells

	(Szenario A) Weiterentwicklung: Spätpluralismus und Verhandlungsstaat = anpassende Modernisierung	(Szenario B) Umfassende Zukunftsgestaltung = Reform mit mit entwicklungsteuerndem Staat
Sozialstruktur	- Extrem ausdifferenzierte Gesellschaft (Atomisierung) - Umverteilung des gesellschaftlichen Reichtums nach der gesellschaftlich aktualisierbaren Macht; Spaltung der Gesellschaft in Arm und Reich; in Kapital-, Aktieneigner, Besitzer höchster Arbeitskraftqualität sowie Machtbesitzer einerseits und Eigner „normaler" Arbeitskraft andererseits; hohe Arbeitslosigkeit, neue Armut	- Politische und gesellschaftliche Gruppen formieren sich - Gesellschaftlicher Reichtum wird auf alle verteilt (Chancengleichheit)
Interessenartikualtion	- Individualisierung / Atomismus - Interessenartikulation nimmt ab (Machtverlust gesellschaftlicher Gruppen und Nicht-Artikulationsfähigkeit der Zukunft)	- Neue Interessenvertretungen entsprechend der Sozialstruktur der Gesellschaft und Vertretung schwacher oder gesellschaftlich nicht vertretener Interessen (Nachwelt) durch Staat
Willensbildung	- Eliten schotten sich ab - Zurückdrängung gesellschaftlicher Formen der	- Stärkung direkter Demokratie (z.B. durch Innovationsbündnisse), allerdings zeitlich reglementiert - Stärkung gesellschaftlicher Formen der

	Mitbestimmung - Aushöhlung demokratischer Verfahren	Mitbestimmung ermöglicht durch Regionalisierung eines Teils der Produktion
Ökonomie	- Laissez faire-Prinzip postuliert - Subventionsverteilung gemäß gesellschaftlich aktualisierbarer Macht	- Entwicklungsgesteuerte Wirtschaft - Subventionsverteilung nach Entwicklungskriterien (z.B. Innovationsbereiche)
	- Globalisierung aller Bereiche wird präferiert und erscheint als Sachzwang - Einkommenssenkung bei „Lohnabhängigen", um in der globalisierten Wirtschaft bestehen zu können - Shareholder value - Profitorientierung statt Sozialverträglichkeit - Eindeutige Tauschwertorientierung	- Regionalisierung von Teilbereichen der Wirtschaft, andere Teile sind globalisiert - Innovationsorientierte Produktgestaltung mit der Möglichkeit hoher Einkommen - Stakeholder value - Sozialverträglichkeit statt Profitorientierung - Stärkere Gebrauchswertorientierung
Technologie	- Primär Förderung von anwendungsbezogener Technolgie und Forschung; relative Abnahme staatlicher Forschungsausgaben am Gesamthaushalt - Freie Entfaltung technischer Möglichkeiten	- Förderung von anwendungsbezogener Technologie und Forschung sowie von Grundlagenforschung mit Blick auf Basisinnovation und Spitzentechnologie - Technolgie und Verwaltungswissen werden als integrierte Pakete weltmarktfähig - Folgen technischer Entwicklungen werden bedacht (Reversibilität als Maßstab) - Ethische Diskussion über Grenzen der Technik und Forschung mit pragmatischer Umsetzung

Staat	- Verhandlungsstaat - Reaktiver Staat - Deregulierung - Staatsabbau (Privati- sierung - vor allem pro- fitabler staatlicher Bereiche) - Zurückdrängung der Sozialpflichtigkeit - Abbau des Sozialstaats - Aufbau repressiver Staatsgewalt zur Unter- drückung aufkeimenden Widerstands	- Entwicklungssteu- ernder, aktiver Staat - Anpassung von Rege- lungen an gesellschaft- liche Entwicklung - Staatsumbau (auch Förderung öffentlicher Unternehmen durch Modernisierung) - Die Sozialpflichtigkeit (auch des Kapitals) wird gestärkt - Erhalt und Umbau des Sozialstaats gemäß neuer Problemlagen - Integration durch solidarische Formen der Vergesellschaftung
Verwaltung	- Modernisierung durch betriebswirtschaftliche Orientierung (z.B. Ge- nehmigungsverfahren) und Beibehaltung „tra- ditionellen Verwal- tungshandelns)	- Reformperspektive (Entwicklungssteuernde Verwaltung - Stärkung der Zukunftsperspek- tive) plus betriebswirtschaftliche Modernisierung

Betrachtet man die beiden Szenarien, so wird deutlich: Mit der Weiterentwicklung der spätpluralistischen Gesellschaft und ihres Verhandlungsstaates würden einige soziale und politische Dysfunktionalitäten
der dritten Phase der BRD auf dem Weg in die transindustrielle Gesellschaft verstärkt. Die Entwicklung der gesellschaftlichen Kräfte
drängte an die Grenzen des evolutiven Möglichkeitsraumes. Dies gilt
beispielsweise für die Entwicklung der Ökonomie (reine Marktwirtschaft ohne Sozialpflichtigkeit mit ausschließlicher Kapitalvermehrung
- Verletzung der Sozialpflichtigkeit), für den Funktionsverlust der
Verbände, die soziale Atomisierung mit Entsolidarisierungen sowie für
den Abbau demokratischer Prinzipien. Die Gesellschaft bewegte sich
damit an den Rand des gesellschaftlichen Möglichkeitsraums oder über
diesen hinaus.

Diese Variante würde eine Art evolutionärer Rückfall bzw. eine eingeschobene stationäre Phase bedeuten, die schon wegen des übermächtig werdenden exogenen Druckes (Destabilisatoren) nicht lange erhalten bleiben dürfte.

Die „Fitneß" gegenüber diesen Herausforderungen sinkt, das „Erhaltungsparadigma" (Immunsystem) dürfte als destabilisierte Folge der interdependenten Subsysteme auf der ganzen Breite zusammenbrechen.

So läßt sich mit hoher Wahrscheinlichkeit für die Übergangslage ableiten:

- die exogenen Einflüsse werden stärker und tendieren zur Selbstbeschleunigung (Tachogenität),
- für die auch damit immer wieder erhöhten (internen) Problemlagen gibt es immer weniger erfolgversprechende Lösungsmuster,
- weshalb sich auch die immanenten Destabilisatoren verstärken,
- woraus (weitere) Akzeptanzverluste, Verdrossenheiten und Gleichgültigkeitshaltungen resultieren.

Das alles müßte das Gesamtsystem an den Rand seines Möglichkeitsraumes drängen mit allen Gefahren des „Absturzes".

Das Szenario einer entwicklungsgesteuerten Gesellschaft verspräche hingegen eine neue Stufe der Ko-Evolution der gesellschaftlichen Subsysteme, die sich im evolutiven Möglichkeitsraum bewegen würde.

Die „weitere Entwicklung der hochentwickelten Bundesrepublik" scheint - gerade bei Berücksichtigung zunehmender internationaler Verflechtungen („Globalisierung") - jedenfalls eher möglich auf der Basis der „entwicklungssteuernden" Variante des transindustriellen Szenarios, während die Fortsetzung oder gar die Intensivierung des spätpluralistischen Paradigmas zunehmend an Grenzen des Möglichkeitsraumes stieße und dabei in eine entdynamisierte („stationäre") Phase mit chaotischen Prozessen in und zwischen den Subsystemen zurückfiele.

In dieser Übergangssituation und angesichts der auch von außen induzierten Anforderungen scheint sich eine neue funktionale Rolle des Staates abzuzeichnen, und zwar die einer entwicklungsstimulierenden und auch partiell steuernden Agentur. Das bedeutet, daß dieser renovierte (reaktivierte) Staat - in Kooperation mit den anderen Subsystemen (gesellschaftlichen Akteuren) wenigstens temporäre Verantwortung für die (Weiter-)Entwicklung einer hochentwickelten Gesellschaft in einer turbulenten und brisanten Umgebung übernähme.

(6) Diese temporäre Rolle läßt sich also begründen
- aus der dynamischen Interdependenz der bisherigen Phasen und der sie rechtfertigenden Paradigmen (auf „Laissez-faire" folgten „Strukturierung" und partielle Intervention, um die Fitneß des Gesamtsystems zu erhalten, und dann wieder umgekehrt),
- aus der Spannung zwischen Destabilisatoren und Stabilisatoren,
- aus dem (jetzt zusätzlichen) epochalen Wandel zu der anderen (der transindustriellen) Gesellschaftsform.

Allerdings setzt die Aktivierung einer „steuernden Instanz" gerade deren zeitgerechte Verwandlung (ja „Mutation") vom inkrementalen Verhandlungsstaat zum entwicklungsfördernden und im transindustriellen Korridor moderat richtungssteuernden Staat voraus, worin nun seine **phasenbezogene Funktionalität besteht und begründet wird**.

Diese Funktionalität für den Übergang in die transindustrielle Gesellschaft besteht vorrangig
- in der temporären Entwicklungssteuerung auf wichtigen Politikfeldern,
- in der (auch dafür) angemessenen Reform seiner eigenen Tätigkeit (Handlungsspielräume) sowie
- in der adäquaten Effektuierung seiner Binnenorganisation, hier insbesondere der Verwaltung.

Im folgenden werden deswegen Ideen und Vorschläge für die Entwicklungssteuerung mit Hilfe des funktionalen Staates im Übergang zur transindustriellen Gesellschaft für ausgewählte Politikfelder (Ökonomie, Technologie, Ökologie, Demographie) sowie für die prozeßorientierten Aspekte Interessenartikulation, Willensbildung und die Binnenmodernisierung des Staates skizziert.

IV. Funktionaler Staat - Entwicklungssteuerung für den Übergang

Die Anregungen und Vorschläge für die Entwicklungssteuerung des funktionalen Staates gliedern sich in drei Unterkapitel:
- Exemplarische Politikfelder
- Politische Prozesse
- Handlungsspielräume des Staates einschließlich Binnenmodernisierung.

1. Exemplarische Politikfelder

Vorab werden jeweils (tabellarisch) dysfunktionale Ereignisse aus der dritten Phase der BRD und entsprechende Herausforderungen aus der transindustriellen Gesellschaft dargestellt. Sie kennzeichnen nochmals wichtige destabilisierende Elemente am Ende der dritten Phase der BRD.

1.1. Politikfeld: Ökonomie und Arbeit

Tab. 13: Dysfunktionale Ereignisse am Ende der dritten Phase der BRD und Herausforderungen aus der transindustriellen Gesellschaft: Ökonomie und Arbeit

- Hohe Arbeitslosigkeit	- Kleinere Produktionseinheiten
- Hohe Staatsverschuldung	- Reintegration der Arbeitsprozesse
- Sinkender Wohlstand (Neue Armut)	- Heranalterung der Arbeitskräfte
- Umbau von Aus- und Weiterbildung	- Virtuelle Unternehmen
- Globalisierungdruck	- Produktion immaterieller Güter
- (Re-)Regionalisierung	

Die bisherigen ökonomischen Paradigmen bewähren sich für diese Dysfunktionalitäten und Herausforderungen nicht besonders. Erforderlich sind deshalb valide Theoreme und wirksame Instrumente für die „Entwicklung hochentwickelter Übergangsgesellschaften". Daraus ließen sich eine innovative Struktur- und Wachstumspolitik unter den Bedingungen der neuen Internationalisierung ableiten. Grundlegend scheint dabei die Differenzierung der Arbeitswelt zum einen in ein traditionell-industrielles Segment und zum anderen in ein zunehmend dominantes Segment der Produktion und Nutzung immaterieller Güter zu sein.

Angesichts dieser Differenzierung geht es um die adäquate, globale Verteilung der zukünftigen Standortqualitäten. Diese werden durch die weitere Verbreitung multinationaler Konzerne (1996 rund 75 Mio. Beschäftigte) weiter dynamisiert, wobei mit den industriell erzeugten Produkten bei vereinfachbaren Produktionen die traditionelle Lohnarbeit aus den alten Standorten abfließt, geradezu zwischen den Billigstandorten „vagabundiert". Zukunftsträchtig und weiterhin prosperierend sind jene Volkswirtschaften, in denen die Wissensproduktion beständig und innovativ installiert werden kann. Allerdings ist es ratsam, daß sich auch in diesen Ländern ein Grundbestand an einfacher und mittlerer Produktionsintelligenz und an Verfahrenswissen bildet (komparative Vorteile). Die Erzeugung und die ökonomische Erstverwertung von technologischen Basisinnovationen (Pionierleistungen) wird auf einige Zeit noch an den Standorten des konzentrierten Humanpotentials stattfinden. Dieser Produktionsfaktor ist zumindest als gleichrangig mit Arbeit und Kapital zu werten. Er enthält auch wachsende Anteile an Bildung und „Sozialkapital" (Dienste, Pflege) und exportierbarem Verwaltungswissen. Allerdings: Die Geschwindigkeit der Transfers wird sich erhöhen, und die räumliche Verbreitung wird dabei zunehmen.

Die anhaltende „Standortkrise" (Leistungsfähigkeit und Attraktion) drückt den Bedarf an aktiver Entwicklungssteuerung aus, für die das neue politisch-ökonomische Paradigma benötigt wird. Als Ausgangspunkte bieten sich an:

- Nicht irgendwelche Produkte, sondern weltmarktgängige - was Basisinnovationen erfordert[24].

---

24 Es ließen sich **kreative** - wenngleich zunächst kostenintensive - **Produktpaletten** für den Weltmarkt zusammenstellen, beispielsweise ökonomisch-technisch-ökologische Innovationspakete (ÖTÖ-Paletten). Dabei handelt es sich um integrierte Angebote an neuen Produkten und Verfahren, die Sicherheits-

- Nicht irgendwelche Arbeitsplätze - sondern für zukünftige Technologie und Verwertung jetzt schon qualifizierte und qualifizierende (**Human**potential).
- Aufrechterhaltung einfacherer Arbeitsplätze mit **Sozialkapital**bildung.
- (Re-)Regionalisierung der Produktion „industrieller" Produkte (auch agrarische), um den ökologischen Folgen „globaler" Produktion zu entgehen.
- Antizyklische und strukturfördernde Politik mit internationaler Ausrichtung.

Solche Entwicklungssteuerung erfordert das Zusammenwirken von Staat, Wirtschaft (inkl. Sozialpartner) und quasi-staatlichen Institutionen, wie in neuen strategischen Allianzen und Innovationsbündnissen, z.B. „Bündnis für Arbeit". Woraus für staatliches Handeln folgt:
- Unterstützung von Forschung und Entwicklung (auch in Risikobereichen).
- Umsteuerung und Verstärkung der Ausbildungs- und Fortbildungsprogramme (als zukunftsorientierte Arbeitspolitik), einschließlich technologischer und sozialkompetenzieller Grundbildung.
- Erzeugung eines aktiven Mobilitätsklimas (räumlich, sektoral, mental).
- Steuernde Eingriffe in die ökologischen Unverträglichkeiten, die aus der sog. „Globalisierung" resultieren.
- Die staatliche Verschuldung über die Zeit mindestens stabil zu halten, auch mittels innovativer Steuerpolitik.

Diese Ausrichtung muß durch korrespondierende - vom Staat derzeit nicht direkt und alleine steuerbare - Politiken ergänzt, vielleicht sogar kurzfristig erst initiiert werden, insbesondere
- durch eine Verbesserung der Geldversorgung für reale Expansion,

---

und Umweltstandards enthalten, aber auch rechtliches und administratives Know how sowie die erforderlichen Aus- und Fortbildungsprogramme mitliefern.

- durch moderate Lohnpolitik, die auch den intelligenten und flexiblen Einsatz von Arbeit voranbringt.

Auch von der öffentlichen Wirtschaft ist ein Beitrag zur Entwicklungssteuerung zu erwarten, was sie historisch betrachtet - seit merkantilistischen Zeiten - immer wieder erfolgreich tat[25].
Der Staat und die Kommunen müssen die öffentliche Wirtschaft darüber hinaus auch wieder als zukunftsorientierte Entwicklungshelfer qualifizieren und einsetzen dürfen.
Das gilt vor allem für den Übergang in die transindustrielle Gesellschaft mit dem skizzierten Entwicklungsdruck. Ohne eine Mitwirkung der öffentlichen Wirtschaft gelingt dieser schwierige Übergang wohl nicht. Allerdings bedeutet das deren „Renovierung" und Flexibilisierung. Was heißt das? In Stichworten:
  1. Öffentliche Unternehmen erfüllen weiter und immer effizienter den gesetzlichen Leistungsauftrag, sie bilden in vielen Bereichen eine Basis für privatwirtschaftliche Aktivitäten (Infrastruktur, Komplettierung, Stimulierung). Soziale und ökologische „Vorbildfunktionen" kommen hinzu.
  Das bedeutet auch, daß sich die öffentliche Wirtschaft kreativen Spezialangeboten nicht verschließen sollte, wenn der Wettbewerb dies verlangt.
  2. Bei der Entwicklung, insbesondere aber bei der Umsetzung und bedarfswirtschaftlichen Verwertung neuer Basistechnologien wie bei deren arbeitspolitischen Konsequenzen übernimmt die öffentliche Wirtschaft Agenturfunktionen - unter Berücksichtigung der vorher angegebenen Maßstäbe. Sie leistet Sicherungsfunktionen „im eigenen Land".

---

25 Dies kann mit einem Zitat unterfüttert werden: "Die öffentliche Wirtschaft hat in Deutschland eine erfolgreiche Ausbau- und Rationalisierungsperiode hinter sich. Gegenwärtig muß sie sich in erster Linie der Kräftesammlung und der Fundierung widmen ... damit die Positionen der öffentlichen Wirtschaft behauptet werden können ... (Sie) muß sich in ihrem eigenen Interesse auf Betriebe beschränken, die lebenswichtige Bedürfnisse weiter Bevölkerungsschichten decken ... (und dabei) mustergültige Leistungen zu erzielen vermögen." Das klingt modern und entwicklungsorientiert. Es ist nachzulesen im "Handbuch der öffentlichen Wirtschaft" von 1930 (S. 655).

3. Dabei dürften neue Tätigkeiten von leitender Bedeutung sein:
   a) Unter dem Globalisierungsdruck werden risikoreiche Investitionen unabdingbar - auch solche in Forschung und Entwicklung. Die öffentliche Wirtschaft könnte dabei - quasi zurückkehrend in ihre historische Rolle - vorauseilende FuE-Leistungen und modellhafte Innovationen übernehmen.
   b) Gegen die drohenden „Sozialbrachen" müssen ohnehin aktivierende Programme entwickelt werden. Regionale Beschäftigungs- und Weiterbildungszentren zur Anpassung des Humanpotentials könnten vor allem mit Hilfe öffentlicher Unternehmen und Banken betrieben werden.

Öffentliche Unternehmen müssen ihre Aufgaben selbstverständlich wirtschaftlich erfüllen - im Rahmen ihrer besonderen Zwecksetzung (bedarfswirtschaftlich, flächendeckend, stetig usw.)[26].

1.1.1. „Globalisierung" und Politik

Das Schlagwort der Globalisierung ist in aller Munde. Allerdings ist der Begriff amorph. Bundeskanzler Helmut Kohl benutzte den Ausdruck als Synonym für die Internationalisierung der Wirtschaft, um „notwendige politische Maßnahmen" zu rechtfertigen (Rede in der Hochschule für Verwaltungswissenschaften Speyer am 13.5.1997). Die Internationalisierung der Wirtschaft ist allerdings kein neues Phänomen und würde alleine die neue Begriffsschöpfung nicht rechtfertigen. Globalisierung umfaßt aber mindestens folgende Merkmale: Wachsende internationale (globale) Handelsströme, Internationalisie-

---

26 Dazu eine klarstellende Aussage schon aus den 20er Jahren: "Die kommunale Versorgungswirtschaft muß sich der vollkommensten und modernsten Mittel in der Wirtschaftsführung bedienen. In der Organisation der Gemeindebetriebe muß die Entbürokratisierung mit allen Mitteln durchgeführt werden. Es geht nicht an, wirtschaftliche Aufgaben mit den organisatorischen Normen der Polizeiverwaltung zu lösen." (Handbuch der öffentlichen Wirtschaft, 1930, S. 655). Dem ist nur hinzuzufügen, daß dies heute nicht nur erkannt, sondern auch umgesetzt werden muß.

rung von Investition und Produktion mit bislang drei Phasen[27], Grenzenlosigkeit der Kapitalmärkte, Entgrenzung von Kommunikation, Ubiquität von Information und Globalisierung von Konsumgütern (vgl. Kohler-Koch 1993, S. 110; siehe auch: Hengsbach 1997 und Vorwort dieses Buches). Sind mit diesen Merkmalen primär ökonomische und technische Phänomene erfaßt, so könnte man darüber hinaus auch international-vernetzte ökologische Phänomene unter den Begriff subsumieren. Dabei ist zu bedenken, daß die weltweite ökonomische, technische und ökologische Verflechtung **regional** fragmentiert und hierarchisch strukturiert ist. Von da aus erklärt sich auch, daß die entstehenden transnationalen Verbände „fragmentiert und gespalten" (Kohler-Koch 1993, S. 133) sind, was ein anderer Ausdruck für Interessenpolitik ist. Bislang sind einige der transnationalen Verbände noch nicht sehr handlungsfähig, wie beispielsweise die in der Praxis marginalen Strategien nach der Umweltkonferenz von Rio und noch mehr nach der von New York (1997) zeigen.

Angesichts der internationalen Entwicklungen und Vernetzungen dürfte eine lediglich nationale politische Problemlösung auf diesem Politikfeld keinen hinreichenden Erfolg versprechen. Die diskutierten politischen Handlungsmuster zur internationalen Problemlösung bewegen sich in einem Kontinuum zwischen „Markt" einerseits und „starkem Über-Staat" andererseits oder - anders formuliert - zwischen Selbststeuerung der Subsysteme mit der Vorstellung der Gleichgewichtsnähe der Systeme einerseits und einer hierarchischen Weltregierung andererseits. Beide Extrem-Modelle weisen Schwächen auf im Hinblick auf ihre demokratische Legitimation wie ihre Problemlösungsfähigkeit.

Der funktionale Staat der Übergangsgesellschaft muß also einen anderen Weg finden, um den Aporien der Globalisierung zu begegnen. Die aktive Politik des funktionalen Staates könnte darin bestehen, Institutionen und Entscheidungs-, Implementations- und Evaluationsverfahren zu etablieren und mit ihnen im globalen Maßstab Prolemlösungen

---

27 Erste Phase: Außenhandel wächst schneller als inländisches Bruttosozialprodukt; zweite Phase: Produktionsverlagerung zu den Märkten; dritte Phase: Transnationale Produktion, das heißt Verteilung der Produktionsstufen auf Länder mit jeweiligen Standortvorteilen (siehe hierzu: Wolf 1996, S. 86 ff.)

(Ökonomie, Ökologie etc.) anzustreben und dabei die **vierte Partner-funktion**[28] zu übernehmen. Das Ziel dieser internationalen Verhand-lungsregime sollte nicht die Identität der weltweiten Problemlösung sein, sondern Strukturen mit Handlungsspielräumen im Kleinen bilden („Fraktalismus"). Regionale und nationale Identitäten und spezielle Lösungsmuster könnten bewahrt werden und gleichzeitig Problemlö-sungschancen für die weltweiten Probleme erlernt und erprobt werden.

Fraglich ist allerdings auch, ob die „Globalisierung" in allen Berei-chen wünschenswert ist. Im funktionalen Staat der Übergangsgesell-schaft muß diskutiert und beantwortet werden, ob nicht bestimmte Be-reiche der Produktion (z.B. industrielle Güter) regionalisiert werden sollten. Andere Produkte (Wissensproduktion) könnten im globalen Wettbewerb verbleiben. Mit der politischen Umsetzung einer solchen Modellvorstellung ließen sich ökologische Dysfunktionalitäten verrin-gern - allerdings setzt dies auch internationale Verhandlungen und in-ternationale Übereinkünfte voraus.

Die Lösung der globalen Problemlagen unter der Doppelperspektive globaler **und** regionaler Institutionalisierung entspricht auch den Rückkopplungsmechanismen von globalen und lokalen Strukturen (siehe Abb. 7).

---

28 Die vierte Partnerfunktion des Staates kennzeichnet ihn als Entwicklungsagen-ten (Aufklärer, Anwalt, Initiator); siehe hierzu auch Kapitel IV.3 und Abb. 10.

Abb. 7: Rückkopplung von globalen und regionalen Strukturen

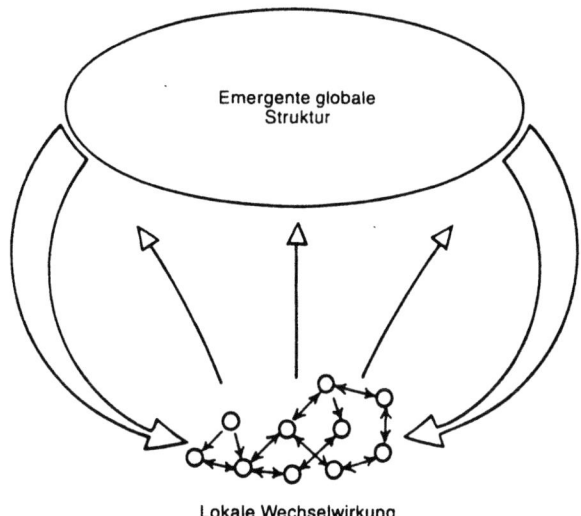

Abb. aus: Lewin 1993, S. 25

1.1.2. Regionalisierung

Die im Zusammenhang mit der Europäischen Union immer wieder aufgeworfene Regionalisierungsdebatte enthält durchaus Chancen für einen ko-evolutiven Wandel zur transindustriellen Gesellschaft.

Wie schon angedeutet, hätte eine (Re-)Regionalisierung der industriellen Produktion positive ökologische Effekte. Die Mobilität der Güter - die durch die dritte Phase der Globalisierung (Transnationale Produktion) - erneut stark zugenommen hat, könnte erheblich reduziert werden. Damit würden die Schadstoffemissionen drastisch verringert. Unterstützbar wäre die Regionalisierung durch eine europaweit abgestimmte Mineralölsteuer, die die Folgen der Umweltbelastungen miteinbezieht und / oder durch die Einführung einer Tobin-Steuer, einer Kapitaltransaktionssteuer, mit der die internationale Standortkonkurrenz abgefedert werden könnte (vgl. Altvater / Mahnkopf 1996, - S.583 ff.).

Positive Effekte könnte die Regionalisierung auch auf die demokratische Beteiligung der Bürger haben. Sie würde die Komplexität und Kompliziertheit der ökonomischen und politischen Problemlagen verringern sowie die Entscheidungsfindung erleichtern und die Effizienz und Effektivität der Entscheidungen erhöhen. Außerdem könnten in vielen Bereichen Entscheidungen leichter revidiert werden, weil die in Gang gesetzten Prozesse eher reversibel wären.

Die politische Handlungsfähigkeit, die - folgt man der Globalisierungsdiskussion - der ökonomischen Entwicklung hinterherhinkt, könnte mit der Regionalisierung wieder erhöht werden. Die politischen und ökonomischen Strukturen würden (re-)integriert. Die Sachzwänge der „Globalisierung"[29] würden entschärft und die Politisierung der Politik vorangetrieben.

In der Produktion immaterieller Güter scheint eine Regionalisierung allerdings kontraproduktiv. Die wissenschaftliche und technologische Innovation wird und muß weiterhin großflächig dynamisiert werden, um den Innovationsprozeß mit seinen positiven Effekten nicht an Scheingrenzen zu bremsen.

---

29 Diese Sachzwänge sind auch politisch geschaffen, sie fallen nicht vom Himmel, sie sind keine zweite Natur. Dennoch dürfen ihre Wirkungen und Folgen nicht ignoriert werden. So ist die Globalisierung heute ein noch nicht klar definiertes und ausreichend analysiertes Phänomen, auf das Politik und Gesellschaft hingewirkt haben und das nun normative Kraft entwickelt hat.

1.2. Politikfeld: Technologie

Tab. 14: Dysfunktionale Ereignisse am Ende der dritten Phase der BRD und Herausforderungen aus der transindustriellen Gesellschaft: Technologie

- Rückstand in Schlüssel- und Spitzentechnolgien
- Abbau von Wissenschafts- und Forschungsförderung
- Sinkende Innovationsfähigkeit
- Neue Gefahren technologischer Entwicklungen (z.B. Gentechnologie)
- Hoher Verbrauch fossiler Energieressourcen
- Weiterentwicklung der Informations- und Kommunikationstechnik
- Rüstungsproduktion als Friedensgefährdungspotential (auch in der Hand von Diktaturen)

Die Segmentierung der Produktion macht eine aktive, auf Basisinnovationen ausgerichtete Technologiepolitik notwendig. Es geht darum, den weltweiten Anschluß an die Spitzentechnologien bei Minimierung der negativen regionalen Folgen zurückzugewinnen.

Bei den eher „fortgeschriebenen" Produktpaletten könnten mittelfristig aussichtsreiche (internationale) Entwicklungschancen liegen im Bereich der Medizin- und Mikrosystemtechnik sowie in der „aufgesattelten" Umwelttechnik (vgl. auch Böhret / Konzendorf / Troitzsch 1996), beispielsweise bei den ökonomisch-technisch-ökologischen Innovationspaketen (ÖTÖ-Paketen; vgl. Fußnote 24).

Angestrebt werden sollte ein Forschungsverbund. Der Diskurs zwischen den Forschungsstätten der universitären Wissenschaft und der privatwirtschaftlichen Forschung sollte durch geeignete Verfahren erhöht werden. Dies gilt auch für den interdisziplinären Diskurs zwischen Naturwissenschaftlern, Ingenieurwissenschaftlern und Geistes-, Sozial- und Verwaltungswissenschaftlern. Denn die technologische Forschung ist heute nicht mehr nach herkömmlichen Gesichtspunkten zu gliedern. Die verschiedenen Wissensbereiche wirken letztlich zusammen und sind isoliert voneinander nicht entwicklungsfähig. Aufgrund der hohen Interdependenz von Forschungen in verschiedenen Bereichen ist also ein interdisziplinärer Diskurs in Form eines inhaltlichen Forschungsverbundes notwendig. Beispielsweise ist die Durchführung von Symposien und Science-Courts zu wichtigen zukunftsträchtigen

Themen empfehlenswert. Neben Naturwissenschaftlern, Ingenieuren und Medizinern sollten auch Experten aus anderen Wissenschaften (Verwaltungswissenschaftler, Sozialwissenschaftler, Juristen etc.) und Praxisfeldern (Industrie, Politik) in diese Veranstaltungen einbezogen werden, um neben der technisch-wissenschaftlichen Seite auch ethische, rechtliche, politische, organisatorische und wirtschaftliche Gesichtspunkte berücksichtigen zu können. Außerdem sind neue Arbeitsformen zu entwickeln, damit Ressourcen und Kapazitäten möglichst effizient eingesetzt werden. Mit beiden Aufgaben - Förderung des wissenschaftlichen Diskurses und innovative Organisation der Arbeit - lassen sich kreative Formen des Management entwickeln (vgl. Böhret / Konzendorf / Troitzsch 1996, S. 5 und S. 189).

Wegen der Interdependenzen zwischen der technologischen, ökonomischen und gesellschaftlichen Entwicklung ergeben sich aus der Verwertung von Zukunftstechnologien auch aussichtsreiche Chancen zur günstigen Entwicklung des Arbeitsmarkts und damit zur positiven Beeinflussung der sozialen Lage. Wenn es schließlich gelingt, durch geeignete Maßnahmen im Bildungsbereich den Kenntnisstand und den Befähigungsgrad des Humanpotentials auf einem international hohen Niveau zu halten und damit auch Basisinnovationen indirekt zu fördern, dann könnte dies der Kern eines neuen langfristigen Wirtschaftsaufschwungs sein.

Es findet eine neuartige Technisierung statt, in der die ökologische Dimension eine entscheidende Rolle spielt. Dabei wird die Reversibilität der Folgen technologischer Entwicklungen zu einem gewichtigen Faktor bei der Beurteilung und Förderung von technischen Innovationen. Bei potentieller Reversibilität steigt die Akzeptanz gegenüber der Technik in der Bevölkerung und auch bei Experten wieder an. Aber: Nicht alle technischen Entwicklungen werden reversibel sein, deshalb muß im Vorfeld diskutiert werden, was wünschenwert ist und wie die Risiken minimiert werden können. Die wissenschaftliche Ethik steht im Zeitalter der technischen Reproduzierbarkeit und Modifizierbarkeit des Menschen vor neuen Fragen. Darüber hinaus drängt die allgemeine Verfügbarkeit zum Beispiel der Gentechnik nach neuen institutionalisierten Kontrollmechanismen. Die handelnden Institutionen und Forscher müssen konsensual zu nachweltschützenden Vereinbarungen finden und diese verbindlich institutionalisieren.

1.3. Politikfeld: Ökologie

Tab. 15: Dysfunktionale Ereignisse am Ende der dritten Phase der BRD und Herausforderungen aus der transindustriellen Gesellschaft: Ökologie

- Schleichende Katastrophen (z.B. Radioaktiver Abfall, Klimaveränderungen, Waldschäden) - Hoher Verbrauch fossiler Energieressourcen - Folgen der weltweiten Technisierung des Alltagslebens

Die Voraussetzungen für eine schonende ökologische Entwicklung sind in der transindustriellen Gesellschaft eher als in der Industriegesellschaft gegeben. Die Dominanz der Wissensproduktion gegenüber der Produktion materieller Güter führt an sich schon zu einer Verringerung der Umweltbelastungen. Dennoch sind schleichende Katastrophen, also langfristige und vernetzte Folgen von Ereignissen mit unklaren oder unpräzisen Ursachen und überraschenden Verläufen und Phänomenen im ökologischen Bereich auch in der transindustriellen Gesellschaft keineswegs auszuschließen und sei es nur in der Form überkommener Spätschäden. Verweisen kann man in diesem Zusammenhang zum Beispiel auf die Risiken zukünftiger Technologie (Gentechnik, Informations"verschmutzung"). Wichtig bleibt weiterhin, wie sich das Mobilitätsverhalten entwickeln wird. Erhöht sich der Individualverkehr weiterhin? Werden Alltagsgüter - wie beim augenblicklichen Stand der Globalisierung - über große Entfernungen transportiert oder wird eine neue Regionalisierung der Produktion und Distribution vieler Güter stattfinden? Die Regionalisierung bietet Chancen für eine Verringerung der mobilitätsbedingten Umweltbelastungen. Weitere ökologische Potentiale bieten neue wissenschaftliche und technische Methoden, mit denen eine adäquate Analyse der Umweltschäden und eine Absenkung der Umweltbelastungen erreicht werden können. In der wissenschaftlichen Analyse und Erklärung von Dysfunktionalitäten im Umweltbereich sowie für eine aktive Umweltpolitik lassen zum Beispiel die Erkenntnisse der Chaos- und Katastrophenforschung auf bessere Programme hoffen; zum Beispiel:

„Die naturwissenschaftliche Forschung zu den Ursachen der Waldschäden hat eine Vielzahl von Hypothesen aufgestellt. Mit diesen Hypothesen läßt sich die Dynamik der Waldschadensentwicklung nicht hinreichend erklären. Die Ergebnisse der Ursachenforschung enthalten zahlreiche Hinweise für eine Relativierung des Kausalitätsprinzips, eine neue Qualität komplexer Interaktionen und Interdependenzen sowie die Bedeutung nichtlinearer Prozesse. Ein neues Verständnis von Kausalität, Komplexität und Stabilität ist nicht nur für Naturwissenschaftler bei ihrer Suche nach Ursachen der Waldschäden relevant, sondern auch für Politiker, die bei der Entwicklung von Programmen zur Bekämpfung der Waldschäden Folgen jenseits des Gleichgewichts und jenseits der Kausalität mitbedenken müssen. Die Erkenntnisse der Chaos- und Katastrophentheorie sind für politische Steuerung im ökosozialen Politikfeld der neuartigen Waldschäden wie auch für die Analyse dieser Steuerung zu nutzen, weil sie langfristige Folgen und irreversible Prozesse in den Mittelpunkt des politischen und wissenschaftlichen Interesses rücken." (Landfried 1991, S. 99)

Zusätzliche Umweltbelastungen werden allerdings auch durch die zunehmende weltweite Diffusion industrieller Produkte und Produktionsverfahren entstehen. Die Technisierung des Alltags in ehemaligen „Entwicklungsländern" wird die ökologische Situation weltweit (Weltmeere, Ozonloch) kritischer gestalten. Dies gilt um so mehr, je weniger es gelingt, die ökologie-technisch ausgereiftesten Produkte - die nicht die billigsten sind - in diesen Ländern von Anfang an zu nutzen. Zudem ist zu befürchten, daß durch internationale Konkurrenzsituationen Umweltstandards reduziert werden.

Der entwicklungssteuernde, funktionale Staat der Übergangsgesellschaft muß deshalb gerade in internationalen Verhandlungsnetzen seiner vierten Partnerfunktion als Aufklärer und Anwalt der Nachwelt nachkommen und adäquate internationale Standards, Implementations- und Evaluationsverfahren (mit-)etablieren.

1.4. Politikfeld: Demographie

Tab. 16: Dysfunktionale exogene und endogene Ereignisse: Demographie

- Heranalternde Bevölkerung (Arbeitskräftepotential, Krise sozialer
  Sicherungssysteme und anderes mehr)
- Internationale Migrationsbewegung in Richtung „erste Welt"
- Fremdenfeindlichkeit

Wie die Diskussionen um die Rentenversicherung im Winter 1996/97 zeigen, hat die demographische Entwicklung, die Heranalterung der Gesellschaft, in der BRD negative Folgen für die Sozialversicherungssysteme. Auch weitere Bereiche wie die Wirtschaft und der Arbeitsmarkt werden von der Alterung der Bevölkerung negativ betroffen. Die demographische Entwicklung führt zu labilen Gleichgewichtszustände verschiedener Subsysteme (Handlungsfähigkeit des politisch-adminstrativen Systems, Organisation der Pflege, Gesetzliche Krankenversicherung, Gesetzliche Rentenversicherung, Generationenvertrag, wirtschaftliche Entwicklung). Diese Systeme werden angesichts solcher destabilisierenden Entwicklungen sensibler auch auf kurzfristige Parameteränderungen auch aus anderen gesellschaftlichen Bereichen reagieren. Angesichts dieser Vorgänge bedarf es einer aktiven, ressort- und ebenenübergreifenden Politik, um die negativen Folgen der Heranalterung der Gesellschaft zu minimieren. Zwei grundsätzliche Konzeptionen einer aktiven Politik sind in diesem Bereich möglich:

(1) Eine Reformstrategie in verschiedenen Folgenfeldern mit Blick auf die demographische Entwicklung, die dabei selbst als eine Art „Geschehen zweiter Ordnung" begriffen wird.

(2) Eine Reform- oder Modernisierungskonzeption in verschiedenen Folgenfeldern durch eine gezielte Beeinflussung der demographischen Entwicklung als solcher.

Welche der beiden Konzeptionen den Problemen angemessen ist, muß genauer analysiert und dann politisch entschieden werden. Derzeitige Folgenanalysen lassen jedenfalls für verschiedene Bereiche der Gesellschaft wegen der demographischen Entwicklung schon in naher Zukunft erhebliche Dysfunktionalitäten erwarten, was sich durch fortgesetzt niedrige Fertilitätsraten langfristig sogar verschärfen dürfte. Will man („die Politik") deshalb die demographische Entwicklung selbst beeinflussen, so müssen komplexe Parameter der gesellschaftlichen Entwicklung analysiert und beeinflußt werden. Zu nennen sind die Vereinbarkeit von Berufs- und Lebenswelt oder die Reduktion von Krisenerlebnissen. Solche Parameter sind schwer steuerbar, deshalb hat das demographische „Bewußtsein" auf dem Weg zur transindustriellen Gesellschaft - neben einzelnen gezielten Programmpaketen - erheblichen Einfluß auf das generative Verhalten.

Die Entscheidung für eine dieser beiden Konzeptionen muß sich auch in der administrativen Organisation niederschlagen (vgl. Konzendorf 1996).

Während in den hochentwickelten Gesellschaften die Geburtenraten zu einer Schrumpfung und Alterung der Bevölkerung führen, wächst die Weltbevölkerung weiter. Neben den ökologischen Problemen, die unmittelbar mit der wachsenden Weltbevölkerung und der Industrialisierung von Ländern der Dritten Welt (z.B. China) verbunden sind, könnten sich - bei weiterhin extrem ungleichen Lebensbedingungen - neue Völkerwanderungen in die hochentwickelten Gesellschaften ergeben. Auch hier gilt es, über eine Migrationspolitik (Einwanderungsgesetz) die mit den Wanderungen verbundenen Problemlagen frühzeitig zu kanalisieren.

2. Politische Prozesse

2.1. Interessen: Ausgleichsfunktion

Tab. 17: Dysfunktionale exogene und endogene Ereignisse: Organisierte Interessenvertretung

- Individualisierung / Atomisierung
- Verlust verbandlicher Steuerungsfähigkeit
- Verbände als Stabilisatoren
- Neue Interessenbündnisse

Fragt man sich, wie die Organisation der Interessenvertretung in der transindustriellen Gesellschaft beschaffen sein könnte, so bietet es sich an, von der wahrscheinlichen Sozialstruktur dieser kommenden Gesellschaft auf die Art ihrer Interessenvertretungen zu schließen.

Die sich heute bereits abzeichnende Sozialstruktur der transindustriellen Gesellschaft ist wahrscheinlich durch eine Dreiteilung gekennzeichnet. Ein Teil wird in „Sozialbrachen" leben. Diese Menschen schaffen - aus welchem Grund auch immer - den Anschluß an die Arbeitswelt nicht und werden durch verschiedene Maßnahmen, unter anderem durch multimedialen Konsum, befriedet. Ein zweiter Teil der Bevölkerung wird weiterhin in der industriellen Produktion (neue Routiniers) oder in regionalen Ent- und Versorgungsleistungen tätig sein. Ein dritter Teil wird in „neuen" wissenproduzierenden Bereichen tätig sein; sie sind die Knowledge-worker und eignen sich immer mehr Wissen an, sind hoch lernfähig und verfügen damit über das zentrale Humankapital der transindustriellen Gesellschaft. Entsprechend dieser Sozialstruktur dürften sich auch die vertikalen Interessenvertretungen organisieren. Ergänzt werden könnten sie - wie schon in der zweiten und dritten Phase der Systemgeschichte der BRD - durch horizontale Interessenvertretungen (neue Bürgerinitiativen). Diese bündeln Interessen, die quer zur vertikalen Sozialstruktur und ihren Interessenvertretungen liegen. Die Tabelle 18 ordnet den vertikalen und horizontalen

Interessen adäquate Organisationsformen und das wahrscheinliche jeweilige Machtpotential zu.

Tab. 18: Organisierte Interessenvertretungen in der transindustriellen Gesellschaft - Prospektion

Vertikales / Horizontales Interesse	Organisationsform	Machtpotential
Sozialbrache	spontan, fragmentiert und befristet (geringe soziale Identifikation)	niedrig (nicht am Produktionsprozeß beteiligt)
Industrielle Arbeit	Arbeitgeber- und Arbeitnehmerverbände („traditionell")	hoch bis mittel (nimmt mit Bedeutungsverlust der industriellen Produktion ab)
Knowledge-worker	spontan und punktuell (wegen Flexibilisierung der Arbeitswelt geringe soziale Identifikation)	mittel bis hoch (nimmt mit ihrem Bedeutungsgewinn zu)
Horizontale Bereiche (z.B. Umwelt)	punktuell, spontan oder kontinuierlich (abhängig von gesellschaftlichen Dysfunktionalitäten)	niedrig bis hoch (abhängig von der Art der Dysfunktionalität und dem Mobilisierungsgrad der Bürger)

Dem entwicklungssteuernden funktionalen Staat kommt angesichts dieser wahrscheinlichen Entwicklungen die Aufgabe zu, vertikale und horizontale Disparitäten auszugleichen und sich außerdem- dem von der Gesellschaft nicht oder nur minimal beachteten Bereich - der Nachwelt zuzuwenden.

2.2. Differenzierte Willensbildung und Innovationsbündnisse

Tab. 19: Dysfunktionale exogene und endogene Ereignisse: Willensbildung

- Staats-, Politik- und Parteienverdrossenheit
- Parteien- (Politik-)versagen angesichts drängender Probleme
- (Re-)Regionalisierung und neue Formen der Willensbildung (stärkere innerbetriebliche Willensbildung)

Die Herausforderungen der Zukunft können vom funktionalen Staat eher gelöst werden, wenn sein Handlungspotential sowohl von den Bürgern als auch von gesellschaftlichen Verhandlungspartnern anerkannt und akzeptiert wird. Durch demokratische Wahlen erhalten die Legislative und die Exekutive die höchste Legitimation: nur sie sind vom gesamten Volk zu politischem Handeln legitimiert. Dies gilt für die kommunale und die staatliche Entscheidungsebene. Grundsätzlich gilt auch für den funktionalen Staat der Übergangsgesellschaft also das, was im Grundgesetz vorgesehen ist: Kernelement des normativen Demokratieprinzips ist die **repräsentative Willensbildung**. Das Volk, der Souverän, übernimmt seine Willensbildungs-, Kontroll- und Legitimationsfunktion in erster Linie durch die Wahl seiner Repräsentanten für die politischen Vertretungskörperschaften. Um die Effizienz der repräsentativen Demokratie zu erhöhen, ist eine Verlängerung der Legislaturperiode und eine zeitliche Konzentration der Wahlen zu erwägen. Damit könnten Regierung und Parlament in größerer Unabhängigkeit von Wahlentscheidungen agieren und hätten mehr Zeit zu Experimenten.

In Abhängigkeit von Zielen und Aufgaben wäre jedoch mit Partizipationsmodellen die Rationalität politischer Entscheidungen und infolgedessen die Akzeptanz gegenüber politischen Repräsentativentscheidungen und Programmen zu erhöhen.

Der Grad der Bürgerbeteiligung sollte gemäß der politischen Ebenen differieren. Während auf kommunaler und regionaler Ebene eine unmittelbare Beteiligung von Bürgern durch „kooperative Planungsgruppen", Planungszellen, durch Beiräte, Mediationsverfahren und andere Modelle der Bürgerbeteiligung - auch in wirtschaftlichen Entscheidungen - aufgrund der „lokalen Kompetenz" der Bürger und einer relativ geringen Komplexität der anstehenden Probleme empfehlenswert ist, erweist sich solche direkte Beteiligung auf staatlicher und suprastaatlicher Ebene - wegen des erhöhten Komplexitätsniveaus - nur bei wenigen Entscheidungslagen als erstrebenswert. Jedoch gilt, daß gesellschaftliche Akteure und Bürger als Betroffene in die Entscheidungsprozesse einbezogen werden sollten, weil dadurch die Rationalität der Entscheidung erhöht werden kann. Beteiligungsinstrumente stehen hierfür schon zur Verfügung, erinnert sei hier nur an Innovationsbündnisse (vgl. Abb. 8) und an strategische Allianzen - in diesen könnten sowohl auf staatlicher wie auf suprastaatlicher Ebene auch „betroffene" Bürger zu Wort kommen.

Abb. 8: Grundstruktur eines Innovationsbündnisses

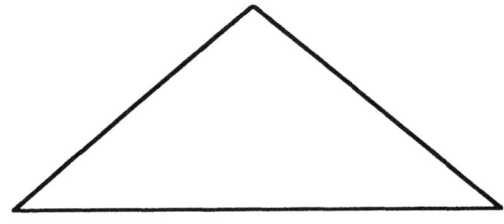

POLITIK
(Politische Führung i.e.S.
= Regierung, Parlamentarier:
Dialog-Management)

VERWALTUNG
Binnenadministrative
(Programm-)Innnovatoren,
„Sensoren"

EXTERNE
(als „Reflektoren"
Externe Frageinstanzen wie
- Wissenschaft
- Gesellschaftliche Gruppen
- Laiensachverständige

Doch sollte demokratische Beteiligung kein Selbstzweck sein. Vielmehr muß sie sich als angemessen zu den Herausforderungen und Problemlagen erweisen. Das heißt, dort, wo Beteiligungsverfahren zum Selbstzweck werden, wo sie zu einem unendlichen Diskurs führen, bedrohen sie die Problemlösungsfähigkeit. Zeit ist in Gesellschaften mit immer drängenderen Problemlagen ein knappes Gut, deshalb müssen die Beteiligungsverfahren zeitlich klar reglementiert werden. Wenn man so will, ist es die alte Tugend Disziplin, die gefordert ist, um schnelle und effiziente Beteiligungsverfahren zu ermöglichen. Natürlich muß dies eingeübt werden, was selbst wieder Zeit braucht. Doch können diese „beschleunigten" Beteiligungsverfahren zu einem höheren Partizipations- und Effizienzpotential führen und damit die evolutive Leistungsfähigkeit (komplexitätstheoretisch: Fitneß") befördern. (Abb. 9)

Abb. 9: Hypothetische Relationen von Effizienzgrad, Beteiligungsgrad und evolutiver Leistungsfähigkeit (Fitneß)

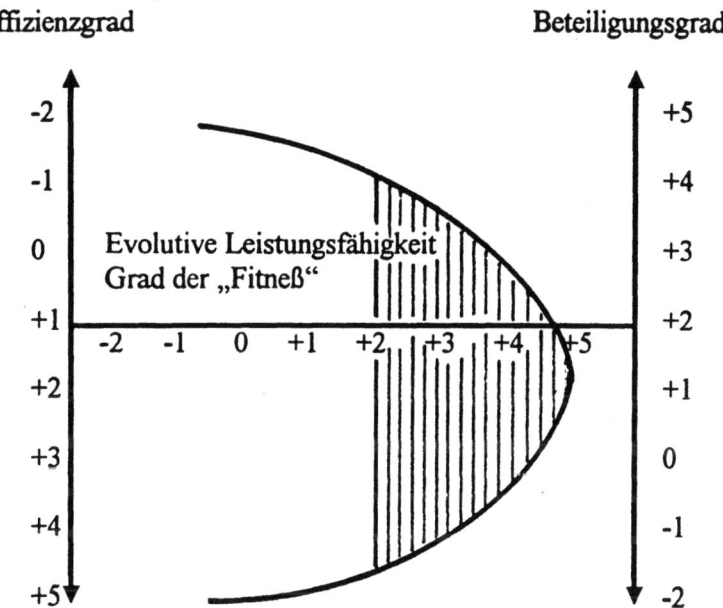

Relationen (exemplarisch):

(1) Angemessene Beteiligung (+1) und hohe Effizienz (+2) bringen höchsten „Fitneß"-grad (+5).

(2) Vorstellbar sind Kombinationen zwischen hohem Beteiligungsgrad (+4) bei leicht reduzierter Effizienz (-1) und hoher Effizienz (+5) und geringem Beteiligungsgrad (-2).

(3) Für eine wünschenswerte Entwicklung **sollten** sich die Relationen im schraffierten Bereich („Anpassungslandschaft") befinden. Dort findet die Suche nach der höchsten „demokratischen Leistungsfähigkeit" (Fitneßgrad des politischen Systems) statt.

Die demokratischen Beteiligungsverfahren lassen sich - wie in der folgenden Tabelle 20 - nach ihrer Zeitkomponente (dauerhaft / temporär) und ihrem Typ differenzieren.

Tab. 20: Beteiligungsverfahren - Typ und Zeit

dauerhaft		temporär
	typisierende Beteiligungsverfahren	
parlamentarisches Regierungssystem, föderalistische Struktur mit verschiedenen Wahlsystemen, Kommunale Kammern u.ä.	Beratung und Coaching, Anhörungen	strategische Allianzen (z.B. Politik/Wirtschaft oder X / Y-Länder u.a.), auch supranational
	Dialogmanagement	Innovationsbündnisse (mit Inside-Innovators und Laiensachverstand)
Einsprengsel direkter formalisierter bürgerschaftlicher Beteiligung (Bürgerbegehren, Bürgerentscheid)	Mediationsverfahren	Planungszellen u.ä., Bürgerinitiativen u.a. Partizipationsformen auf Zeit

3. Handlungsspielräume des Staates
(„evolutiver Möglichkeitsraum")

Die Funktionalität des Staates erweist sich in der gegenwärtigen Übergangsphase darin, ob er fähig ist oder befähigt werden kann, in den

Grenzen neuer Regeln, und diese mitbestimmend vorübergehend eigenmächtig und autonom zu handeln. Anders formuliert: Seine Funktionalität erweist sich darin, daß er die Strukturierung der Gesellschaft so optimiert, daß eine möglichst lebenswerte, d.h. demokratisch legitimierte, ökonomisch prosperierende, sozial verträgliche **und** ökologisch intakte Gesellschaft für ihre heutigen und zukünftigen Mitglieder fortbesteht.

Er bewegt sich dabei in einem Möglichkeitsraum, der durch die Systemgeschichte der BRD mitbestimmt wird („evolutiver Möglichkeitsraum").

Die Auslotung des Möglichkeitsraumes in den verschiedenen Dimensionen der Subsysteme wird durch die Analyse der Systemgeschichte möglich (siehe Kapitel II.4.). Es lassen sich evolutive Raumgrenzen bestimmen (siehe Tab. 8: Grenzen des Möglichkeitsraums). Damit ist der evolutionäre Prozeß offen, aber nicht beliebig. Zudem können in einer bestimmten historischen Phase - innerhalb des Möglichkeitsraums - keine **beliebigen** Kombinationsmuster (Gestalt) zwischen den Subsystemen entstehen. Die Struktur der verschiedenen Subsysteme und die Handlungsweise in den verschiedenen Subsystemen müssen grob zueinander passen.

Deshalb kann der funktionale Staat nur in den Grenzen des evolutiven Möglichkeitsraumes agieren; diese aber innovativ (und kombinatorisch) nutzen. Um eine lebenswerte Weiterentwicklung der Gesellschaft zu ermöglichen, ist eine wissensbasierte, selektive und optimierte Steuerung durch den funktionalen Staat schon in der Übergangsgesellschaft anzustreben. Das heißt, eine qualitativ hochwertige und flexible Staatstätigkeit muß sich auf ein insgesamt reduziertes Aufgabenspektrum konzentrieren. Das heißt auch:
- Steuerung wird zur herausragenden Aufgabe des Staates und
- andere (belastende) Funktionen werden allmählich abgestoßen. Der funktionale Staat gibt diese Aufgaben selbst ab. Er wartet nicht, bis die Staatstätigkeit wegen der Überlastung jegliche Entwicklung blockiert.

Im Übergang zur transindustriellen Gesellschaft muß der funktionale Staat, als entwicklungsfördernder Akteur auch gegen die punktuellen

Interessen einzelner oder einiger gesellschaftlicher Gruppen handeln
können. Das bedeutet:

- **Erstens**, daß dieser funktionale Staat der Übergangsgesellschaft
  im allgemeinen Interesse des Gemeinwesens gegenüber dem her-
  aufkommenden Problemdruck adäquate Handlungsspielräume
  behalten und gewinnen muß. Die - aus dem Gemeinwesenwohl
  ableitbaren - Tätigkeits- oder Handlungsgrenzen müssen situati-
  ons- wie zukunftsbezogen vorübergehend („auf Zeit") ausgeweitet werden dürfen, im Sinne einer „overboost"-Funktion
  (vorübergehend beschleunigend und punktuell problemreduzie-
  rend).

- **Zweitens**, daß dieser Zugewinn an temporärem Handlungsspielraum (gegenüber gesellschaftlichen und vor allem individuellen
  Interessen) auch aus einer zusätzlichen Verantwortungsdimensi-
  on zu rechtfertigen ist: aus einer neuen Generationenverantwort-
  lichkeit (Mensch und Natur in der „Nachwelt"). Der funktionale
  Staat der Übergangsgesellschaft würde sich deshalb in einem
  neuen, „fiktiven" Gesellschaftsvertrag wichtige Aufgaben der
  Zukunftssteuerung im Auftrag der kommenden „Welt" (Generationen) zubilligen und damit seine Handlungsposition legitimie-
  ren lassen.[30]

Die Funktionalität des reaktivierten Staates am Übergang in die transindustrielle Gesellschaft besteht also

---

30 Staatsbegründung und Bürgerschutz beabsichtigten die Klassiker des „Gesell-
schaftvertrags". Diese fiktiv geschlossene Vereinbarung zwischen Gesell-
schaftsmitgliedern einschließlich der Übertragung von Rechten auf den Staat
etablierte diesen, übertrug ihm Verantwortlichkeit. In der Übergangsgesellschaft
ließe sich die Funktion des Gesellschaftsvertrags als aufklärerisches und legiti-
matorisches Element mit dreifacher Ausrichtung erneut nutzen; nämlich a) als
Vertrag des Staates im Auftrag der Gesellschaft mit dem vierten Partner
(„Nachwelt": nächste Generationen und deren Umwelt); b) als Vertrag über Regeln und Rechte des globalen Zusammenlebens (auch der Weitergabe von Nut-
zungschancen); c) als Vertrag des Staates im Auftrag der „nationalen Bür-
ger/innen" mit anderen Staaten zur Aufrechterhaltung kultureller Eigenständig-
keiten (Vielfalt), humaner Grundpositionen (Grundwerte, Demokratie) und
neuer Mobilitäten. (Vgl. auch: Böhret, 1991)

- in der anerkannten Initiativfunktion mit Lösungsangeboten gegenüber den in der dritten Phase der Systemgeschichte der BRD
  unlösbar erscheinenden Problemlagen,
- in der Identifizierung von Entwicklungsdefiziten und der daraus
  folgenden aktiven Entwicklungssteuerung einer bereits hochentwickelten Gesellschaft „am Rande des Chaos" (Kauffman
  1996, S. 47 und passim), wobei (infrastrukturelle) Sicherungsaufgaben dazugehören,
- in der „mitfließenden" Optimierung der Strukturen der emergierenden transindustriellen Gesellschaft.

In dieser Übergangsphase genügt ein „konservierendes" oder ein reak-
tiv-marginales Handeln des Staates nicht mehr den Bedingungen eines
allmählich „auf der ganzen Linie" ko-evolvierenden Systems. Der
funktionale Staat der beginnenden transindustriellen Gesellschaft ist
ein aktivierender, „erstarkter", reformorientierter Staat, dessen Tätigkeiten und Handlungsgrenzen neu zu bestimmen sind. Reform wird
deshalb verstanden als „seitenverschobenes Prinzip der Mitte", d.h.
nicht als kurative Anpassung, sondern als vorausschauend-aufspü-
rende, konzeptionell-konzentrierte und strukturell verändernde Einwirkung im Rahmen der allgemeinen Legitimation (vgl. auch Glossar).
Eine zukunftsorientierte Reform der Staatstätigkeit ist - verbunden mit
einer daraus abgeleiteten Effektuierung der Verwaltung - notwendig,
damit die Funktion der Entwicklungssteuerung optimiert werden kann.
    So kann und muß der funktionale Staat der „weltgeöffneten" Über-
gangsgesellschaft neue, im evolutiven Möglichkeitsraum positionierte
Programme entwickeln und mit Hilfe der modernen Verwaltung umsetzen.
    Inhaltliche Ansatzpunkte für die staatliche Entwicklungssteuerung
leiten sich ab aus den Destabilisatoren der spätpluralistischen Phase
und den Übergängen zur transindustriellen Gesellschaft. Es bietet sich
„experimentelle" Politik an. Anhand weniger Beispiele soll dies noch
einmal illustriert werden:
  a) Die Konzeption einer technologische Basisinnovationen fördern-
     den Langfristpolitik unterscheidet sich grundlegend von der blo-
     ßen Anpassungsstrategie durch die Verbilligung der Lohnkosten,

die ohnehin eine geringere Rolle spielt als allgemein angenommen. Ein erfolgreiches Bündnis für Arbeit könnte beide Konzeptionen miteinander verbinden, wobei der technologischen Förderung ein zeitlicher Vorrang eingeräumt werden müßte.

b) Durch die Individualisierungstendenzen wird eine gesellschaftliche Solidarität mit dem sozial ausgegrenzten Teil der Bevölkerung fraglich. Deshalb ist der Staat gefordert, durch neue Arbeitsmöglichkeiten und Fortbildungsprogramme, durch eine Förderung flexibler Arbeitszeiten (Teilzeitarbeit; Sabbatjahr etc.) und durch sozial besonders flankierende Maßnahmen sich für diesen Teil der Bevölkerung zu engagieren. So ist nach weiteren Möglichkeiten zur Reduzierung der Zahl der Arbeitslosen (= „Sozialkapital-Bildung") zu suchen. Ansatzpunkte hierfür liegen unter anderem im Dienstleistungssektor (auch sozialpflegerische Berufe), im Bildungsbereich, im Ausbau der informationstechnischen Infrastruktur und im ökologischen Bereich (Recycling-Arbeitsplätze).

c) Bereits im Kindergarten ließen sich verbindende erste „Berührungen" mit Technik und Ökologie fördern, und in der Schule könnte integrierter Technik- und Kommunikationsunterricht zu einem festen Bestandteil des Lehrplans werden.

Zunächst aber prüft der funktionale Staat, welche unverzichtbaren Aufgaben weiterhin zu erledigen sind; alles andere wird nach flexiblen Kriterien entrümpelt. Die (Kern-)Aufgabendefinition sowie der Aufgabenumbau folgt den Herausforderungen der emergierenden transindustriellen Gesellschaft. Sie sind primär eine politische und erst sekundär, in der Konkretion und praktischen Umsetzung des politisch Gewollten, administrative Aufgaben. Zudem prüft der funktionale Staat, **wie** er seine verbleibenden Aufgaben effektvoll und effizient erledigen kann. Aus solchen Überlegungen ergeben sich die Maßstäbe für staatliches Handeln am Übergang zur transindustriellen Gesellschaft (siehe Tab. 21).

Tab. 21: Maßstäbe für staatliches Handeln

Erster Maßstab	Aufgabenkonzentration zur (Rück-)Gewinnung von Handlungsspielräumen.
Zweiter Maßstab	Staatliche Anwaltschaft im Falle horizontaler, vertikaler oder zeitlicher Benachteiligung.
Dritter Maßstab	Prozessuales Monopol: Staatliche Aufgabe auf Zeit, sobald möglich und sinnvoll „Vergesellschaftung" der Aufgabe. Das heißt: Entlastung zugunsten vordringlicher und zukunftsbedeutsamer Aufgaben.
Vierter Maßstab	Steuerungsvorbehalt: Durch „öffentliche Bindung" Prüfung und Kontrolle der abgegebenen Leistungserbringung; eventuelle „Entprivatisierung" (Ent - Vergesellschaftung).
Fünfter Maßstab	Regulierung und Deregulierung nach Relevanzkriterien: d.h. z.B. staatliche Normsetzung bei Bedarf (eventuell befristet), Deregulierung soweit möglich.
Sechster Maßstab	Demokratiegebot: Mehr partizipative, demokratische Elemente mit Blick auf die Problemlösungsfähigkeit (Erhöhung der Entscheidungsrationalität, befristete und partielle Teilhabemöglichkeiten).
Siebter Maßstab	Wirtschaftlichkeit: Steigerung der Effizienz und Effektivität staatlichen Handelns auch mit betriebswirtschaftlichen Methoden allerdings unter Berücksichtigung der Maßstäbe hoheitlichen Handelns (Besonderheit des Staates).
Achter Maßstab	Verteilungsregeln: Pareto-optimalität; Sozialgerechtigkeit / Leistungsgerechtigkeit / Generationengerechtigkeit (sozial und ökologisch).
Neunter Maßstab	Politische Handlungsprinzipien. sachgerecht; zeitgerecht; menschengerecht; naturgerecht
Zehnter Maßstab	...

Erster Maßstab: Entlastung zugunsten vordringlicher Aufgaben

Der funktionale Staat muß Ballast abwerfen, sich von nicht mehr dringlichen oder schon zunehmend außerstaatlich erledigten Aufgaben trennen, um Handlungsspielräume für die Kernaufgaben zurückzugewinnen. Er muß weniger bedeutsame oder sekundär zu erledigende Bereiche ignorieren und sich dafür flexibel auf anderweitig nicht wahrgenommene und/oder zukunftsgestaltende Tätigkeiten konzentrieren.

Zweiter Maßstab: Vertretung schwacher, aber bedeutender Interessen

Was „nicht verhandelbar" ist, weil entweder ein direkter Partner fehlt oder aber kein „Interesse" durch solche Partner wirksam und in angemessener Zeit vertreten werden kann, ist prinzipiell als staatlich-funktionale Aufgabe zu erledigen. Damit sollen **horizontale** und **vertikale** Benachteiligungen reduziert werden. Das betrifft aber auch nachweltbeeinflussende Aspekte, also die **zeitliche** Benachteiligung.[31]

Dritter Maßstab: Prozessuales Monopol

Der Staat widmet sich den gesellschaftlich zunächst noch konkurrenzlosen Themen, etwa der ökologischen Technikentwicklung oder den Folgen der demographischen Entwicklung. Dafür beansprucht er das „prozessuale Monopol": Er nimmt die ihm zugefallene Aufgabe so lange wahr, bis sie in nicht-staatlichen Konkurrenzen allmählich „vergesellschaftet" werden kann.

Vierter Maßstab: Steuerungsvorbehalt

Bedeutsam bleibt, ob die regelmäßige, flächendeckende, sozial- und naturverträgliche Versorgung und eine effektvolle Kontrolle der Güte nicht-staatlicher Aufgabenwahrnehmung gewährleistet sind. Wird die

---

31 Horizontale Ungleichheit: Ganze Lebensbereiche können durch andere Lebensbereiche ausgegrenzt werden. Sie sind aufgrund ihres Sanktionspotentials gegenüber anderen Lebensbereichen im Nachteil.
Vertikale Ungleichheit: Die oberen sozialen Schichten haben bessere Chancen, sich zu artikulieren und zu organisieren; die unteren sozialen Schichten und ihre Interessen werden weniger berücksichtigt (vgl. auch Bergman 1996, S. 85).
Zeitliche Ungleichheit Die Interessen der Verhandlungspartner in den Politiknetzwerken sind querschnittig, also auf das Hier und Jetzt bezogen. D.h.: Zukünftiges wird ausgeblendet, da die Verhandlungspartner ihre Klientel **jetzt** befriedigen müssen und die Absprachen oder Verträge nur eine eng begrenzte Geltungsdauer haben. Somit werden langfristige und mittelfristige Perspektiven sowie die Interessen nachfolgender Generationen weitgehend vernachlässigt.

erstrebte Leistung durch private Wettbewerber (aber nicht durch private Quasi-Monopole!) erbracht, ist der Leistungsstandard laufend zu prüfen und gegebenenfalls einzufordern. Hierfür sollte das elegante Instrument der „öffentlichen Bindung" mehr als bisher eingesetzt werden: Der Staat bleibt Endkontrolleur im Interesse und in Vertretung der Bürger/innen. Falls die Leistungen den Standards nicht (mehr) entsprechen und eine optimale Aufgabenerfüllung nicht erreicht wird, muß die Aufgabe wieder durch die öffentliche Hand erledigt werden. Dann ist die „Entprivatisierung" einzuleiten. Dies gilt auch für jene Fälle, in denen die Erfüllung neuer (insbesondere zukunftsbeeinflussender) Aufgaben von vornherein den Privaten überlassen wurde oder wenn sich eine Situation ergibt, in der eine hoheitliche Tätigkeit unabweisbar wird (etwa bei neuen Risikotechnologien). Gewiß, es ist überaus schwierig, eine einmal der Gesellschaft überlassene oder abgegebene Aufgabe wieder zurückzuholen. Aber im Interesse der Bürger und der Nachwelt muß dies möglich sein. Die Akzeptanz des funktionalen Staates der Übergangsgesellschaft wird von dieser „Macht der Rückholbarkeit" mitbestimmt werden. Entstaatlichung ist überdies **eine** Möglichkeit, um das administrative System schlanker und damit flexibler zu machen, aber es ist keineswegs ein Allheilmittel oder ein Selbstzweck.

Die administrative Aufgabenkritik kann innerhalb der notwendigen politischen Aufgabendefinition zur effektvollen politisch-administrativen Leistungserstellung („Fitneß") beitragen. Dabei werden auch der Verwaltung im klar definierten Vollzugsbereich Experimente erlaubt; ihre Verfahrensweisen werden modernisiert (entbürokratisiert; nicht nur ökonomisiert).

Fünfter Maßstab: Regulierung und Deregulierung nach Relevanzkriterien

Deregulierung kann nicht uneingeschränkt - wie dies heute gelegentlich geschieht - zum zentralen Maßstab gemacht werden. Der Staat muß - dort, wo es nötig ist - weiterhin regeln. So ist es sicherlich notwendig, daß man beispielsweise im Bereich der somatischen Gentherapie zu zukunftsweisenden und risikominimierenden Regulierungen findet. Gesetze können auch zunächst befristet gelten, damit sie bei Fristablauf

auf ihre Zielübereinstimmung geprüft und bei Bedarf modifiziert werden können. Viele Gesetze und Verwaltungsvorschriften sind aber auch veraltet und unzeitgemäß, blockieren eventuell sogar wünschbare Entwicklungen. Solche Vorschriften müssen abgeschafft oder modifiziert werden (Rechtsvereinfachung). Die staatliche Normsetzung muß also überprüft und an die aktuellen **und** zukünftigen Problemlagen und Herausforderungen angepaßt werden. Der Staat soll und muß bei Bedarf Normen setzen können. Überall dort, wo dies nicht dringlich geboten ist, soll eine Deregulierung und eine „freie, unreglementierte" gesellschaftliche Entwicklung gegebenenfalls mit sozialer Selbststeuereung (wie im Tarifvertragsrecht) ermöglicht werden.

Sechster Maßstab: Demokratiegebot

Die Teilhabe der Bürger an politischen Entscheidungen soll - wo dies möglich und sinnvoll ist - erhöht werden. Allerdings ist die Partizipation kein Selbstzweck. Das Ziel ist die optimale Problemlösung. Partizipative Elemente können diese erreichen helfen oder sogar maximieren, sie können aber auch die Problemlösung blockieren. Es ist deshalb abhängig von den Problemen, ihrer Komplexität und der politischen Ebene, auf der sie gelöst werden sollen, welches Ausmaß die Partizipation annehmen kann. Wichtig ist, daß die Partizipation befristet wird. Endlose Beteiligungsverfahren, die zu Blockaden notwendiger Entscheidungen führen, sind dysfunktional.

Siebter Maßstab: Wirtschaftlichkeit

Gerade in Zeiten, in denen die öffentlichen Mittel knapp sind, muß die Effizienz und Effektivität staatlichen Handelns erhöht werden. Doch staatliches Handeln kann nicht ausschließlich unter wirtschaftlichen Gesichtspunkten erfolgen. Der funktionale Staat hat auch andere Zielgrößen zu erreichen; beispielsweise die „vierte Partnerfunktion" zu übernehmen oder hoheitliche Aufgaben zu erledigen. Dies ist unter kurzfristigen, betriebswirtschaftlichen Gesichtspunkten nicht oder nur partiell rational.

Achter Maßstab: Verteilungsregeln

Der Staat muß auch die Verteiligungsregeln des gesellschaftlichen Reichtums (materiell und immateriell) überprüfen. Nicht immer ergeben sich pareto-optimale Situationen, in denen alle profitieren. Es muß geklärt werden, in welchem Maße Sozial- und Leistungskriterien bei der Verteilung angewandt werden und wo sie konfligieren. Dabei ist zunehmend die Generationengerechtigkeit zu berücksichtigen. Die Frage lautet: Wie können die ökologischen und ökonomischen Chancen zukünftiger Generationen erhalten werden? Mit dieser Frage wird auch das Machtdefizit zukünftiger Generationen in „querschnittsorientierten" politischen Prozessen angesprochen. Die Position der Nachwelt muß „gestärkt" werden („Nachweltschutz").

Neunter Maßstab: Politische Handlungsprinzipien

Politik muß bemüht sein, die Prinzipien Sach-, Zeit-, Menschen- und Naturgerechtigkeit zu Maßstäben ihrer Handlung zu machen. Dabei ist auch auf die Interdependenz der Maßstäbe zu achten; so kann eine zu späte oder zu frühe Maßnahme kontraintentionale Effekte haben.

Fazit:

So lassen sich also staatliche Handlungsspielräume zurückgewinnnen, die für die moderate Entwicklungssteuerung in der Übergangsgesellschaft unverzichtbar sind. Womit der Staat die Richtung dieses Wandels wesentlich mitbestimmt. Politische Führung und Verwaltung werden damit zu einem Zentrum für funktionale Zukunfts-Entwicklung, zu einer Entwicklungsagentur, die die demokratische Entwicklung fördert und den technologisch-ökonomischen Wandel mitbestimmt und sozial abfedert. Die Politik setzt die Entwicklungsziele und bedient sich bei der Programmierung wie beim Vollzug der effektuierten Verwaltung, aber auch strategischer Allianzen und flexibler Innovationsbündnisse. Die Übergangsphase ist durch die zunehmende Stärkung des Staates gekennzeichnet, was nicht „mehr" Staat, sondern Reaktivierung von Kernfunktionen bedeutet.

Zusammenfassend: Der Staat muß weniger tun, aber dieses wenige effektiver und hochakzeptiert; oder anders ausgedrückt: Der Staat muß weniger tun, aber dies besser, wozu er stärker werden müßte, gerade weil er schlanker werden soll (vgl. Böhret 1995, S. 11). Wie auch immer die konkrete Ausgestaltung der funktionalen Zukunftsentwicklung aussehen wird, aufgrund derzeitiger Trends am Arbeitsmarkt, in der Ökologie oder in der internationalen Wettbewerbsfähigkeit bedarf es eines aktiven Staates, der die Entwicklungspolitik für ein hochentwikkeltes Land im Übergang zur transindustriellen Phase entwirft, offensiv vertritt und mittels strategischer Allianzen umzusetzen versucht.

Um es ausdrücklich zu betonen: Dies bedeutet keineswegs, daß der funktionale Staat ein losgelöster, ein völlig autonomer oder gar ein autoritärer Staat ist, vielmehr wirkt er weiterhin in den Rollen des zweiten (Arbeitgeber) und dritten Partners (Moderator). Darüber hinaus aber übernimmt er Funktionen eines vierten Partners, z.B. als durchsetzungsfähiger Anwalt ausgegrenzter, noch ohnmächtiger Interessen oder als Entdecker von und Einmischer in eine verdeckte („schleichende"), aber zukunftsbestimmende Problemlage. Der funktionalen Staat der Übergangsgesellschaft ist sowohl - wie der Verhandlungsstaat - vertragschließender (contracting) und Vereinbarungen ermöglichender (enabling) Staat als auch steuernder Staat (vgl. Abb. 10).

Abb. 10: Differenzierte Rollen des funktionalen Staates

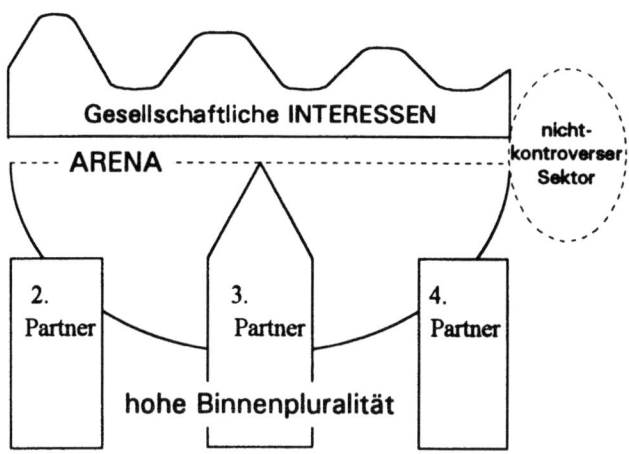

Diese zusätzliche Funktion als Entwicklungsagent ist nicht mehr aus der Rolle des Verhandlungspartners allein zu erfüllen; hierfür muß eine eigene Machtbasis erworben werden, die jene für die Zukunft benötigte besondere „Interessen-Vertretung" im Auftrag der Nicht-Teilnehmer in der Verhandlungsarena repräsentieren kann. Dem liegt die Idee eines „fiktiven Gesellschaftsvertrages" zwischen funktionalem Staat und den „Nicht-Vertretenen" zugrunde. Dieser Gesellschaftsvertrag wird vom funktionalen Staat durch fortwirkende, wissenschaftlich gestützte Aufklärung und durch die Bildung politik-kommunikativer Innovationsbündnisse hergestellt. Es werden damit willentlich und wissentlich vom Verhandlungssystem der dritten Phase der Systemgeschichte nicht wahrgenommene oder nicht wahrnehmbare Handlungs-Rechte temporär auf den funktionalen Staat übertragen und dort auf vielfältige Weise bearbeitet.

Die Tabelle 22 ordnet den Partner-Funktionen des Staates typische Handlungsweisen, Formen und Regeln zu.

Tab. 22: Rollen des funktionalen Staates der Übergangsgesellschaft und Handlungsweisen

Partnerschaft	Funktion	Handlungsweise	Formen / Regeln
Zweite	Vertragspartner (z.B. Arbeitgeber) Gewährleister (Rente) etc.	Eigeninteresse vertreten	Konflikt; Kampf; Vertrag auf Zeit
Dritte	Moderator, Mediator	Verhandeln, schlichten,	Arena; Akzeptanz (regeln)
Vierte	Aufklärer; Anwalt*; Initiator; Entwicklungs- steuerer (-agent)	Entdecken, analysieren, kommunizieren, aufklären, initiieren, punktuell steuern	Innovationsbünd- nisse; Gesell- schaftsvertrag

*) nicht vertretener und zukünftiger Interessen

4. Reform der Staatstätigkeit und Verwaltungsmodernisierung

4.1. Das neue alte Problem

Angesichts der emergierenden transindustriellen Gesellschaft und der momentanen wirtschaftlichen Restrukturierungskrise mit hoher Staatsverschuldung entsteht zu Recht eine neue Debatte über die Modernisierung des öffentlichen Sektors. Neu, weil sie zwar an die Phase der „Planungseuphorie" der 70er Jahre erinnert; anders aber als damals entstammt die heutige Diskussion vor allem den wachsenden Knappheiten, dem nicht mehr vertretbaren weiteren Ansteigen der Staatsquote und der sogenannten „Globalisierungs-"debatte.[32] Die Bedeutung des epochalen Wandels der Gesellschaft wird dabei allerdings vielfach noch nicht erkannt und deshalb auch nicht in die Modernisierungsbemühungen einbezogen.

---

32 Vgl. zu der diffusen Begrifflichkeit und zur realen Unsicherheit die Vorbemerkungen und das Glossar.

Der gesellschaftliche Wandel drängt vor allem über die neu gewichteten Staatsaufgaben auch zur Restrukturierung des administrativen Systems und auf eine Effektuierung seiner Tätigkeit. Der funktionale Staat benötigt zur Konkretisierung und Umsetzung die Verwaltung als Entscheidungsvorbereiter, als Teilnehmer in Innovationsbündnissen und - vor allem - als neue Entwicklungsagentur. Die vom politischen und ökonomischen Umfeld induzierte besondere Rolle einer aktivierten Entwicklungs-Verwaltung umfaßt sowohl die reibungslose administrative Umsetzung der in staatlichen Programmen wie der in strategischen Allianzen vereinbarten Entwicklungsstrategien für hochentwickelte Übergangsgesellschaften als auch die Effektuierung der administrativen Infrastrukturleistungen. Dazu wird administratives Innovationsmanagement benötigt. Die Verwaltung wird damit auch die Funktion der Service-Einrichtung „öffentliche Dienste" in attraktiven Standorten verstärken. Solche Dienste sind auch für das soziale, politische und ökologische Umfeld zu erbringen, weshalb auch auf dieser Ebene Verteilungskonflikte entstehen können. Hier und aus Gründen der generellen Verwaltungssteuerung muß dann der funktionale Staat mittels aktiver Verwaltungspolitik[33] zielsetzend intervenieren.

Die neue Verwaltungspolitik setzt dabei auf ein enges Zusammenwirken von politischer Führung und Administration. Nur so lassen sich die erforderlichen Effektuierungen erreichen; insbesondere:
- Dynamisierung des Aufgabenumbaus
- Vereinfachung des Ordnungsrahmens (Entrechtlichung, Verfahrensoptimierung) bei Präzisierung der hoheitlichen Restfunktionen
- Reduzierung der administrativen Kosten, also vergleichende Verbilligung mit Anziehungskraft für Investoren
- Optimierung des Verhältnisses von Programm-, Vollzugs- und Überprüfungsfunktionen.

---

33 Verwaltungspolitik wird verstanden als die aktive Einwirkung der politischen Führung auf die adäquate Programmierung und den reibungslosen Vollzug der von ihr alleine oder in den neuen Bündnissen formulierten Ziele und Grundsätze. Das verlangt die absichtsgetreue Veränderung oder Stabilisierung von Prinzipien, Verfahren und Stilen der Verwaltungstätigkeit, sowie der betroffenen Organisations- und Personalstrukturen (vgl. ausführlicher Kapitel IV.4.2.5.).

Der wieder erweckte Entwicklungsauftrag für den funktionalen Staat wird auch die im Gesamtrahmen erforderliche (abgeleitete) Verwaltungsmodernisierung voranbringen. Dagegen wird eine ideologisch motivierte Privatisierung, Mikroökonomisierung und vereinfachte wie voraussetzungslose Übertragung (privat-)betriebswirtschaftlicher Konzepte nur teilweise den besonderen Aufgaben und durch verfassungsbezogene Rahmenvorgaben definierten Verfahren der Verwaltung entsprechen. Die anpassende Modernisierung muß also den begrenzten Rahmen für die erforderliche Entwicklungssteuerung beachten, sie sollte ihn zumindest ausfüllen.

Erfolgversprechend kann die Modernisierung der Verwaltung sein, weil:

(1) Der Problemdruck wächst.

(2) Durch eine verbesserte wissenschaftliche Analyse die Ursachen und Folgen zusammenhängender Phänomene besser bekannt sind als in den 70er Jahren.

(3) Die Bedingungen zur erfolgreichen Implementation von Programmen und institutionellen Reformen besser erforscht sind.

4.2. Das Pentagramm oder das magische Symbol der Staats- und Verwaltungsmodernisierung

Das nachstehende Pentagramm („Drudenfuß") (Abb. 11) gibt die fünf zentralen „Kräfte" (und Bereiche) der Reform von Staatstätigkeit und der Verwaltungsmodernisierung wieder. Pentagramme gelten seit uralten Zeiten als Symbol der magischen Kraft aus Einheit und Dynamik. Daß die Spitze des Pentagramms optisch von der Verwaltungspolitik besetzt wird, zeigt die Bedeutung, die diese für den Modernisierungsprozeß hat. Ohne eine dynamische und erfolgreiche Verwaltungspolitik sind alle methodischen, instrumentellen und organisatorischen Modernisierungsprozesse nur Makulatur.

Abb. 11: Pentagramm - Reform von Staatstätigkeit und Verwaltungsmodernisierung

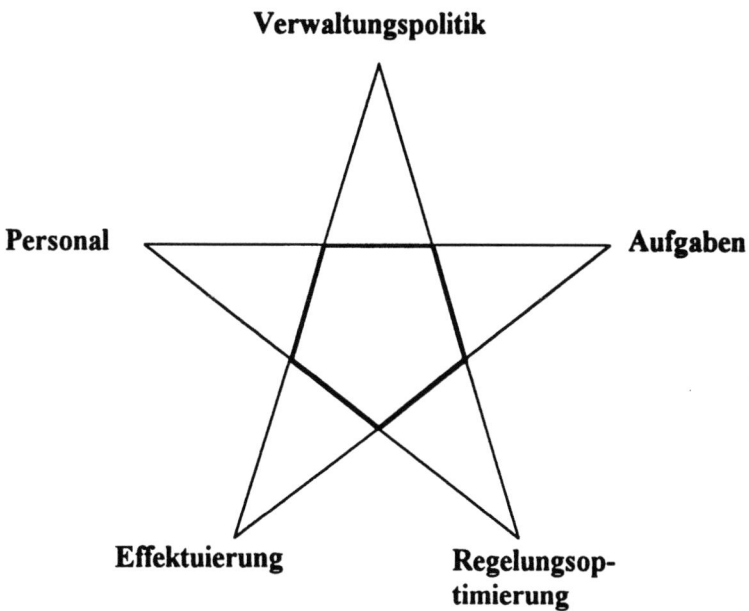

Kurzbeschreibung der Ecken des Pentagramms:

(1) **Aufgaben:** Was muß der Staat tun, was kann entstaatlicht werden? Wie lassen sich Handlungsspielräume für zukünftige Anforderungen durch Aufgabenabbau und Entstaatlichung gewinnen?

(2) **Regelungsoptimierung:** Wie tief und umfassend soll rechtlich gesteuert werden, was ist „notwendig"? Welche Folgen sind zu erwarten?

(3) **Effektuierung der Verwaltung:** Wie können Binnenstruktur und Verfahren effizienter werden (z.B. Neuorganisation der Länderverwaltung)? Welche Steuerungsinstrumente (z.B. Pro-

grammbudgets, Budgetierung und Controlling) lassen sich einsetzen?

(4) **Mobilisierung des Personals:** Wie können die Personalressourcen optimal genutzt und entwickelt werden (Leistungsanreize, dezentrale Ressourcenverantwortung, dienstrechtliche Flexibilisierung)?

(5) **Verwaltungspolitische Steuerung:** Wie und mit welchen Hilfen kann der komplizierte Reform-Prozeß initiiert, kommuniziert, durchgehalten und erfolgreich abgeschlossen werden?

4.2.1. Aufgabenkritik und -umbau

Wie bereits ausgeführt, ist die (Kern-)Aufgabendefinition eine primär politische Aufgabe. Zunächst müssen sich die politischen Akteure der herausfordernden **politischen** Aufgabenkritik auf dem Weg in die transindustrielle Gesellschaft stellen (siehe Tab. 23)

Tab. 23: Politische Leitsätze für den Aufgabenumbau (Reform der Staatstätigkeit I)

a) Der Staat muß nicht alles selbst machen („entstaatlichen")
b) Der Staat muß Spielräume für zukünftige Aufgaben schaffen (abgeben, gemeinsam mit andren, terminieren!)
c) Der Staat muß schwache Interessen vertreten
d) Der Staat muß Vorbehalte definieren / Rückholbarkeit
Es gibt eine „offene Grenze" zwischen staatlicher und nichtstaatlicher Aufgabenwahrnehmung und eine ko-evolutive Beziehung zwischen hoheitlicher und nichthoheitlicher Tätigkeit („Adler" / „Zahl")

Die Konkretion und praktische Umsetzung des politisch Gewollten und damit auch die **administrative** Aufgabenkritik kann sinnvollerweise erst der zweite Schritt sein. Allerdings wird in der derzeitigen Verwaltungsmodernisierung vielfach der zweite vor dem ersten Schritt verlangt und versucht.

Empirischer Befund zur Aufgabenkritik: Die administrative Aufgabenkritik verfährt heute vielfach nach einem bottom-up-Prinzip, fragt die Mitarbeiter, welche Aufgaben in der öffentlichen Verwaltung entbehrlich sind. Dies reicht für eine rationale Aufgabenkritik und einen -umbau alleine nicht aus.

Erprobt wird die administrative Aufgabenkritik heute in fast allen Länderverwaltungen. Sie ist stark nach innen gerichtet (weniger tun, wirtschaftlicher erbringen) oder zielt auf „Kommunalisierungseffekte".

4.2.2. Regelungsoptimierung

Mit dem dynamischen Aufgabenumbau (Flexibilisierung) ist auch die Überprüfung von Rechtsvorschriften zu verbinden (Reform der Staatstätigkeit II). Regelungsdichte und Regelungstiefe haben so zugenommen, daß entweder das Handeln durch langwierige Genehmigungsverfahren oder durch das Dickicht der Vorschriften gehemmt oder am Gesetz vorbei agiert wird (Absprachen statt Rechtsanwendung, z. B. im Umweltrecht).

Einerseits kann auf viele Rechtsvorschriften verzichtet werden (Rechtsvereinfachung), weil sich Regelungsbereiche vom früheren Anlaß aus ganz anders entwickelt haben (z.b. im Gewerberecht); andererseits sind jedoch auf neuen Feldern passende Regelungen dringend erforderlich (z. B. Ökologie oder Gleichstellung von Mann und Frau). Zur Optimierung der Rechtsvorschriftenentwicklung können folgende Maßnahmen eingeleitet werden:

- Prospektive Gesetzesfolgenabschätzung (GFA) und Test von Rechtsvorschriften: Welche Folgen haben geplante Regelungen? Sind die rechtsförmigen Programme bürgerfreundlich? Gibt es administrative Vollzugsdefizite?

- Mit der Anwendung legistischer Techniken können die interne Konsistenz und die Verständlichkeit (Sprache) verbessert und auch die Schnittstellenprobleme zu anderen Normen analysiert werden.

- Die Institutionalisierung von Mediationsverfahren könnte zur außergerichtlichen Konfliktregelung beitragen, und Bagatellfälle könnten an Laienrichter übergeben werden (= Entlastung der Gerichte).

a) Empirische Befunde zur Regelungsoptimierung:

- Überprüfung/Reduzierung von Verwaltungsvorschriften (insbesondere Schleswig-Holstein und Rheinland-Pfalz).
- Aussetzung (überholter) Rechtsvorschriften, Rechtsbereinigung.
- Erleichterung von Genehmigungsverfahren (auch in Kombination mit organisatorischen Maßnahmen).

b) Weniger ausgeprägt, aber „im Kommen" sind:

- Überprüfung und Absenkung von Standards (Standard-Controlling) insbesondere zur Entlastung der Kommunen.
- Notwendigkeitsprüfung neuer Regelungsvorhaben.
- Gesetzesfolgenabschätzungen (erste praktische Beispiele: Rheinland-Pfalz) und Test von Gesetzentwürfen vor Verabschiedung (Bund, Rheinland-Pfalz).
- Bewährungsprüfung von Rechtsvorschriften (Evaluierung); eingebaute Terminierung („Gesetz auf Zeit").

4.2.3. Effektuierung der Verwaltung

a) Organisation und Verfahren

Hier ist folgender Wandel notwendig:

Tab. 24: Organisatorischer Wandel

Von ➤	mit ➤	zu
- hierarchischem Organisationsaufbau	-aufwendiger Frühkoordination -Doppelarbeit	- aufgabenorientierter Bündelung
- regelgebundenem Verwaltungsprozeß	-„Quasi-"Überwachung (z.B. Spiegelreferate) -Verselbständigung von Vorgängen -Probleme beim Aufgabenumbau	- Trennung in programm- und vollzugsnahe Tätigkeiten

Zur Unterstützung der Aufgabenspezifikation des funktionalen Staates lassen sich für die Ministerialebene noch weitere Effektuierungsregeln angeben:

(1) Flexibilisierung der Ressorts:
- Neue Bündelung von Ressorts (z.B. Gesundheit zu Arbeit und Soziales).
- „Rückbau" von Ministerien (weniger, Abgabe von Funktionen)
- Interministerielle Koordinationsgremien und gemeinsame „Look-out"-Teams.

(2) Überprüfung des Mehrebenenaufbaus (Bund bis Kommune):
- Auflösung der Regierungsbezirke/-präsidien (vor allem in kleinen Ländern) oder effiziente Neuorganisation des Aufbaus.

(3) Konzentration der Ministerien auf programmerstellende und strategische Aufgaben; operative Aufgaben können auf „tieferen" Ebenen erledigt werden, auf einige ist überhaupt zu verzichten.

(4) Regelmäßiger Mitarbeitertausch zwischen Programmerstellung und operativem Bereich (Vorteile: Probleme des Vollzugs bzw. der Programmierung (wieder-)kennenlernen).

(5) Flexibler Einsatz von Verfahrensweisen und Organisationsformen. Beispiele: Projektgruppen, Qualitätszirkel, Programm- und Modernisierungsbeauftragte, Innovationsbündnisse, Geschäftsprozeßmanagement usw.

Aber so wichtig die administrative Modernisierung auch ist, so vorsichtig sollte man gegenüber einer bloßen „Ökonomisierung" der Verwaltung sein. Was für wirtschaftsnahe Bereiche (etwa kommunale Versorgungsunternehmen) noch sinnvoll sein kann, braucht keineswegs auch für die allgemeine innere Verwaltung zu gelten. Die Verwaltung ist nicht und wird nicht nur Dienstleistungsunternehmen mit „Kundenorientierung". Sie ist auch beauftragt, hoheitliche Funktionen wahrzunehmen und das Gemeinwesenwohl zu fördern. Das Prüfen und Erteilen von Genehmigungen ist auch eine qualitätssichernde Verantwortungsübernahme. Zwar sind selbst bei hoheitlicher Tätigkeit (sogar in Gerichten) Modernisierungen möglich und nötig: Aber nicht überall kann dabei nur oder immer vorrangig strengen (privat-) betriebswirtschaftlichen Kriterien entsprochen werden.

Empirische Befunde zu Verwaltungsorganisation und Verfahren:
Im Bereich der Verwaltungsorganisation und der Verfahren wird vieles versucht. Beispielhaft sollen genannt werden:
- Erstellung und Einführung eines Leitbilds, oft in Verbindung mit Organisationsentwicklung und Qualitätszirkeln.
- Neuorganisation der gesamten Landesverwaltung Auflösung von Mittelbehörden.
- Verwaltungsstrukturreform.
- Verschlankung von Ressorts (weniger Abteilungen, weniger Kleinreferate), keine Vollzugsaufgaben.

b) Flexibilisierung der Haushalte

Die überkommenen Haushaltsstrukturen erweisen sich häufig als hemmend für effektives Verwaltungshandeln. Erstrebenswert ist eine eigene Haushaltsverantwortung von Verwaltungseinheiten (dezentrale Ressourcenverantwortung), allerdings ist eine bloße Deckelung der Haushaltsansätze, wie sie derzeit fast immer mit diesen Instrumenten verbunden ist, kontraintentional. Im allgemeinen läßt sich mit diesen Instrumenten in vielen Bereichen die Wirtschaftlichkeit erhöhen und außerdem das Managementdenken fördern. Damit die Modernisierung der Verwaltung also nicht an inflexiblen Finanzierungsgrenzen scheitert, könnten sogar die in Tabelle 25 aufgeführten Erweiterungen vorgenommen werden.

Wichtig sind Kostenrechnungen, Erfolgsmessungen, Kennziffern und Zwischenprüfungen der erreichten Leistungsstandards. Controlling und moderates Berichtswesen können diese Flexibilisierungsstrategien unterstützen.

Tab. 25: Aspekte der Budgetflexibilisierung

Stichwort	Überwiegende Ausrichtung	Budgetierungs-Methode
Mehrperiodenbudget	aktionsorientiert	Ein Budgetteil wird für folgenorientierte/zukunftsträchtige Ausgaben bereitgestellt, und zwar mit sachlicher und zeitlicher Übertragbarkeit von Titel zu Titel und Periode zu Periode.
Eventual-Budget	problemorientiert	Ein weiterer Teil wird für unerwartete und verspätet auftretende Ereignisse bereitgestellt (mit Übertragbarkeit in das „Mehrperiodenbudget").
Erfolgs-Budget	innovationsorientiert	Zur Anregung innovativer Vorhaben wird ein Budgetteil den besten „Ideenanbietern" / Implementatoren zugeteilt.

Auch im Haushaltsbereich finden etliche Experimente statt. Empirische Befunde:

- Budgetierung und Controlling in vielen Pilotprojekten, oft mit der Intention der dezentralen Ressourcenverantwortung (z.B. Schulen, Hochschulen), Dienststellen-Budgetierung.
- **Sonderprojekte:** Personalausgabenbudgetierung, versuchsweise Programmbudgets, Kostenrechnungen, Pensionsfonds.

4.2.4. Personal

Die Modernisierung kann nur gelingen, wenn sowohl die Verwaltungsführung (das administrative Management) als auch die Mitarbeiter lern- und leistungsbereit motiviert und selbstverantwortlich tätig werden. Dazu sind sinnstiftende und zusammenhängende Arbeitsgestaltung, Mitarbeitergespräche und eine verläßliche Personalentwicklungsplanung erforderlich. Daß solche Erfolge möglich sind, zeigt u.a. das Reformvorhaben „Finanzamt 2000" (in Rheinland-Pfalz). Notwendig sind angemessene Fortbildungsmaßnahmen.[34] Das könnte noch angereichert werden durch gelegentlichen „Zwischendurchaufenthalt" der Bediensteten in anderen Arbeitsbereichen, etwa in der Wirtschaft, bei den Medien oder in der Wissenschaft. In einem flexiblen Verwaltungssystem ist es durchaus zweckmäßig, höhere Führungspositionen nur auf Zeit zu besetzen. Die Rückkehr kann in neuartige Verwendungen erfolgen (Quer-Mobilität) und auch finanziell abgefedert werden.

Das Dienstrecht muß weiterhin an die Modernisierungsbewegung angepaßt werden. Zunächst läßt sich verallgemeinern: Der hergebrachte Typ des Lebenszeitbeamten wird mehr und mehr auf wenige hoheit-

---

34 Zumindest für das Verwaltungsmanagement ist das Erlernen neuer Kognitions- und Handlungsweisen zur Übernahme der Mediator-, Katalysator- und Anwaltsfunktion des funktionalen Staates notwendig. Vernetztes, folgenorientiertes Denken, Verhandeln und Vermitteln gehören zu diesen Anforderungen, die beispielsweise auch in Planspielen erlernt und erprobt werden können.

liche Kernaufgaben und besondere Arbeitsbereiche (z.B. Polizei) beschränkt.[35]

Aber auch hier ist Vorsicht angebracht! Man kann nicht generell die Maßstäbe der Wirtschaft anlegen. Es sind im öffentlichen Dienst andere Aufgaben auf andere Weise zu erfüllen. Und die Eignung dafür - bis hin zur Resistenz gegenüber „Vorteilsangeboten" - muß erst durch eine besondere Sozialisation erlernt werden, damit Unabhängigkeit auch mit Gemeinwesenverantwortung und hoher Motivation zusammengeht. Es dient nicht der Motivation und gewiß auch nicht der Selbstveränderung der öffentlichen Bediensteten, wenn sie von allen Seiten (auch von der Politik) als verknöcherte Bürokraten harsch kritisiert werden. Auch - und vielleicht besonders - für den öffentlichen Dienst gilt: Lob macht mobil und leistungsbereit. Tadel stumpft ab!

Empirische Befunde zum Personalmanagement:

Die Aufgaben werden vielfältiger und wechseln häufiger (Umbau). Deshalb sind gut gebildete und motivierte Bedienstete unerläßlich. Das wird derzeit konterkarriert durch oft unangemessenen Druck auf das Personal (Beispiel: massiver Personalabbau, keine oder reduzierte Zugangschancen). Auch hier gilt es, ein maßvolles und flexibles Vorgehen zu finden. Beispiele:

- Personalwirtschaftskonzepte als Einsparungsrichtschnur, aber mit „Einstellungskorridoren" für Nachrücker und „Stellenbörsen" bzw. ressortübergreifende Personal"pools".
- Flankiert durch Flexibilisierungen (Arbeitszeit, Teilzeitarbeit, partielle Versetzungen, Führungsfunktionen auf Zeit).
- Personalentwicklung (mit Mitarbeitergespräch und reformierten Beurteilungsverfahren).
- Bedarfsgerechte Fortbildung (projektbezogene Erhöhung von Führungsqualitäten; z.B. Führungskolleg Speyer (FKS), Führungskolleg Hessen (FKH).

---

35 Das Dienstrecht ist also weniger vom traditionellen Beamtenstatus her als von den Funktionen und Anreizen aus zu bestimmen. Das doch recht starre Beamtenrecht ist auch deswegen differenziert zu lockern, damit der Austausch zwischen den verschiedenen Systemen erreichbar ist.

- Personalmobilitätskonzepte (mit Förderung des häufigen Wechsels - auch nach „draußen").

Auf die in mehreren Ländern eingeführten Beteiligungen der Beschäftigten und auf mit den Gewerkschaften abgeschlossenen Rahmenvereinbarungen sei verwiesen. Aber auch darauf, daß der Modernisierungsprozeß ein interdependentes Ereignis ist: Beschäftigte und Leitung müssen zusammenwirken.

4.2.5. Verwaltungspolitik

Der Wille zur Modernisierung der Verwaltung allein bewirkt noch nichts. Neben der Verkündung einer Absichtserklärung und der Erarbeitung von Modernisierungsvorschlägen muß über potentielle Widerstände und über wirksame   Implementationsstrategien nachgedacht (und diese dann umgesetzt) werden.
　　Den strategischen Ansatzpunkt für eine Modernisierung der Verwaltung und deren erfolgreiche Implementation bildet die aktive Verwaltungspolitik, verstanden „als die aktive Einwirkung der politischen Führung auf den adäquaten Vollzug der von ihr formulierten verwaltungspolitischen Ziele und Grundsätze. Das verlangt die optimale Durchsetzung eines verwaltungspolitischen Programms; also die absichtsgetreue Veränderung oder Stabilisierung von Prinzipien, Verfahren und Stilen der Verwaltungstätigkeit sowie der betroffenen Organisations- und Personalstrukturen" (Böhret, 1985, S. 279). Die Potenz der Verwaltungspolitik besteht in einer eindeutigen Führungsrolle der Politik gegenüber der Verwaltung. Das heißt, die politische Führung soll die Verwaltung in allen Phasen des politisch-administrativen Prozesses steuern und nutzen können. Aktive Verwaltungspolitik richtet sich deshalb auf:
- Programmstrukturen: klare, konzeptionelle Aufträge für die Programmerstellung. Kontrolle der administrativen Umsetzung und der erzielten Wirkungen.
- Prozeßstrukturen: die Politik erledigt das politische Geschäft, die Konsensbeschaffung bei wichtigen Vorhaben. Die Verwal-

tung gewinnt damit Zeit, sich auf Informationsbeschaffung, Vorbereitungshilfen und Vollzugsüberlegungen zu konzentrieren.

- Personalstrukturen: durch eine Flexibilisierung in der Personalplanung und -führung kann die Effizienz der Verwaltung ebenso gesteigert werden, wie durch Arbeitsanreicherung und Mobilitätsförderung.
- Organisationsstrukturen: Erhöhung der Handlungsfähigkeit durch organisatorische Änderungen (z.B. integrierte Programmierung und Durchführung einer Maßnahme; leistungssteigernde binnenorganisatorische Möbilitätsförderung).
- Öffentlichkeitsstrukturen: Die Politik soll berechtigte Kritik an der Verwaltung aussprechen, aber auch Schutz vor unberechtigter Kritik gewähren und besondere Leistungen öffentlich loben. Das Erscheinungsbild der Verwaltung muß ihrer Arbeit angemessen sein. Leitbilder können nach innen und außen motivierend und identitätsfördernd wirken.

Die erfolgreiche Durchsetzung dieser aktiven Verwaltungspolitik, die ins Zentrum des „Dreiecks-Verhältnisses" von Politik, Verwaltung und Gesellschaft zielt, hat allerdings mit Widerständen aus allen drei Bereichen zu rechnen:

(1) Gesellschaftliche Widerstände: Da die gesellschaftlichen Partner die Verwaltung als ihren kompetenten Ansprechpartner kennengelernt haben, werden sie auch weiterhin eher die Verwaltung als die Politik als Ansprechpartner wählen wollen.

(2) Politische Widerstände: Verwaltungsmodernisierung ist eine eher mittel- und langfristige Aufgabe, die in der Öffentlichkeit wenig Beachtung findet. Aus der auf kurzfristigen politischen Erfolg ausgerichteten Logik des politischen Geschäfts stellt sich also die Frage, worin für einen Politiker der politische Gewinn einer Verwaltungsmodernisierung besteht. Diese bringt ihm auf den ersten Blick lediglich Probleme mit einem Teil der Verwaltung. Ein nur machtpolitisch kalkulierender Politiker hat also zunächst kaum ein originäres Interesse an Verwaltungsmodernisierungen.

(3) Widerstände der Verwaltung als Betroffener: Nach dem „Ideal-Modell" der „legislatorischen Programmsteuerung" überläßt die Politik der Verwaltung die Umsetzung (rechtlich, ökonomisch, operativ) der politik-formulierten Programme. Wird die Verwaltung von der Politik mit der Verwaltungsmodernisierung betraut, so müßte sie die Reform ihrer eigenen Prinzipien und Arbeitsweise selbst betreiben (Münchhausen-Paradoxon). Gegen die „Selbstreformierung" ist innerhalb der Verwaltung mit Gegnern zu rechnen (z.b. Profiteure, denen es um die Sicherung von Pfründen geht; Traditionalisten: „Wir haben das schon immer so gemacht, so soll es auch bleiben"). Verstärkt wird diese Gegnerschaft, weil die Verwaltungspolitik das Verhältnis von Politik und Verwaltung zulasten der Verwaltung modifizieren will. Deshalb muß die Politik die Verwaltungsmodernisierung aktiv und unabhängig steuern.

(4) Hinzu kommen neutrale Vorbehalte und Restriktionen, die prinzipiell in allen Institutionen zu finden sind, vor allem die Beharrungstendenzen „in den Köpfen". Dazu zählt auch das Nicht-Lernen-Wollen (Saturiertheit, Denk- und Handlungsfaulheit), das Festhalten an Vorteilen (Interessen, Egoismen) und die Zukunftsscheu.

Angesichts solcher zu erwartender Widerstände und Restriktionen sind verwaltungspolitische Überlegungen und Strategien zu deren Überwindung notwendig. Die folgenden Vorschläge dazu ·sind als Anregungen zu verstehen; gerade der funktionale Staat der Übergangsgesellschaft muß sich solcher Strategien bedienen, um seine „Arena-übersteigende Rolle" zu realisieren.

(1) Das Interesse des funktionalen Staates an einer wirksamen Verwaltungsmodernisierung besteht in der besseren Durchsetzung der von ihm formulierten Ziele und inhaltlichen Modifikationen vor allem in den zukunftsorientierten Politikfeldern. Dies setzt allerdings voraus, daß Politik die Prioritäten und Posterioritäten bestimmt: Politik kann es nicht jedem zu jedem Zeitpunkt recht machen - sie muß aber zuerst die drängenden Probleme unserer Zeit und vor allem der Zukunft bewältigen. Der Wähler wird

dies honorieren, denn Politikverdrossenheit entsteht unter anderem aus der führungsschwachen Dysfunktionalität des politisch-administrativen Systems gegenüber den historischen Kardinalproblemen und der latenten Zukunftsangst.

(2) Da die politische Führung aus Erfahrungsmangel (aber auch aus funktionalen Gründen) kaum in der Lage sein wird, Verwaltungsmodernisierung und Verwaltungspolitik allein zu implementieren, muß die Verwaltung selbst ihre eigene Modernisierung mittragen. Das heißt: Verwaltungsmodernisierung muß ein kooperativer Prozeß von Politik und Verwaltung werden: es gibt auch in den Verwaltungen viele Mitarbeiter, die an einer innovativeren und effizienteren Verwaltungsarbeit interessiert sind. Diese sind zu fördern! Diese Kooperation muß schon bei der Programmformulierung beginnen. Der funktionale Staat muß versuchen, hierfür die Unterstützung vieler Partner, z.B. der Wissenschaft und gesellschaftlicher Organisationen, zu gewinnen und sie in Innovationsbündnissen zu organisieren.

(3) Die gesellschaftlichen Partner werden spätestens mit der Umstrukturierung des Verhältnisses von Verwaltung und Politik ihren wirklich wichtigen Ansprechpartner in der Politik erkennen.

Da Verwaltungsmodernisierung auf dem Weg in die transindustrielle Gesellschaft notwendigerweise auf eine Optimierung der Zukunft zugeschnitten ist, muß sie ihre mittel- und langfristige Planungskompetenz erweitern. Dies gilt vor allem für die Ministerialverwaltung (vgl. zu den Kräften und „Bereichen" des Pentagramms auch Böhret / Konzendorf 1996 / 97 und Böhret 1996).

V. Erkenntnisgewinne

Ist das Ziel erreicht? Welchen Gewinn haben wir auf unserem Weg zur Erkenntnis gemacht? Wir waren aufgebrochen mit dem Ziel der Beantwortung der Fragen
- nach der wahrscheinlichen Entwicklung der Gesellschaft am Ende des Industrialismus und
- der dafür „historisch" adäquaten Funktionalität des Staates.

Wir waren also auf der Suche nach einem handlungsfähigen, funktionalen Staat auf dem Weg zur transindustriellen Gesellschaft im 21. Jahrhundert.

Die Frage ist nun: Sind wir am Ziel angekommen, befinden wir uns wenigstens in seiner Nähe, oder haben wir unser Ziel aus den Augen verloren, sind wir vom Weg abgekommen, waren wir auf einem Holzweg und irren nun auf der Suche nach dem rechten Pfad im Dickicht der Einzelphänomene und vielfältiger, je disparater Erklärungsangebote? Beim Aufbruch hatten wir eine Karte mit sechs erkenntnisleitenden Hypothesen bei uns, die jeweils - um dann als Wegweiser zu dienen - mit einem „Rätsel" verbunden waren. Nur die Lösung der Rätsel wies den weiteren Weg zum Ziel. Haben wir die Rätsel befriedigend lösen können und sind also dem Ziel näher gekommen?

Genug der Metaphern: Es heißt, im folgenden zunächst eine Bilanz zu ziehen und die eingangs formulierten Hypothesen zu beantworten. Und dann zu prüfen, ob wir auch hinreichende Erkenntnisse für die Formulierung einer Theorie zum dynamischen und evolutiven Verhältnis von funktionalem Staat und Gesellschaft gewinnen konnten.

1. Überpüfung der Hypothesen

Zur Erinnerung seien die sechs Hypothesen hier noch einmal genannt (Tab. 26: Hypothesen).

Diese Hypothesen sollen nun - im Rückblick auf die vorausgegangenen Analysen - überprüft werden. Dabei lassen sich auch implizite (vor-)theoretische oder doch verallgemeinerungsfähige Aussagen

„treffen" und für die Formulierung einer Theorie der Ko-Evolution von Gesellschaft und Staat bereitstellen.

Tab. 26: Hypothesen

1. Hypothese:	Hypothese des begrenzten evolutiven Möglichkeitsraums
2. Hypothese:	Interdependenz-Hypothese
3. Hypothese:	Hypothese der bewegten Ordnung
4. Hypothese:	Hypothese des evolutorischen Lernens
5. Hypothese:	Hypothese des Übergangs von der Industriegesellschaft zur transindustriellen Gesellschaft
6. Hypothese:	Hypothese der funktionalen Notwendigkeit des entwicklungssteuernden Staates

1. Hypothese: Hypothese des begrenzten evolutiven Möglichkeitsraums

Aus der Systemgeschichte der BRD konnten wir den evolutiven Möglichkeitsraum bestimmen. Seine Grenzen sind zwar weit gefaßt, wie die Tabelle 8 zeigt. Dennoch haben wir mit dieser Erkenntnis einiges gewonnen, denn wir können immerhin benennen, was nicht mit der Systemgeschichte der BRD kompatibel ist. Dies gilt auch und gerade für aktuelle und zukünftige Entwicklungen, die sich folgenanalytisch bearbeiten lassen. Wir haben uns also die Chance eröffnet, Entwicklungen, die nicht mit der Evolution des Systems der Bundesrepublik Deutschland in Einklang stehen (Abbruch der Evolution), zu erkennen und auf die davon ausgehenden Gefahren für das System hinzuweisen.[36] Außerdem bietet der evolutive Möglichkeitsraum für politische Standort- und Entwicklungsbestimmungen eine Orientierung, innerhalb dessen wünschenswerte und realistische Zukünfte antizipiert werden können. Diese ermöglichen dann praxeologische Aussagen zum Agieren innerhalb jenes Möglichkeitsraums.

---

36 Eine solche Gefahr wäre mit der Weiterführung des spätpluralistischen Paradigmas gegeben. Was sich in der Vergangenheit als funktional erwies, wird für die Weiterentwicklung zur transindustriellen Gesellschaft dysfunktional (siehe hierzu: Hypothesen fünf und sechs).

2. Hypothese: Interdependenz-Hypothese

Deutlich läßt sich in den Phasen der Systemgeschichte der BRD die Interdependenz der Subsysteme nachweisen; eine weitgehende Autonomie ist für sie nicht zu konstatieren. Wir haben auch mehr als eine Interpenetranz der Subsysteme festgestellt; letztere sind vielmehr eng miteinander verwoben. Es entwickeln sich Abhängigkeiten und ein gemeinsames Paradigma. Dieser Befund ermöglicht es, die vielfältig strukturierte Gesellschaft doch als eine Einheit zu identifizieren; Teile und Ganzes richten sich für einige Zeit paradigmatisch aus. Diese Einheit bedeutet allerdings keineswegs Homogenität der Teile, und sie bedeutet auch nicht, daß ein Subsystem determinierend auf andere Subsysteme einwirkt - wie dies etwa im Verhältnis von Staat und Monopolen in der Theorie des staatsmonopolistischen Kapitalismus (Stamokap) angenommen wird. Wir finden nicht „Identität" und „Morphogenität" vor, sondern die Systeme sind „nur" miteinander verwoben und entwickeln sich aneinander. Gleichzeitig behalten sie eine Teilautonomie. Der Fraktalismus, die Selbstähnlichkeit, drückt das Gemeinte anschaulich aus. Die Subsysteme sind keine Kopien voneinander, aber sie weisen deutliche Ähnlichkeiten auf - ähnlich wie wenn ein Künstler eine Landschaft malt: Das entstehende Bild ist keine exakte Kopie der Landschaft, und dennoch lassen sich Licht, Farben und Struktur der Landschaft in dem Bild wiederfinden. So auch in der Gesellschaft: Wesens- und strukturähnliche Muster lassen sich aufgrund der Verwobenheit in und zwischen den Subsystemen erkennen. Zusätzlich besteht ein merklicher Grad an Übereinstimmung (Annäherung) wegen des querschnittig gültigen Paradigmas und den Wechselwirkungen zwischen den Handlungsrationalitäten in den Subsystemen und dem jeweils leitenden Paradigma. Dennoch sind die Subsysteme auch verschieden, und sie besitzen „Freiheitsgrade".

Aus der paradigmatischen Übereinstimmung und der Selbstähnlichkeit der Subsysteme ergeben sich für unser Erkenntnisinteresse vier Grundaussagen:

1. Gesellschaft und Staat können in einer Phase nicht völlig unterschiedlich strukturiert und „konstruiert" sein (synchrone Systemebene - Interdependenz).

2. Gesellschaftliche und staatliche Akteure können in einer Phase nicht völlig unterschiedlich oder gegensätzlich handeln (Handlungsebene - Interaktion in Subsystemen ist ähnlich).
3. Es ist zu vermuten, daß Subsysteme, die sich nicht ko-evolutiv entwickeln, ihre Bedeutung in der Systemgeschichte verlieren oder doch noch verspätet mitgerissen werden.
4. Eine ungleichzeitige, asynchrone Entwicklung der Subsysteme führt zu Dysfunktionalitäten.

Mit der Interdependenz der Systeme ist auch eine wichtige Voraussetzung für die Hypothese der bewegten Ordnung wie die der Ko-Evolution von Staat und Gesellschaft erfüllt.

3. Hypothese: Hypothese der bewegten Ordnung

Diese Hypothese besteht aus mehreren Teilaussagen, nämlich:
- Jedes gesellschaftliche Subsystem besitzt Freiheitsgrade, kann sich also - wenngleich nur begrenzt - unabhängig von anderen entwickeln.
- In jedem der Subsysteme kann ein Entwicklungsimpuls initiiert werden (Destabilisator / Initiator).
- Dabei vermag dieser Impuls potentiell die anderen Subsysteme „mitzureißen" (Prinzip der Ko-Evolution: „Aneinander"-Entwicklung).
- Aus dieser Ko-Evolution ergeben sich gesellschaftliche Entwicklungsphasen und Übergänge.

(1) Die **erste** Teilaussage der Hypothese, die begrenzte Unabhängigkeit der Systeme, wurde schon bei der Überprüfung der Hypothese 2 mitbeantwortet. Es bestätigt sich, daß die Systeme Freiheitsgrade besitzen. Vorfindbar sind selbstähnliche (fraktale) Stukturen.

(2) Die Impulse für die systemgeschichtliche Emergenz kommen aus verschiedenen Bereichen. Die **zweite** Teilhypothese, nach der angenommen wird, daß ein Entwicklungsimpuls aus **jedem** der Subsysteme erfolgen kann, haben wir nicht beweisen können (siehe Tab. 9). Aber die Gegenhypothese (Nullhypothese), nach

der ein Impuls immer aus demselben Subsystem käme, kann zurückgewiesen werden. Die Anstöße zum Wandel gingen in der
Systemgeschichte der BRD bislang nicht von einem einzigen
Subsystem alleine aus. Es läßt sich erkennen, daß verschieden-
artige Destabilisatoren in mehreren Subsystemen wirkten. Das
passiert dort, wo negative exogene Ereignisse (Krisen:
„unlösbare" Probleme, beherrschbare, begrenzte, befristete Katastrophen) auftreten, verändernde gesellschaftliche und politische Interessen erstarken und neue Ideenwelten die alten Denkgewohnheiten ablösen. Erkenntnis: Beim Phasenübergang ist ein
Zusammenwirken festzustellen von:
- dysfunktionalen Ereignissen
- sich wandelnden Machtkonfigurationen (Interessen) und
- neuen Denkgewohnheiten - die vielleicht schon lange latent
  vorhanden waren und nur ein Schattendasein führten.
Diese Destabilisatoren tragen zur Ablösung des „veralteten" Paradigmas und zur Installation neuer Entwicklungsimpulse bei:
„In reifen Systemen spielen die im System selbst entstehenden
Fluktuationen die Rolle eines die Evolution antreibenden Faktors." (Jantsch 1988, S. 200)

Abb. 12: Destabilisatoren

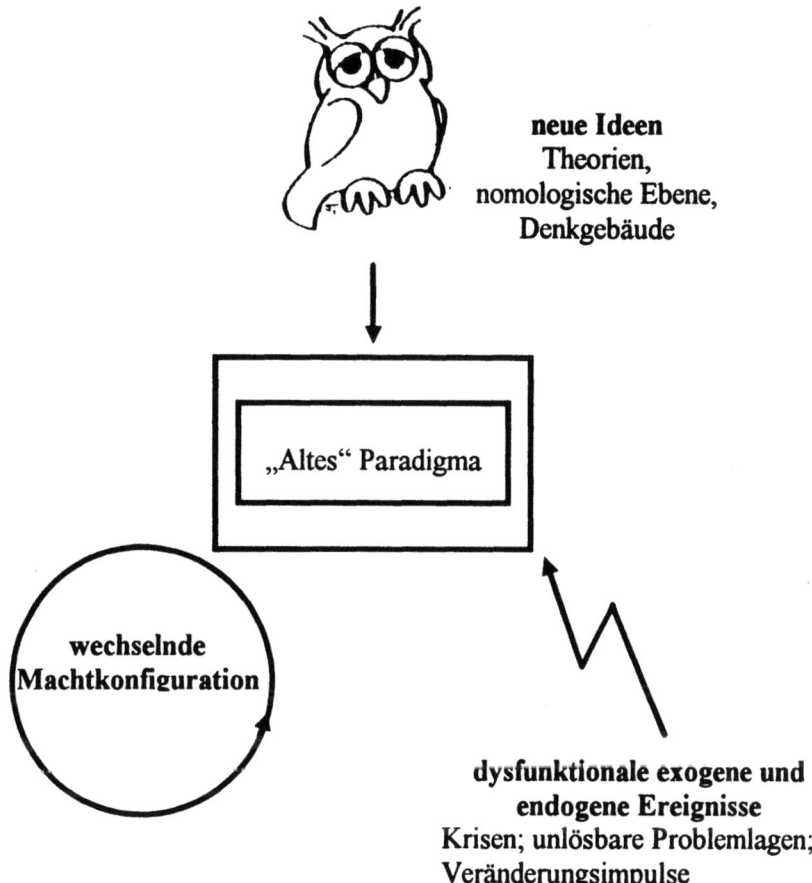

neue Ideen
Theorien,
nomologische Ebene,
Denkgebäude

„Altes" Paradigma

wechselnde
Machtkonfiguration

dysfunktionale exogene und
endogene Ereignisse
Krisen; unlösbare Problemlagen;
Veränderungsimpulse

Anders formuliert: Die sich in den Subsystemen und im Gesamtsystem wandelnden Machtkonfigurationen sind verwoben mit
dysfunktionalen exogenen und endogenen (systemimmanenten)
Ereignissen und mit der Welt der Ideen (die in Deutschland zu-

meist und typischerweise von „oben" kommt - siehe auch Abb. 12: Destabilisatoren)[37]. Um ein Beispiel zu geben: Die wechselnde Machtkonfiguration beim ersten Phasenübergang, die zu einer Stärkung der planenden Kräfte in Politik, Administration und Wirtschaft führte, wurde beeinflußt von Krisenphänomenen (politisches System: Ende der Ära Adenauer; wirtschaftliches System: erste Rezession der Nachkriegszeit) und von einem wissenschaftlichen Denken, das Planung (z.B. Raumplanung) und ein lineares, vektorelles Zeitverständnis in seinen Mittelpunkt stellte. Es entstanden somit intersystemische Bündnisse, die „gemeinsam" als Destabilisatoren auftraten. Der stärkste Impuls zur Veränderung kam in dieser Phase aus dem politischen System. Das politische System mit seiner Basis-Rationalität des

---

37 Damit hier kein Mißverständnis entsteht: Theorien sind nicht unabhängig von Machtkonfigurationen, von sozialen und extra-sozialen Ereignissen, und sie verändern „alleine" auch nicht die Welt. Marx hat dies in der Deutschen Ideologie einmal witzig auf den Punkt gebracht: „Diese unschuldigen und kindlichen Phantasien bilden den Kern der neuern junghegelschen Philosophie, die in Deutschland nicht nur von dem Publikum mit Entsetzen und Ehrfurcht empfangen, sondern auch von den *philosophischen Heroen* selbst mit feierlichem Bewußtsein der weltumstürzenden Gefährlichkeit und der verbrecherischen Rücksichtslosigkeit ausgegeben wird. Der erste Band dieser Publikation hat den Zweck, diese Schafe, die sich für Wölfe halten und dafür gehalten werden, zu entlarven, zu zeigen, wie sie die Vorstellungen der deutschen Bürger nur philosophisch nachblöken, wie die Prahlereien dieser philosophischen Ausleger nur die Erbärmlichkeit der wirklichen deutschen Zustände wiederspiegeln. Sie hat den Zweck, den philosophischen Kampf mit den Schatten der Wirklichkeit, der dem träumenden und duseligen deutschen Volk zusagt, zu blamieren und um den Kredit zu bringen.
Ein wackrer Mann bildete sich einmal ein, die Menschen ertränken nur im Wasser, weil sie vom *Gedanken der Schwere* besessen wären. Schlügen sie sich diese Vorstellung aus dem Kopfe, etwa indem sie dieselbe für eine abergläubige, für eine religiöse Vorstellung erklärten, so seien sie über alle Wassergefahr erhaben. Sein Leben lang bekämpfte er die Illusion der Schwere, von deren schädlichen Folgen jede Statistik ihm neue und zahlreiche Beweise lieferte. Der wackre Mann war der Typus der neuen deutschen revolutionären Philosophen." (Marx 1978, S. 13 f.) Ein moderner Vertreter dieses Philosophen-Typus ist Helmut Rehder, der Entelechien (etwas, was sein Ziel in sich selbst hat) als übergeordnete Daseinsschicht begreift, die wir nicht wahrnehmen können: „Da unsere Sinne immer nur das unmittelbar Gegenwärtige wahrnehmen, nicht das, was auch nur eine Sekunde vorher war, so können wir auch niemals die Entelechien sinnlich wahrnehmen. Aber unser Denken, das mit Hilfe der Erinnerung die aufeinanderfolgenden Sinneseindrücke miteinander verknüpft, kommt zur Wahrnehmung von Vorgängen, und so nehmen wir durch unser Denken auch die Entelechien wahr." (Rehder 1986, S. 56) Diese Entelechien verändern die Welt, nur wie sie in die Welt kommen, kann Rehder nicht zeigen.

Machterhalts und Machtwechsels reagierte sensibler als die anderen Systeme auf die veränderte Systemkonstellation. Nochmals: Mit dem dysfunktionalen Ereignis der ersten Wirtschaftsrezession der Nachkriegszeit wandelte sich die Machtkonfiguration, und die Idee der Planung und die davon abgeleitete Systemsteuerung gewannen an Interesse. In Staat und Gesellschaft wurden diese Idee aufgegriffen und etablierten sich als neues Paradigma. Empirisch scheint dieses Paradigma zunächst vor allem im politischen System Einfluß gewonnen zu haben. Hauptsächlich von diesem Subsystem ausgehend, riß es die anderen (zur Veränderung bereiten) Subsysteme mit. Die Ko-Evolution fand statt. Der dritte Teil der Hypothese von der „bewegten Ordnung" bestätigt sich damit empirisch. Das bedeutet allgemein:

- Die Initiatoren, also die für das alte Paradigma dysfunktionalen Mächte und Ideen, müssen die inhärenten Widerstände (Stabilisatoren) überwinden - das alte „Immunsystem" durchbrechen.

- Mit dem dann einsetzenden Phasenübergang emergiert eine neue Entwicklungsebene mit neuen konstitutiven Eigenschaften, die - für einige Zeit - die geltende System-Lösung repräsentieren und quasi ein neues „Immunsystem" hervorbringen. Dieses wird dann auch paradigmatisch gesichert.

Wir konnten bislang in der Systemgeschichte der BRD drei Phasen der gesellschaftlichen Entwicklung und jeweils eine Übergangsphase identifizieren. Mit diesen Belegen für den vierten Teil der Hypothese der bewegten Ordnung kann diese weitgehend als bestätigt gelten. Lediglich die zweite Teilhypothese, nach der ein Entwicklungsimpuls in jedem Subsystem initiiert werden kann, konnte nicht eindeutig bestätigt werden. Überblickartig gibt Abbildung 13 den Befund wieder.

Abb. 13: Das Modell der Ko-Evolution

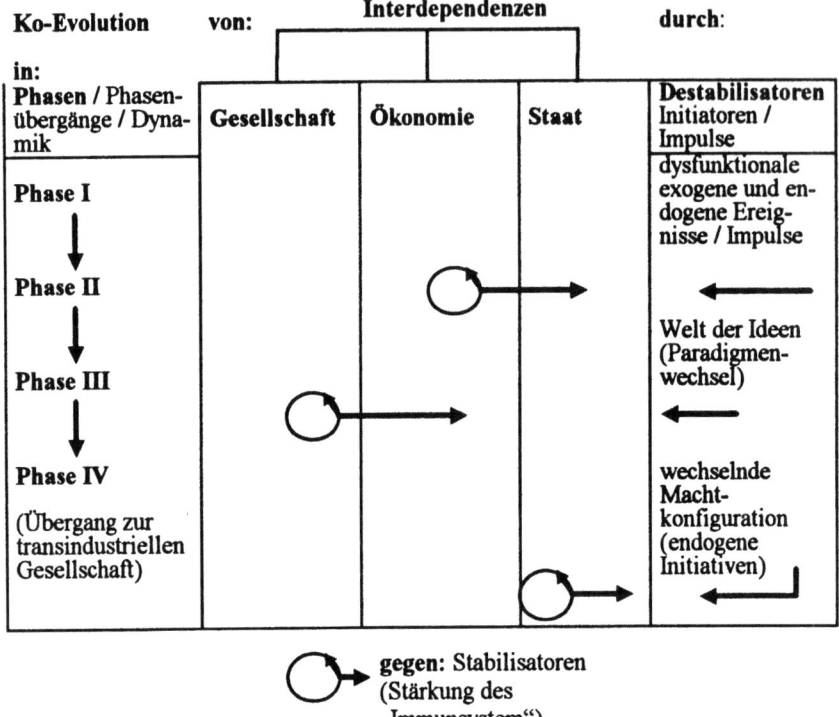

Ko-Evolution in: Phasen / Phasen-übergänge / Dyna-mik	von: Gesellschaft	Interdependenzen Ökonomie	Staat	durch: Destabilisatoren Initiatoren / Impulse
Phase I ↓				dysfunktionale exogene und en-dogene Ereig-nisse / Impulse ←
Phase II ↓		↻→		Welt der Ideen (Paradigmen-wechsel) ←
Phase III ↓	↻→			
Phase IV (Übergang zur transindustriellen Gesellschaft)			↻→	wechselnde Macht-konfiguration (endogene Initiativen)

↻→ **gegen:** Stabilisatoren (Stärkung des „Immunsystem")

(3) **Ko-Evolution - prospektivisch:** Beim derzeitigen Übergang von der dritten zur vierten Phase deutet sich an, daß ein starker Veränderungsimpuls (Destabilisation) vom politischen System ausgehen wird bzw. muß. Dessen Akteure sind auf der Suche nach Partnern für die Etablierung eines neuen Paradigmas und seiner entwicklungsbezogenen Operationalisierung. Es ist deut-lich erkennbar, wie der Staat - in der Krisensituation - nach in-tersystemischen Bündnissen und strategischen Allianzen (Bündnis für Arbeit, Konzertierte Aktion im Gesundheitswesen, Gemeinsamkeit in der Steuerreform etc.) strebt. Er versucht auch, die durchgängige Modernisierung seiner selbst zu fördern und sich allmählich in eine politische Führungsrolle zu begeben.

Zusätzlich wirkt in diesem Übergang ein sich zögern verbreitendes, neues Zeitverständnis destabilierend und ansatzweise zukunftsgerichtet. Das in der dritten Phase vorherrschende zirkuläre wie das rudimentär vorhandene vertikale Zeitverständnis werden nun in einer „Zeithelix" (als spiralförmiger Bewegung über beide Zeitachsen) aufgehoben (vgl. Abb. 14).[38] Auf einer operativen Ebene bedeutet dies zum Beispiel Planung mit ständigen Rückkopplungsprozessen (Anpassung von Zieldefinitionen, Restriktionsanalysen etc.). Damit wird zugleich ein neues Paradigma emergieren, das die zunehmende „Rückkehr" des Staates in Steuerungsfunktionen begründen hilft. Zu erwarten ist eine weitere ko-evolutive Entwicklung der (Sub-)Systeme mit der Herausbildung einer neuen Systemphase. In der Tabelle 27 ist die nun wahrscheinlich emergierende vierte Phase skizziert.

---

38 Auch für die Analyse der Ko-Evolution gewinnt der Faktor Zeit eine gewichtige Funktion. (vgl. Böhret 1990, S. 126 ff.) Die Zeit ist nicht bloß als linearer Prozeß (Zeitvektor mit Irreversibilität) noch ausschließlich als zirkulärer Prozeß (Zeitkreis mit Reversibilität) zu begreifen, sondern treffender ist das Bild der Zeithelix. Denn: Während der Zeitkreis Geschichte als die Wiederholung des Immergleichen, als zirkulären Prozeß erfaßt, und der Zeitvektor die Gegenwart als punktuelles und damit geschichtsloses Phänomen begreift, ist die Zeithelix eine Synthese dieser beiden Zeitmodi, die es erlaubt und notwendig macht, die Evolution in ihrem dynamischen Prozeß zu erfassen. Die Zeit wird als dynamische Spirale erkannt, die beide Zeitebenen (Horizontale und Vertikale) aufhebt. Es ist weder Einmaligkeit (Irreversibilität) noch gleiche Wiederholung (Reversibilität), sondern dynamischer Fraktalismus, verändernde, temporäre, variierende Ähnlichkeit, die die Evolution charakterisiert.

Abb. 14: Drei Zeitverständnisse: Zeitkreis, Zeitvektor, Zeithelix

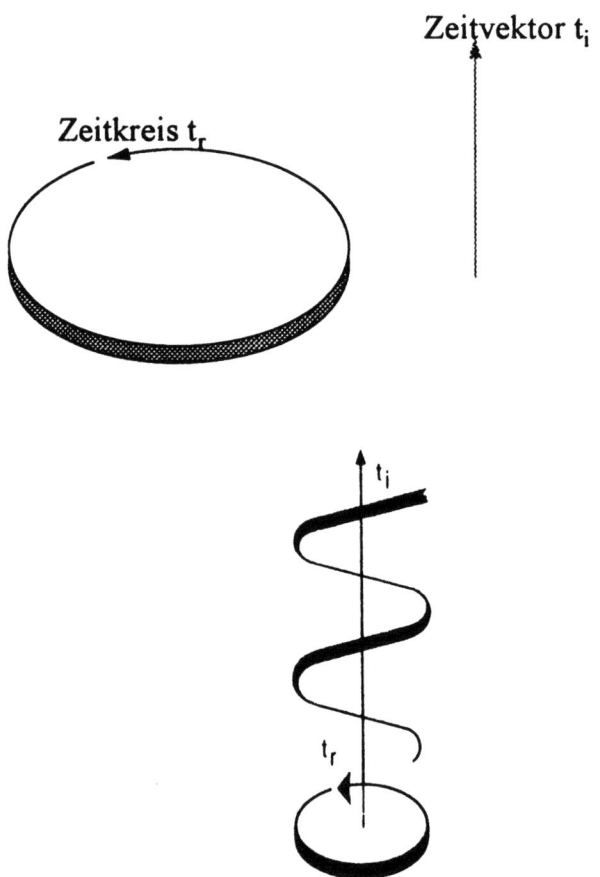

Abbildung in Anlehnung an: Cramer 1993, S. 104 und S. 105

Tab. 27: Entwicklungsphasen, Interdependenzen, Paradigmen mit Prospektion

Phase	Gesellschaft		Ökonomie		Staat		Paradig- matischer Zeitbe griff und *Operatio nalisie rung*
	Interessen- vertretung	Willens- bildung	Wirtschaft	Technik	Politik	Admini- stration	
I	Liberal- pluralis- tische Lei- stungsges.	Kanzler- demokratie	Neolib. Ord- nungspoli- tik	Maschi- nisierung der Lebens- welt	Minimal- staat	Ord- nungsver- waltung	**Zeitkreis** *Liberale Markt- steuerung*
II	Sozial- liberaler Pluralis- mus	partzipative u. parla- mentarische Demokratie	Global- steuerung	Großtech- nologie; Akzep- tanzkrise	poli- tisches Steue- rungs- zentrum	Planende Verwal- tung	**Zeitvektor** *Planende Reform- orien- tierung*
III	Spät- Pluralis- mus - Individua- lismus	Funktions_ probleme ̄ des parla- mentari- schen Sy- stems (Politik- ver- drossenheit, Entschei- dungsblo- ckaden)	Neoklass. Angebots- politik	Miniaturi- sierung und regi- onale Technik; Neue Technik- akzeptanz	Verhand- lungs- staat (z.B. De- regu- lierung)	Verhan- delnde Verwal- tung	**Zeitkreis** plus „Mini- "Vektor *Verhand- lungs- steuerung*
IV	Neue Individu- ation oder / und neue kollektive Vermitt- lungen - dynami- scher Plura- lismus	Mischmo- dell: parl. Demokratie plus pro- blemorien- tierte Betei- ligungsver- fahren effektuierte parlamenta- rische De- mokratie (mit funk- tionaler Stärkung der Exe- kutive, In- novations- bündnissen und pro- blemorien- tierter Par- tizipation	Entwick- lungs- orientierte Markt- wirtschaft mit kom- plexer Entwick- lungssteu- erung	Neue Technisie- rung (z.B. öko- logische Orientie- rung) Globali- sierte und regionali- sierte Technik	Zentrum für funk- tionale Zu- kunfts- entwick- lung (Strate- gische Allian- zen, punktu- elle, be- fristete Autono- mie; aktive Verwal- tungspo- litik)	Verwal- tung als Entwick- lungs- agentur	**Zeithelix** *Rückkop- pelnde Planung* *Entwick- lungsge- steuerter Übergang zur trans- industri- ellen Ge- sellschaft*

4. Hypothese: Hypothese des evolutorischen Lernens

Auch die Paradigmenwechsel dienen dem evolutiven Prozeß. Schon deshalb verlief die Systemgeschichte der BRD bislang verträglich und breit akzeptiert.[39]

In der Hypothese des evolutorischen Lernens wurde formuliert, daß es nicht beliebig sei, wer als Destabilisator des alten und Initiator des neuen Systems auftritt. Es wird - auf der Basis der empirischen Analysen - jetzt begründet vermutet, daß nach einer Phase mit einer staatlichen Steuerung die Selbststeuerung der Systeme, und umgekehrt nach einer Phase der Selbststeuerung der Subsysteme wieder der Drang zur „stärkeren" staatlichen Steuerung erforderlich zu werden scheint - allerdings jeweils auf höherer Stufe: die vorherigen Versuche werden als Erfahrungen „einverleibt" bzw. exogenetisch vererbt und kehren so „aufgehoben" wieder.

Es liegen hinreichende Erkenntnisse dafür vor, daß nach einer Phase mit einem vorherrschenden zirkulären Zeitverständnis und einer Dominanz der Selbststeuerungskräfte der Subsysteme der Staat (und sein Interventionspotential) wieder zum dominanten Initiator der Veränderung wird, wozu er auch das evolutive Zeitverständnis beansprucht.

Beispiele: Die systemimmanenten Krisen der Marktwirtschaft führen zu einer ausgeprägteren politischen Zukunftsorientierung; der Zeitvektor gewinnt an Bedeutung. Deshalb und weil das politische System aufgrund seiner am Machterhalt orientierten Rationalität schnell auf die Krisenphänomene reagieren muß (ansonsten Politikverdrossenheit, Unruhen), wird das politische System mit seinen „Interventions"potentialen zum Initiator der Veränderung („wenn die Zeit gekommen ist"). Umgekehrt scheint nach einer Phase der staatlichen Intervention wieder eine Phase der gesellschaftlichen Selbststeuerung (Laissez-faire) auf höherem Niveau zu dominieren.

Diesem „Mechanismus" liegt keine Kreislaufvorstellung zugrunde, denn ein einmal dominantes Paradigma oder die spezielle - mit dem Pa-

---

39 Vgl. auch das „Edmund Burke-Kriterium": „Ein Staat, dem es an allen Mitteln zu einer Veränderung fehlt, entbehrt die Mittel zu seiner Erhaltung ... Beide Prinzipien, das Erhaltungs- und das Verbesserungsprinzip (wirken zusammen)." (Burke 1793/94, S. 26)

radigma selbstähnliche und kompatible - Rationalität eines Subsystems verschwindet nicht vollends. So ist zum Beispiel auch in der dritten Phase der bundesrepublikanischen Systemgeschichte, in der ein zirkuläres Zeitverständnis vorherrschte, das vektorale Zeitverständnis, das in der zweiten Phase dominant war, nicht gänzlich zurückgedrängt worden. Der Zeitvektor war rudimentär oder verdeckt weiterhin „aktiv". Im evolutorischen Prozeß kehrten ähnliche Situationen bislang in „aufgeklärter Form" zurück. Dies ist allerdings ein empirischer Befund, seine vorschnelle Verallgemeinerung ist noch unzulässig. Wir können nur begründet vermuten, daß auch in Zukunft jeweils aufgeklärte Spielformen der beiden Muster (Staat versus Selbststeuerung) in den evolutiven Prozeß zurückkehren.

Bezogen auf die Systemgeschichte der BRD und die von uns analysierten Subsysteme hatten wir deren Einfluß auf die Phasenübergänge schon dargestellt (Tab. 9). Jetzt wagen wir - nun auch begründet durch die Analysen der politischen Prozesse - eine Prospektion über den Einfluß der Subsysteme auf den nächsten Phasenübergang (Tab.28).

Tab. 28: Destabilisierende Einflüsse der Subsysteme auf die Phasenübergänge mit Prospektion

Bereich / Phasenübergang		Organisierte Interessenvertretung	Bürgerschaftliche Willensbildung	Wirtschaft	Naturwissenschaft Technikentwicklung	Politisches System	Administratives System
I ↓ II	a)	mittel bis hoch	mittel bis hoch	mittel	mittel bis hoch	hoch	niedrig bis mittel
	b)	Gewerkschaften, aber auch Teile der Arbeitgeberverbände	Studentenbewegung	Teile der Wirtschaft	Planungssysteme	Reformpotential der Sozialdemokratie	Verwaltungsreform als Destabilisator
II ↓ III	a)	mittel	niedrig	hoch	niedrig bis mittel	mittel	niedrig
	b)	Arbeitgeberverbände		Starke Unterstützung durch Großindustrie und Mittelstand	Alte Ideen; Konsumgüterorientierung	Konservative propagieren Wende, aber zunächst nur punktuelle Umsetzung	
III ↓ IV*	a)	noch niedrig	mittel	mittel	mittel bis hoch	mittel bis hoch	niedrig bis mittel
	b)	Gewerkschaften und Arbeitgeberverbände halten an Erreichtem fest und blockieren noch Veränderungen. Aber erste Anzeichen eines Umdenkens sind vorhanden!	Wachsende Unzufriedenheit in der Bevölkerung, „erste" Proteste	Teile der Wirtschaft („produktiv") wünschen Veränderung	Globale Kommunikationsnetze; regionale Technik. Neue Ideen: Zeithelix; Komplexitätstheorie; rückkoppelnde Planung	Dysfunktionalitäten drängen den Staat allmählich zur Handlung	Verwaltungsmodernisierung als Destabilisator

a) Stärke des Einflusses b) Destabilisator * Bislang sind die Destabilisatoren und ihre Stärke für den Phasenübergang III zu IV nur rudimentär erkennbar.

5. Hypothese: Hypothese des Übergangs von der Industriegesellschaft zur transindustriellen Gesellschaft

Der systemgeschichtliche Wandel **innerhalb** der bundesdeutschen Industriegesellschaft wird überlagert von dem **epochalen** Wandel von der Industriegesellschaft zur transindustriellen Gesellschaft. Dies konnte an der Erosion zentraler Strukturmerkmale der Industriegesellschaft systematisch nachgewiesen werden. Bildung und Wissen werden in der Gesellschaft der nahen Zukunft zur ersten Produktivkraft; ihr Innovationspotential wird weiterhin (exponentiell) wachsen, zugleich wird die Halbwertzeit des Wissens immer kürzer, was eine Verstärkung der Wissensaneignung verlangt. Diese Produktivkräfte werden auch die industrielle Fertigung zurückdrängen. Diese wird jedoch nicht ganz aus den hochentwickelten Ländern abfließen.

Die Entwicklung zur transindustriellen Gesellschaft wurde allerdings nur für die Bundesrepublik Deutschland und nicht international vergleichend überprüft. Für andere hochentwickelte Industriestaaten dürften sich jedoch ähnliche Entwicklungen zeigen.

Die „Drittweltstaaten" tendieren indessen zu einer beschleunigten Übernahme des Industrialismus. Man denke nur an die Industrialisierung und speziell die Motorisierung Chinas. Damit können negative Begleitphänomene der Industriegesellschaft vor allem im ökologischen Bereich von außen auf die BRD zurückwirken. Und auch innerhalb des Systems können Altlasten des Industrialismus weiterhin als aktuelle Probleme auftreten. Hier ist etwa an schleichende Katastrophen im ökologischen Bereich (Waldsterben, Klimaveränderungen, verseuchte Böden) zu denken.

Und am Übergang von der Industrie- zur transindustriellen Gesellschaft entstehen neue soziale Probleme. Wie sich derzeit in vielen hochentwickelten Übergangsgesellschaften zeigt, entstehen vor allem fundamentale Veränderungen beim Faktor Arbeit.

6. Hypothese: Funktionale Notwendigkeit des entwicklungssteuernden Staates

In dieser Situation des doppelt begründeten Wandels bestehen zwei „machtbasierte" Handlungsalternativen (siehe hierzu auch die beiden Szenarien in Kapitel III.6 und Tab. 12):

1. „Man" (Staat und Gesellschaft) versucht, die Epoche der Industriegesellschaft zu verlängern. Entscheidet man sich für diesen Weg, so begibt man sich in eine Konkurrenz zu „Billiglohnländern". Die Konsequenz dieser Entwicklung heißt für die BRD Einkommensdumping, Senkung der Wohlfahrt, Verlängerung der Umweltbelastung - auch längerfristig. Im Grunde ist dies die Politik „der unsichtbaren Hand", wenngleich auch hier der Staat in die Interdependenz und Interaktion der Subsysteme z.B. durch Sozialabbau eingreift. Ob die Gesellschaft sich mit dieser Form der Politik dauerhaft im evolutiven Möglichkeitsraum bewegen kann, scheint fraglich, wie - nicht nur - die weit verbreiteten Thesen über die fortschreitende Verarmung (neuer Armutsbegriff) eines wachsenden Teils der Bevölkerung (zwei Drittel-Gesellschaft; 50:50 Gesellschaft oder gar 20:80-Gesellschaft) belegen. Die Grenze zum Manchester-Kapitalismus („Rückfall") könnte erreicht werden - gestützt durch die fortschreitenden orientierungslosen Individualisierungen. Auch in bezug auf schleichende ökologische Katastrophen wäre zu befürchten, daß - um im globalen Wettbewerb überleben zu können - die Umweltstandards massiv gesenkt würden. Deregulierung bedeutet dann nicht zuletzt Abbau von umweltschützenden Vorschriften mit Langfristschädigungen.

2. „Man" (Staat und Gesellschaft) versucht, durch eine massive Entwicklung und Steigerung des Humanpotentials und der Produktivkraft Wissen wieder an die Spitze technologischer und administrativer Entwicklungen zu gelangen. Dies bedeutet auch, daß das Bildungssystem schnell reformiert und auf die Herausforderungen der Zukunft ausgerichtet werden muß. Das bedeutet außerdem, daß Risikokapital in technologischen Zukunftsbereichen (auch vom Staat) zur Verfügung gestellt werden muß. Zu-

dem muß der Staat auch immateriell unterstützend bei der Freisetzung neuer Entwicklungsenergien („Motivationen", Basisinnovationen) aktiv werden.

Mit Blick auf den bereits begonnenen evolutiven Prozess wurde die zweite Alternative als funktional für die Übergangsgesellschaft und die Phase „danach" identifiziert.

Der funktionale Staat muß seine Aufgabenspektren in diesem Korridor zur transindustriellen Gesellschaft formulieren und entwicklungssteuernd verfolgen. **Das macht ihn zum funktionalen Staat der Übergangsgesellschaft.** Anders gewendet: Es besteht in der Übergangsgesellschaft von der Industriegesellschaft zur transindustriellen Gesellschaft eine funktionale Notwendigkeit zur flexiblen und moderaten Entwicklungssteuerung der Gesellschaft durch den Staat. Für seine funktionale Aufgabenerfüllung sucht und inkorporiert der Staat Verbündete und Partner (strategische Allianzen) und damit eine zusätzliche temporäre Akzeptanz- und Kooperationsbasis. Die legitimierenden Willensbildungsstrukturen (Wahlen / Repräsentationsorgane; partizipative Ergänzungen) werden aktiviert.

Die Tabelle 29 gibt einen Überblick über die funktionale Flexibilisierung des Staates im Verlauf der Systemgeschichte der BRD. In allen bisherigen Phasen war die Anpassung funktional, d.h., der Evolutionsbruch konnte verhindert und (komplexitätstheoretisch) die nächste Fitneßstufe erreicht werden. Das ko-evolutive Prinzip „funktionierte".

Tab. 29: Funktionale Anpassung des Staates

Phasen	Gesellschaft	Staat	Leitende Funktion
I	Liberal-pluralistische Leistungsgesellschaft	Minimalstaat Ordnungsverwaltung	moderate Ergänzung hoheitlicher Funktionen (Leistungs-Verwaltung etc.)
II	Sozial-liberaler Pluralismus	Politisch-administratives Steuerungszentrum	Konzertierte Aktion Makroplanung, Verwaltungsreform
III	Spätpluralismus	Verhandlungsstaat	Schlanker Staat, Deregulierung, Verwaltungsmodernisierung als Mikroökonomisierung
IV	Übergangsgesellschaft zur transindustriellen Gesellschaft	Entwicklungssteuernder Staat	Reform der Staatstätigkeit, aktive Politik, Verwaltung als Entwicklungsagentur

2. Ableitungen für die Erklärung der Ko-Evolution von Gesellschaft und funktionalem Staat

Aus der Systemgeschichte und mittels spezieller Mustererkennung (variierendes Verhältnis von Staat und Gesellschaft) sowie überprüfter Hypothesen lassen sich nun zusätzliche Erkenntnisse für die Relevanz und Gültigkeit des ko-evolutiven Ansatzes gewinnen, womit sich auch ein weiterer Schritt zur Theoriebildung (auch in Richtung auf eine politische Komplexitätstheorie) ergibt. Dieser Schritt folgt seinerseits dem evolutiven Prinzip der Aneinanderentwicklung von empirischen und theorieverwertenden Erkenntnissen. Es lassen sich nun verallgemeinernde Aussagen zur Ko-Evolution von Gesellschaft und funktionalem Staat ableiten.

1. Es gibt einen evolutiven Möglichkeitsraum, und es gibt potentielle Räume außerhalb. Die Gesamtentwicklung wird durch den zwischen Möglichkeiten selektierenden (und kombinierenden) Prozeß mitbestimmt. Dennoch ist sie nicht von diesem determiniert, sondern nur in einem relativ breiten Korridor historisch

begrenzt, wobei sie vorrangig komplexitätstheoretischen Prinzipien folgt.[40]

2. Die gesellschaftlichen Subsysteme sind nicht autonom, sondern sie sind interdependent und interagieren, wobei auch Paradigmen mitwirken und sich bilden: In diesem Sinne kann die Gesellschaft als Einheit angesehen werden. Teile (Subsysteme) und Ganzes (Gesellschaft als Gesamtsystem) richten sich aneinander und in bezug zu einem breit akzeptierten und damit „für einige Zeit" geltenden Paradigma aus. Dennoch besitzen die Teile durchaus Freiheitsgrade, nur deswegen können Destabilisatoren erfolgreich werden. Es ist nicht Identität und Morphogenität, was die Gesellschaft kennzeichnet, vielmehr gilt evolutive Selbstähnlichkeit als durchgängiges Prinzip (Fraktalismus).

3. Die Gesellschaft ist also nicht statisch. Sie befindet sich immer in einem oft tachogenen Veränderungsprozeß. Von Zeit zu Zeit emergieren neue Paradigmen, neue Muster und Strukturen gesellschaftlicher Organisation. Diese Dynamik, die aus unterschiedlichen, für das alte Paradigma dysfunktionalen Faktoren ihre Energie erhält, reißt - „wenn die Zeit gekommen ist" (Jantsch) - die Subsysteme mit und zwar in einem relativ geordneten Vorgang (2. chaostheoretisches Prinzip). Ko-Evolution von Teilen und Ganzem findet als **bewegte Ordnung** statt. Aus dieser bewegten Ordnung ergeben sich paradigmatisch gestützte Entwicklungsphasen und Übergänge. Letztere sind die Zeiten, in denen auf der Basis des „alten" Paradigmas einer Entwicklungsphase „neue" Problemlagen nicht mehr zu lösen sind. Das Paradigma wird dysfunktional zu den Herausforderungen. Ein neues Paradigma muß „entwickelt" und „etabliert" werden, damit sich neue Lösungsmuster bewähren können.

4. Der Ko-Evolution lassen sich sehr grob zwei Muster zuordnen:
   a) Das Muster der Selbststeuerung der Systeme.
   b) Das Muster stärkerer oder sanfterer staatlicher Steuerung.

---

40 Das schließt auch chaostheoretische Erklärungen der zweiten Stufe, zeit- und lerntheoretische Ansätze ein (vgl. dazu Näheres in Kapitel Abschnitt V.3. - Modernisierte Chaostheorie).

Bislang lösten sich diese Muster in der Systemgeschichte der BRD jeweils ab, und sie kehrten bislang in aufgeklärter Form (d.h. im Bild der Zeithelix „aufsteigend") als nun „erneuertes", herrschendes Paradigma zurück. Ob dieser empirische Befund eine weiterhin geltende Gesetzmäßigkeit ist, muß die Zukunft zeigen. Die Wahrscheinlichkeit dafür ist allerdings hoch.

5. Wir befinden uns derzeit in einer Übergangsphase der Systemevolution. Die Dysfunktionalitäten (z.B. Arbeitslosigkeit, Staatsverschuldung, Politikverdrossenheit) nehmen zu, das herrschende Handlungs- und Verhaltensmuster des Spätpluralismus und des Verhandlungsstaates sowie der ihnen inhärente, modifizierte Zeitkreis können die Herausforderungen nicht mehr hinreichend bewältigen. Das ehemals funktionale Paradigma des bloß partnerschaftlichen Verhältnisses der staatlichen und gesellschaftlichen Subsysteme wird dysfunktional und mit ihm auch der Verhandlungsstaat. Die Politik mit ihrer Rationalität des Machterhalts spürt dies durchaus. Sie sucht deshalb nach neuen Formen der Politik-Erzeugung, vor allem in einer modifizierten Interaktion von Staat und Gesellschaft.

6. Diese Übergangsphase wird jedoch überlagert vom epochalen Wandel des Industrialismus zur transindustriellen Gesellschaft. Die Erosion zentraler Strukturmerkmale der Industriegesellschaft ist nachweisbar. Es entstehen neue Herausforderungen, die aus der ökonomischen und ökologischen Internationalisierung, aus Altlasten der Industriegesellschaft und aus neuen Herausforderungen der nun emergierenden Gesellschaftsform resultieren. Dennoch oder gerade deshalb bestehen Handlungsmöglichkeiten. Alternative Korridore auf dem Weg in die neue Gesellschaftsform werden - für verschiedene interdependente Politikfelder (z.B. Soziales, Technologie, Ökologie, Ökonomie) sichtbar und könnten beschritten werden.

7. Staat und Gesellschaft erwiesen sich bislang in allen Phasen der Bundesrepublik als paßgerecht, d.h. als adäquat und hinreichend aufeinander bezogen. Die Entwicklung der BRD konnte fortschreiten, der Evolutionsbruch, eine irgendwie geartete Eskalation oder völlige Destabilisierung, blieb aus. Bislang ist die Es-

kalation der krisenhaften Situationen in allen Phasenübergängen durch rechtzeitige „Installation" eines neuen, (wieder) erfolgreichen Paradigmas und der ihm gemäßen Anpassung des Subsysteme verhindert worden. Der „Ernstfall" fand - beim dynamischen Wandel innerhalb der Industriegesellschaft der BRD - nicht statt. Das heißt: bislang war der Staat **phasen-funktional**.

8. Die derzeitigen dysfunktionalen exogenen (z.B. „Globalisierung" von Ökonomie und Ökologie) und endogenen Ereignisse (z.B. demographische Entwicklung und „Individualisierung") in der spätpluralistischen Gesellschaft der BRD sowie der schwierige Übergang zur transindustriellen Gesellschaft zeigen, daß das herrschende Paradigma und die Funktionalität des Verhandlungsstaates am Ende sind. Es werden wieder andere und mehr Anforderungen an den Staat gestellt. Er muß durch aktive Politik die Optimierung der derzeitigen Übergangsgesellschaft im Hinblick auf die transindustrielle Gesellschaft vornehmen. Der funktionale Staat der Übergangsgesellschaft wird zum aktiv entwicklungsfördernden und tendenziell entwicklungssteuernden Staat (werden müssen).

9. In diesem Sinne benutzten wir einen **doppelten Begriff** des funktionalen Staates:

   a) Allgemein: Der Staat ist funktional, wenn er die Evolution der Gesellschaft „flexibel" unterstützt bzw. nicht behindert. Dies ist bislang in allen Phasen der BRD hinreichend gelungen.

   b) In der derzeitigen Übergangsgesellschaft besteht eine funktionale, weil evolutorisch begründete Notwendigkeit für den entwicklungssteuernden (also besonders „aktiven") Staat. Er kann - von den gesellschaftlichen Partnern akzeptiert - den epochalen Übergang in die transindustrielle Gesellschaft erträglich gestalten und instrumentell fördern.

In der Übergangsphase zur transindustriellen Gesellschaft dürfte der „funktionale" Staat freilich nur dann diese neue Entwicklungsaufgabe erfüllen, wenn und solange er politisch führt und dies überzeugend und lange genug durchhält. Er muß dabei die

Balance zwischen Stärke durch Aufgabenabbau (Handlungs-spielraum) und Überzeugung als steuerungsfähiges Kompetenz-zentrum (Handlungsfähigkeit) erreichen. Damit nähern wir uns wiederum einer Phase der moderaten staatlichen Intervention. Der Staat kann von den gesellschaftlichen Gruppen als Steue-rungsinstanz anerkannt werden, weil alleine er eine erfolgreiche Überwindung der derzeitig destabilisierenden und fluktuierenden Prozesse verspricht. Seine Handlungsfähigkeit, seine wachsende oder die ihm zugestandene Kompetenz zur Entwicklungssteue-rung erweist sich jetzt und nächstens als evolutorische Notwen-digkeit. Diese Funktion erfüllt der Staat, wenn er in die interna-tionalen und nationalen Entwicklungen durch gezielte punktuelle und terminierte Programme und Maßnahmen einzugreifen ver-mag und diese Rolle überzeugend zu vermitteln versteht.

10. Bei der Suche nach der historisch „richtigen" Position (komplexitätstheoretisch: nach dem optimalen Weg „zwischen und auf den Hügeln der Fitneßlandschaft") wird der funktionale Staat in der Übergangsgesellschaft eine Führungsrolle überneh-men müssen (Aufklärung, Gesamtstrategie im Auftrag der Ge-sellschaft, Suchfunktion namens der Zukunft). Auch wird es darauf ankommen, die Funktionalität als Steuerungszentrum über einen längeren Zeitraum zu erhalten und insoweit die staat-lichen Entwicklungsaufträge zu stabilisieren (komplexitätstheo-retisch: auf höherem Niveau der „Fitneß" zu halten).

Auch der gegenwärtige Übergang in eine neue Phase des wenig-stens punktuell autonom handelnden Staates und der neuen akti-ven Politik wird nicht konfliktlos vollzogen. Stabilisatoren wer-den auftreten, die vehement eine Fortsetzung der spätpluralisti-schen Phase propagieren. Deshalb werden derzeit noch Anpas-sungsmodernisierungen präferiert (z.B. ausschließlich mi-kroökonomische Verwaltungsmodernisierung; Weltmarktorien-tierung ohne aktive Förderung von Basisinnovationen oder Produktivkräften) und damit die Übergangsphase möglicherweise „ernsthaft" verlängert.[41]

Vieles, was in der derzeitigen Diskussion als Sachzwang erscheint, ist bei genauerer Betrachtung eine politisch durchaus gestaltbare Größe. „Man" muß „nur" den Schleier des Sachzwangs lüften, um die politischen Gestaltungsoptionen zu erkennen, und der gewonnene Handlungsspielraum muß ausgenützt werden. Sonst realisiert sich möglicherweise Marxens Bild von der dumpfen Handlungsunfähigkeit:

> „Es gilt die Schilderung eines wechselseitigen dumpfen Drukkes aller sozialen Sphären aufeinander, einer allgemeinen, tatlosen Verstimmung, einer sich ebensosehr anerkennenden als verkennenden Beschränktheit, eingefaßt in den Rahmen eines Regierungssystems, welches, von der Konversation aller Erbärmlichkeiten lebend, selbst nichts ist als die Erbärmlichkeit an der Regierung." (Karl Marx (1844) 1974, S. 96)

3. Begründungen aus Erklärungsmustern: Auf dem Weg zur politischen Theorie der Ko-Evolution

3.1. Intentionen

Beabsichtigt war die Formulierung einer politischen Theorie der Ko-Evolution von Staat und Gesellschaft, die entwickelt und überprüft werden sollte an der Systemgeschichte der Bundesrepublik und deren absehbarer Zukunft. Dem diente die Überprüfung von sechs Hypothesen, die

- einerseits von der Hayekschen Mustererkennung und
- andererseits von der Verwertung neuerer (auch fachferner) Theorien bestimmt worden waren.

---

41 Paradigmatisch sei hier verwiesen auf Friedrich Lists frühe entwicklungssteuernde und transferorientierte Ansätze (List 1930).

Schließlich war für die Ausrichtung der Analysen Karl E. Weicks Charakterisierung der Theorie-Niveaus relevant: Es sollte eine allgemeine und einfache, zugleich aber nicht auch noch genaue Erklärung gesucht werden (sogenannte „10-Uhr-Theorie").

Im Verlauf der hypothesen-geleiteten Analysen ergab sich aber doch eine neue Ausrichtung und Ergänzung des zunächst als hinreichend geltenden Erklärungsmusters der dynamischen Interdependenz und der damit weitläufig verbundenen Ansätze (wie chaostheoretisches Prinzip, Übergangsgesellschaft usw.).

Es schien möglich und nötig, aus dem Kontext von überprüften Hypothesen und verwerteten Erklärungsmustern eine allgemeine Theorie der Ko-Evolution von funktionalem Staat und Gesellschaft zu gewinnen, die auch von zentralen Komponenten der neueren Komplexitätstheorie (Kauffman 1996, Lewin 1993, Jantsch 1988, Laszlo 1992) profitieren könnte. Diese Ausweitung schien uns eines Versuchs wert und wurde dann auch vorgenommen. Wir konnten uns dann doch nicht entschließen, die Komplexitätstheorie selbst in den Mittelpunkt der Theorieentwicklung zu stellen, wohl aber sie implizit zu berücksichtigen.

Im übrigen kann die hier gewählte Theorie-"Genese" für sich selbst den evolutorischen Ansatz beanspruchen: die Theorie befand (und befindet) sich selbst noch in der Entwicklung, beispielsweise in der „Ko-Evolution" von empirischen und theorieverwertenden Zugängen.

3.2. Bausteine

Es gibt auf der Welt nichts, was nicht zu einem anderen in einem Wechselverhältnis stände. Aber nur von einem Teil ausgehend, kann man das nicht erkennen, erst aus dem Wissen von dem anderen kommt diese Erkenntnis.

Darum sage ich, das eine geht aus dem anderen hervor, das eine wird durch das andere bedingt. Das ist die Lehre von der Erzeugung des einen durch das andere. (Tschuang-tse, 4. Jhd. v Chr.)

a) Theorie der Ko-Evolution

Zentrale Merkmale der Theorie der Ko-Evolution wie Interdependenz, Dynamik und Destabilisatoren finden sich verallgemeinert auch im Selbstorganisations-Paradigma. „Selbstorganisation" und Dynamik („Zeit") stehen für die Abfolge jeweils ganzheitlicher Systemzustände; das entspricht den Interdependenzebenen im Phasenübergang. Dynamische Systeme können als „gigantische Fluktuationen" verstanden werden (Erich Jantsch). Der Typus des evolvierenden Systems, das sich selbst in offener, oft diskontinuierlicher Abfolge zu ändern vermag, scheint ein übergreifendes („transdisziplinäres") Erklärungsmuster zu werden. Auch soziale Systeme befinden sich immer zwischen Stabilität und Wandel; die Regeln des Wandels können - ja müssen - selbst der Veränderung unterliegen. In der neuen Vorstellung des sich entwikkelnden und dabei selbstorganisierenden Systems wird von der „Dialektik" nur zeitweise stabiler Strukturen und kohärenter Evolution ein und desselben Systems ausgegangen.

Solche Systeme stehen ihrerseits im Austausch (Innen-Außen-Beziehungen). Es kommt zur „Aneinanderentwicklung" (Ko-Evolution); beispielsweise zwischen technologischem Wandel und ökologischer Entwicklung oder zwischen der Verbreitung der Informationstechniken in der Verwaltung und der Veränderung des Bundesangestelltentarifs.[42]

Die ko-evolvierenden Systeme sind durch die Einheit von Selbstentwicklung und Entwickeltwerden gekennzeichnet (auch Prigogine 1985). Die dabei auftretenden Widerstände einer gegebenen Struktur, also ihr „Stabilisierungshang", wird irgendwann doch von machtvollen Fluktuationen (Destabilisatoren/Initiatoren) überwältigt und so in eine neue Struktur überführt: „Evolutionär sein heißt, sich in der Struktur der Gegenwart mit voller Ambition und ohne Reserve zu engagieren, und doch loszulassen und in eine neue Struktur zu fließen, wenn der Zeitpunkt dafür gekommen ist" (Jantsch 1988, S. 348). Um auch solchen Entwicklungsanforderungen zu entsprechen, müssen solche dynamischen Systeme befähigt sein, ständig offene Spielregeln zu ent-

---

42 Frühe Hinweise zur interdependenten Beziehung von Demokratie, Effizienz und gesellschaftlichem Evolutionsgrad bei Böhret 1970, S. 243 ff.

wickeln. Diese dritte Fähigkeit gehört - neben Strukturbildung und Dynamik - zu den generellen Bedingungen des evolvierenden Systems. All das entspricht auch dem flexiblen Verhältnis von Destabilisatoren/Stabilisatoren und der Rolle des Initiators bei der evolutiven Regelentwicklung und Destabilisierung (vgl. auch Abb. 13).

Diese Erkenntnisse lassen sich direkt auf das Verhältnis von Staat und Gesellschaft übertragen, wie die empirischen Analysen zur Systemgeschichte der BRD belegen.

Die Theorie der Ko-Evolution ist eine gewichtige Hilfe für die Erklärung des dynamischen Verhältnisses von funktionalem Staat und Gesellschaft

---

b) Evolutorische Komplexitätstheorie

Die Komplexitätstheorie von Stuart Kauffman (Kauffman 1996) stärkt und erweitert die Theorie der Ko-Evolution. Komplexitätstheoretisch unterstützt Ordnung (und Selbstähnlichkeit) die Ko-Evolution; es sind somit drei Variablen, die sie erklären: Zufallsvariation, Selektion (in Fitneß-Landschaft) und Ordnung.

Die Komplexitätstheorie erweist sich als eine besondere Weiterentwicklung der (neo-)darwinschen Theorie, weil durch die Variable Ordnung ein höherer Erklärungsgehalt zu gewinnen ist. Ordnung darf dabei allerdings nicht mit Statik (Festhalten, „ewiger" Ordnung) verwechselt werden, sondern Ordnung (eine Art evolutiver Musterbildung) meint das funktionale Ineinandergreifen verschiedener Teile oder Subsysteme bei der Ko-Evolution. Man kann es auch anders formulieren: Ordnung unterstützt die Ko-Evolution, weil nicht nur der Überlebenskampf durch die „Fitneß" entschieden wird, sondern weil mitwirkend auch das geordnete Ineinandergreifen von Teilsystemen die Evolution unterstützt (vgl. Abb. 15: Ordnung im Phasenübergang).

Abb. 15: Ordnung im Phasenübergang

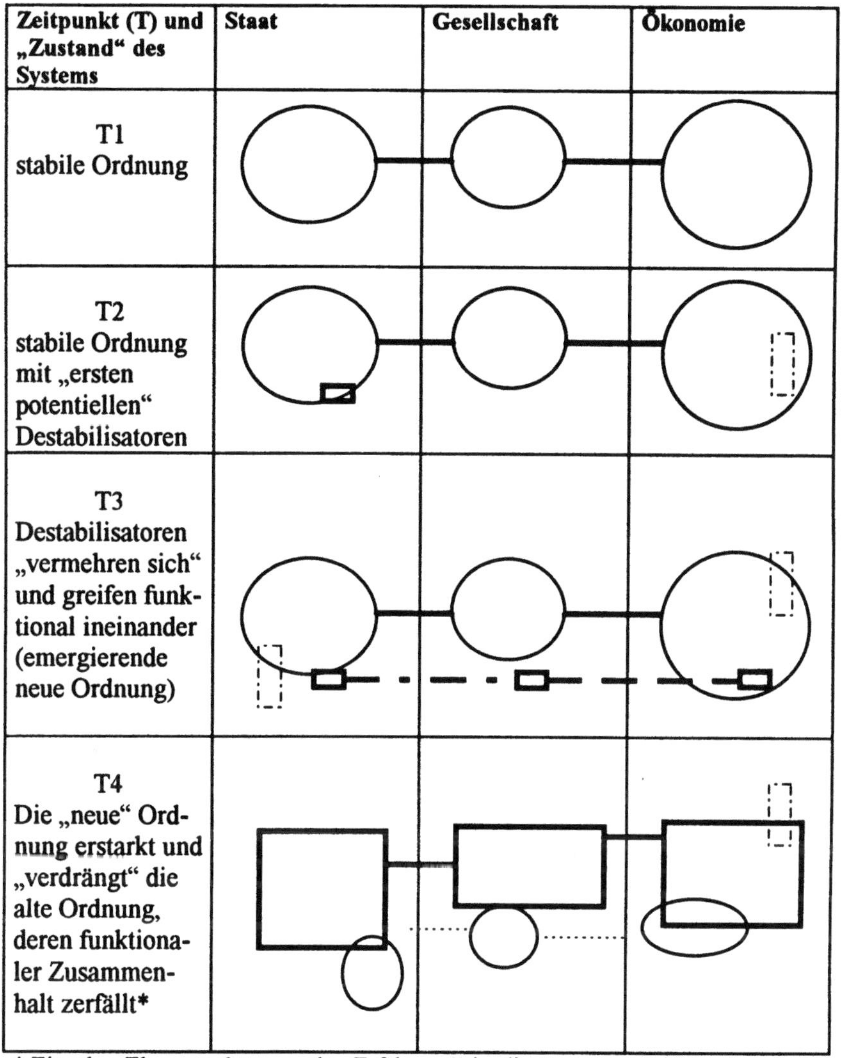

Zeitpunkt (T) und „Zustand" des Systems	Staat	Gesellschaft	Ökonomie
T1 stabile Ordnung			
T2 stabile Ordnung mit „ersten potentiellen" Destabilisatoren			
T3 Destabilisatoren „vermehren sich" und greifen funktional ineinander (emergierende neue Ordnung)			
T4 Die „neue" Ordnung erstarkt und „verdrängt" die alte Ordnung, deren funktionaler Zusammenhalt zerfällt*			

* Einzelne Elemente können als „Erfahrung" in die Systemgeschichte einverleibt werden.

In gedanklicher Weiterführung heißt dies, ko-evolutive (sich aneinander entwicklende, selbstähnliche) Teilsysteme überleben. Anders ausgedrückt: Sowohl ein Teilsystem, das „zu spät kommt„ (Nicht-Ähnlichkeit; Unangepaßtheit) als auch eines das „zu früh kommt" wird in der Evolution ausgesondert. Es gilt der Grundsatz: „Ohne Ordnung gäbe es keine Weiterentwicklung, ohne Gesetz hätte nichts Bestand." (Brauer 1988). Zudem wird die Evolution durch das Selektionskriterium „Fitneß" (auch Leistungsfähigkeit) bestimmt, dies heißt: die Systeme müssen sich optimal an ihre Umgebung und deren Veränderung anpassen können.

Die evolutorische Komplexitätstheorie erklärt somit, wie sich Teilbereiche (Subsysteme) an den Rand ihrer Stabilität drängen, und zwar auf der relativen Suche nach höherer Leistungsfähigkeit (Fitneß) im Wettbewerb mit anderen. Dabei müssen - bildlich gesprochen - hemmende „Landschaften" durchquert und neue Gipfel erklommen werden - ohne daß vollständige Information besteht (Abb. 16).

Abb. 16: Fitneßlandschaft

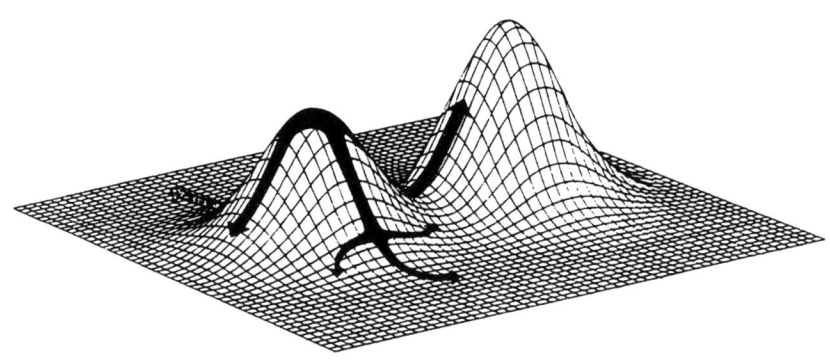

nach Laszlo 1992, S. 156

In diesem Prozeß ergeben sich oft unterschiedliche Zeitzyklen. Veränderung erfolgt aus der „Netto"kraft von Destabilisatoren/Initiatoren und dem Erhaltungswiderstand (Stabilisatoren): Es bilden sich irgendwann, aber nicht völlig „unabhängig" (sondern „wenn die funktionale Zeit gekommen ist") hinreichend starke (Fitneß-)Zentren heraus, die den Phasenübergang stimulieren und dann auch vorübergehend zu steuern vermögen. Dabei werden die verharrenden bzw. noch „suchenden" Subsysteme vom „erfolgreichen" Destabilisator (z.B. Krise oder Verdrossenheit) und vom innovativen Initiator (z.B. Staat) mitgerissen. „Es gibt keine externe Kraft, die das System erhält. Die Dynamik kommt aus dem System selbst". (Lewin 1993, S. 235)[43] Ist der Anstoß erfolgreich, kommt es wegen der Interdependenzen zur Ko-Evolution (Aneinanderentwicklung). Das heißt: Die Veränderung tritt allmählich und nacheinander, aber wegen der Interdependenz auf der ganzen Ebene, ein. Chaostheoretisch wird temporär eine neue Ebene der Ordnung erreicht („bewegte Ordnung").

---

43 „Die Evolution und Koevolution sämtlicher Organismen, Artefakte und Organisationen vollzieht sich auf zerklüfteten, sich verformenden Fitneßlandschaften. Alle komplexen Organismen, Artefakte und Organisationen unterliegen widerstreitenden Randbedingungen. Daher ist es nicht verwunderlich, wenn bei Versuchen, gute Kompromißlösungen und -entwürfe zu erzielen, Gipfel auf zerklüfteten Landschaften gesucht werden müssen. Und es kann auch nicht überraschen, daß menschliche Akteure mehr oder minder blind suchen müssen, da der Möglichkeitsraum in der Regel riesengroß ist." (Kauffman 1995, S. 365)

> Die evolutorische Komplexitätstheorie liefert damit zentrale Begrün-
> dungen
> - für die Destabilisation durch Selektion auf der Grundlage von
>   Ordnung und Fitneß (wobei Ordnung als durchgängiges tempo-
>   räres Muster (Prinzip) selbstähnlicher Subsysteme verstanden
>   wird),
> - für die notwendige Existenz eines (externen, endogenen) Initia-
>   tors der Veränderung (Destabilisator),
> - für die besondere Art der „mitreißenden" Ko-Evolution auf der
>   ganzen Ebene (Interdependenz).
>
> Gesellschaftliche Evolution und „Systemgeschichte" wird durch die
> Dynamik von Zufallsvariation, Selektion und Ordnung erzeugt.

c) Modernisierte Chaostheorie

Diese Interpretation wird unterstützt und konkretisiert vom Evoluti-
onsparadigma der modernisierten „Chaostheorien" (vgl. Böhret 1990,
Landfried 1995) und Selbstorganisationstheorien (vgl. z.B. Prigogine
1985, Jantsch 1988).

Daraus lassen sich zum Beispiel zwei politisch relevante Aspekte
der (System-)Entwicklung erkennen:
- Chaos entsteht aus Ordnung durch Anstöße, die gegen ein
  Gleichgewicht (eine stabile Struktur) gerichtet sind. Beispiel:
  Destabilisierung durch neue politische Ideen und Bewegungen,
  aber auch politische Innovationen im Programmbereich
  (politics, policies).
- Ordnung entsteht aus Chaos (durch „Selbstorgansiation"). Beispiel: Staatenbildung, Verbandsgründung oder Rechtsordnungen
  (polity).

Der „Chaosforscher James Ford bringt dies auf die prägnante Formel
'Evolution ist gleich Chaos plus Rückkoppelung'. Deshalb sind die
meisten Chaosforscher mittlerweile der Überzeugung, daß es ohne
Chaos keine komplexen Systeme und damit auch keine Evolution
und kein Leben gäbe. Chaotische Strukturen verkörpern auf keiner
Ebene der Evolution ein regelloses Durcheinander, sondern ein

durch vielfältige Rückkoppelung erzeugtes komplexes Netzwerk. Die Entwicklung natürlicher und lebendiger Prozesse, Strukturen und Systeme beruht auf einer evolutionären Kreativität - die Chaostheorie begreift das 'Werden der Welt' als deren Grundzustand." (Huber 1996, S. 45f.)

Dabei ist ein zusätzlicher Schritt erforderlich: die - oft zeitverschobene - Parallelität einzelner chaotischer Prozesse können sich wechselseitig beeinflussen und dabei durch Rückkoppelungen neue Muster (Ordnungen) bilden.

Zur Erinnerung: Die Kernsätze der „klassischen" Chaostheorie lauten:

- Chaotische Systeme sind von ihren Anfangsbedingungen „sensibel abhängig".
- Das strenge Kausalitätsprinzip gilt nicht in jedem Fall. „Folgen" entstehen auch nach dem Prinzip „ähnliche Ursachen brauchen nicht ähnliche Wirkungen zu haben".
- Das Verhalten eines Systems ist langfristig unvorhersehbar.
- Die Prozesse sind irreversibel.
- Das chaotische Prinzip gilt allgemein (also auch für soziale und personale Systeme), aber es gilt nicht immer.

Jean Guitton hat es so beschrieben:

„Auf der fundamentalen Ebene (gibt es nichts) Stabiles: Alles ist in ständiger Bewegung, alles ändert sich und verwandelt sich unaufhörlich im Verlauf eines chaotischen, nicht beschreibbaren 'Ballets'..." (Guitton 1992, S. 97)

und

„Wesson begründet ausführlich, warum Chaos in der Vielfalt des Lebens eine große Rolle gespielt haben muß und natürliche Auslese oder Zufall die Evolution nicht begründen konnten. Erst aus dem komplexen Zusammenspiel von Rückkoppelung, Selbstorganisation, Zufall und Chaos habe die Evolution ihren kreativen Verlauf nehmen können. Die alte wissenschaftliche Vorstellung vom Gleichgewicht der Natur (und man möchte ergänzen: der Gesellschaft C.B / G.K), so der amerikanische Chaosforscher John Briggs, werde daher immer stärker ersetzt durch die neue Vorstellung vom dynamischen, schöpferischen und ungeheuer vielfältigen Chaos der Natur (der Gesellschaft C.B./G.K.) oder genauer gesagt, ihrer Ko-Evolution.... Die Welt kann nun endlich als evolutionärer Prozeß verstanden werden, als ein offenes, sich selbst organisierendes und vor allem kreatives System." (Huber 1996, S. 48 f.)

Wie in der Komplexitätstheorie wird Evolution hier als eine „bewegte Ordnung" interpretiert. Damit unterstützen auch die erweiterten chaostheoretischen Prinzipien den ko-evolutiven Ansatz.

d) Evolutive Zeittheorie

Der Faktor Zeit ist für die evolutiven Systeme konstitutiv (vgl. Böhret 1990, S. 126 ff. und 1994, S. 112 ff.). Die evolutive Zeit ist nicht bloß als linearer Prozeß (Zeitvektor mit Irreversibilität) noch ausschließlich als zirkulärer Prozeß (Zeitkreis mit Reversibilität) zu begreifen, sondern vorrangig als Kombination der beiden Zeitmodi im Bild der Zeithelix (Zeitspirale). Denn: Während der Zeitkreis Geschichte als die Wiederholung des Gleichen oder doch Ähnlichen, als zirkulären Prozeß erfaßt, begreift der Zeitvektor Geschichte als ein gegenwartstransportierendes, „lineares", irreversibles Phänomen. Die Zeithelix synthetisiert diese beiden Zeitmodi, sie erlaubt es und macht es notwendig, den evolutiven Prozeß nun auch als interdependente, ja dialektische Bewegung zweier Zeitdimensionen zu erfassen. Die Zeit wird als dynamische Spirale erkannt, die beide Zeitebenen (Horizontale und Vertikale) aufhebt.

Oder anders ausgedrückt: auch „die" Zeit folgt zunehmend dem ko-evolutiven Prinzip (Sein und Werden, Zeitkreis plus Zeitvektor). Es ist weder Einmaligkeit (Irreversibilität) noch gleiche Wiederholung (Rückkehr), sondern befristete Ähnlichkeit, die die evolutive Zeit charakterisiert. Damit ist auch der Faktor Zeit als integratives Element der Ko-Evolution identifiziert.

226

e) Interdependenz und Interaktion

(1) Das Verhältnis von struktureller, systemischer Ebene und Handlungsebene oder - unter evolutiven Gesichtspunkten - die Dynamik von Interdependenz (System-Ebene) und Interaktion (Handlungsebene) erschließt sich mit Hilfe der Dialektik. Interaktion oder die Handlung von Akteuren passiert in interdependenten Subsystemen, unter zum Teil abhängigen, sich wechselseitig beeinflussenden Strukturen. Die Akteure sind durchaus als systemische Charaktermasken zu begreifen, agieren innerhalb der ihnen als quasi natürlich erscheinenden Systemstrukturen und wirken dennoch zugleich verändernd auf diese ein. Dieser scheinbare Widerspruch von Handlungsdeterminismus und -freiheit ist nur zu verstehen, wenn man dialektisch argumentiert und die Nichtidentität akzeptiert. Dialektik ist die Methode des Nichtidentischen, wonach „jedes stets nur ist, was es ist, indem es zu dem wird, was es nicht ist." (Horkheimer / Adorno 1980, S. 15)[44] Der Vorteil der dialektischen Interpretation des Verhältnisses von Systemebene und Handlungsebene ist eindeutig, denn sie beantwortet zufriedenstellend die immer aktuelle Frage der Sozialwissenschaften: „Wer beeinflußt was": das System die Akteure (Vulgär-Marxismus) oder die Akteure das System (Vulgär-Weberismus)?

(2) Die These des evolutorischen Lernens, neue „destabilisierende", funktionale Ideen sowie die Analyse des evolutiven Möglichkeitsraumes (wie der Szenarien) belegen, daß die Ko-Evolution auch durch „bewußte Selektion" erfolgt. Außerdem spielen die strategischen „Ziel"bestimmungen unterschiedlicher gesellschaftlicher Kräfte, die ja keineswegs - wie gelegentlich unterstellt wird - eschatologische Züge haben müssen, in der Evolution eine gewichtige Rolle. Sie sind **ein** wesentlicher Faktor in den chaotischen Rückkopplungsprozessen und werden selbst in der Evolution „dynamisch verändert".[45] Damit eröff-

---

44 In diesem Zusammenhang ist auch auf neuere Ansätze in der Politikwissenschaft zu verweisen. So zum Beispiel auf den „akteurszentrierten Strukturalismus" oder „akteurszentrierten Institutionalismus" als einer Variante der Strukturtheorie, wie er bei Volker Schneider formuliert wird (vgl. Schneider 1997).

45 Dies wird durch die Geschichte der politischen Theorie eindrucksvoll belegt. Die gesellschaftliche Realität weicht von diesen Zielbestimmungen bislang immer ab (siehe hierzu z.B. „Der Prozeß der Zivilisation" von Norbert Elias), dennoch haben sie erheblichen Einfluß auf diese. Um ein Beispiel zu geben:

net sich eine Möglichkeit zur - von Anatol Rapoport (1996) geforderten - Integration von Evolutionstheorie und Rational-Choice-Ansätzen im weiteren Sinne.

Menschen sind zumindest potentiell, partiell und für eine überschaubare Zeit in der Lage, die historische Selektion mitzubestimmen. Das heißt: Sie sind in der Lage, Korridore möglicher Entwicklung zu beschreiben, auszuwählen und durch Handeln oder Nichtstun anzuvisieren.[46]

Der Einfluß früher sozialistischer Theorien auf die Arbeiterbewegung ist unzweifelhaft gegeben, und es ist wohl ebenso unzweifelhaft, daß die Macht der Arbeiterbewegung bei der Konzeption der sozialen Marktwirtschaft in der Bundesrepublik eine zu berücksichtigende Variable war. Die Bedeutung der (früh-)sozialistischen Theorien ist somit nicht unmittelbar, jedoch vermittelt vorhanden. Keine der (früh-)sozialistischen Theorien wurde - soweit sie überhaupt eine Zukunftsprojektion vorgab - in ihrer „reinen" Form verwirklicht, doch auch ihr Antipode, der Manchester-Kapitalismus, ließ sich aufgrund ihrer und seiner gesellschaftlichen Implikationen nicht aufrechterhalten. Man kann also sagen, daß nicht trotz, sondern gerade wegen teleologischer Theorien oder Utopien die gesellschaftliche Entwicklung ein offener, sich selbst regulierender Prozeß war. Auf die Frage nach der wissenschaftlichen Begründbarkeit des Telos, bietet die etwas aus der Mode gekommene „ältere" Kritische Theorie der Gesellschaft einen spannenden Ansatz. Denn: Ideologiekritik nach der Methode der bestimmten Negation ist als immanente Kritik gesellschaftlich formulierter Ansprüche fruchtbar. Der Totalitätsbegriff der Kritischen Theorie - der von Hans Albert im Positivismusstreit angegriffen wurde und der schon im Zentrum der Marxschen Theorie stand - meint die Interdependenz von Teilen und Ganzem, die Dialektik von Allgemeinem und Besonderem und umfaßt auch das „transzendentale" Moment immanenter Kritik. Die teleologische Perspektive wird nicht a priori gesetzt, sondern entfaltet sich - im Prozeß der Ideologiekritik - aus den gesellschaftlich formulierten Ansprüchen. Dialektik ist das beständige Bewußtsein der Gleichzeitigkeit von Identität und Nichtidentität. Anstelle der Setzung einer Ansicht als höchste Wahrheit kann der Schein, also das, was eine Sache von sich aus sein möchte, konfrontiert werden mit dem, was sie ist. Dabei gewinnt ihr eigener Anspruch ein Moment von Wahrheit, wird zum Telos, das durch die Kritik beleuchtet wird. Wahrheit wird damit „auch" zu einem historischen Begriff.

46 Beispielhaft sind die Überlegungen von Alexander Demandt zur ungeschehenen Geschichte (Demandt 1986). Sie erschüttern durch das Aufzeigen alternativer historischer Entwicklungsmöglichkeiten unsere - unterschwellig oft vorhandene - Betrachtung der Gegenwart als zweiter Natur und zeigen durchaus „realistische", alternative historische Entwicklungsmöglichkeiten auf. Damit erschließen sie Denken für Zukunftsgestaltung (bewußte Selektion).

f) Erweiterung: Komplexitätstheorie = Ko-Evolution mal x

Alle Erklärungsansätze rekurrieren also auf der Basiserkenntnis der Ko-Evolution. Diese wird erschlossen aus den dynamischen Interdependenzen und Interaktionen von Teilsystemen und systemischen Akteuren (z.B. dem funktionalen Staat). Die Initiative für die Evolution („Destabilisation") kann in allen oder unterschiedlichen Teilbereichen des Gesamtsystems entstehen. Die Subsysteme sind keine monolithischen Strukturen, sondern selbst komplexe, instabile, dynamische Ordnungen auf Zeit. Teile dieser Subsysteme koppeln sich mit anderen Subsystemen und schließlich mit dem Gesamtsystem zurück und erzeugen so den ko-evolutiven Prozeß unter Beachtung der flexiblen Zeitdimensionen.[47]

Es bietet sich an, das durchgängige Prinzip der Ko-Evolution weiter zu verstärken durch die Beschreibung eines funktionalen Zusammenhangs:

Die Ko-Evolution (K_E) ist eine Funktion mit den Variablen (Zufalls-) Variation (V), Ordnung (O), Selektion (S) und Zeit (Zeithelix) (t*).

$$K_E = f(V,O,S), t*.$$

Damit werden die Basisvariablen der Komplexitätstheorie explizit einbezogen und um die Variable Zeit ergänzt.

g) Zusammenfassung

Auch die neueren Theorien an der Schnittstelle von Sozial- und Naturwissenschaften unterstützen die systemgeschichtlich gestützte Mustererkennung eines engen dynamischen Zusammenhangs von Gesellschaft und funktionalem Staat. Dabei erweist sich das Erklärungsmuster der Ko-Evolution als verbundenes, durchgängiges (supradisziplinäres) Prinzip, nämlich:

---

47 Das Erklärungsmuster der Ko-Evolution ermöglicht eine historisch-sozialwissenschaftliche Analyse, die die Zukunft einbezieht. Zukunft erscheint dabei weder als kontingent noch wird sie geschichtsphilosophisch verklärt.

- Die Theorie der Ko-Evolution hilft bei der funktionalen Erklärung der Interdependenz von funktionalem Staat und Gesellschaft.
- Die evolutorische Komplexitätstheorie liefert Begründungen für die selektierende, „geordnete" Destabilisation zwischen (gleichgewichtiger) Ordnung und immer neu zu „erbringender" Fitneß.[48]
- Die modernisierte Chaostheorie stützt mittels evolutiver Kreativität (und Rückkopplung) das ko-evolutive Paradigma.
- Mit der evolutiven Zeittheorie wird ein mehrdimensionales Zeitverständnis eingeführt (Zeithelix), der Faktor Zeit wird integratives Element der Ko-Evolution.
- Die dialektische Verknüpfung von Interdependenz und Interaktion erklärt einerseits den ko-evolutiven Zusammenhang von System und Handlung; sie ermöglicht andererseits über „bewußte Selektion" die Integration von evolutivem Prinzip und Rational-Choice-Ansätzen. Somit wird die Systemdynamik auch aus dem Kontext von Struktur, Verhalten und (System-)Geschichte erkennbar.

Die Kennzeichnung des Ansatzes als Ko-Evolutionstheorie ist begründet:
- aus der Vielfalt der (oft konnektiven) Beziehungen zwischen den Subsystemen,
- aus der binnensystemischen Differenzierung wie,
- aus der inhärenten Dynamik (Destabilisatoren / Aneinanderentwicklung),
- aus den konstitutiven Elementen (System und Akteure / Zeit und Ordnung).

---

48 Aus der hypothesen-geleiteten Analyse der Systemgeschichte und aus den verschiedenen Erklärungsmustern ergab sich, daß evolutorische Prozesse und ihre (Ablauf-)Strukturen **hochkomplex** sind, und daß - deswegen - deren Erklärung nicht **unterkomplex** ansetzen darf: Reduzierung von Komplexität (Luhmann) ist hier nicht angemessen, sondern Optimierung, also etwa die synchrone Nutzung ko-evolutiver, systemanalytischer und (system-)prognostischer Einsichten. Die Eingrenzung kann hier lediglich hinsichtlich der Konzentration auf den politikrelevanten Bereich von Staat und Gesellschaft zweckmäßig sein.

Als „politisch" kann die Theorie bezeichnet werden, weil sie sich im Schwerpunkt bezieht auf das spannungsreiche Verhältnis von Gesellschaft und Staat (als der legitimierten Ansammlung politischer Willensbildungs- und Entscheidungsinstanzen).

Die Abb. 17 gibt einen Überblick der wichtigsten theoretischen Elemente.

Abb. 17: Pentagramm II: Theorie der Ko-Evolution

Evolutive Komplexitäts-
theorie (mit Ordnung)

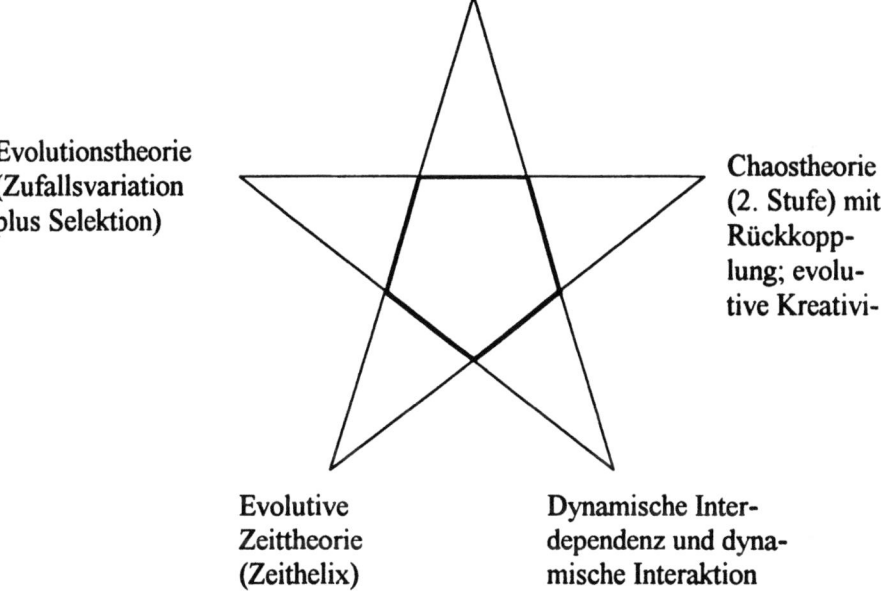

Evolutionstheorie
(Zufallsvariation
plus Selektion)

Chaostheorie
(2. Stufe) mit
Rückkopp-
lung; evolu-
tive Kreativi-

Evolutive
Zeittheorie
(Zeithelix)

Dynamische Inter-
dependenz und dyna-
mische Interaktion

4. Reflexionen über die Reichweite der Theorie

(1) Ursprünglich wollten wir mit der Theorie der dynamischen Interdependenz (Böhret / Konzendorf 1995, Böhret 1996) eine einfache, die „Systemgeschichte" verallgemeinendere Erklärung finden. Eine „10-Uhr-Theorie" (K.E.Weick) erschien dafür gerade richtig: einfach und allgemein, aber (deshalb) nicht genau (vgl Abb. 18).

Abb. 18: Uhr I

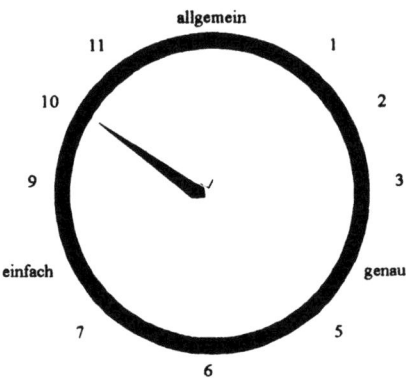

Am Ende allerdings wurde mit der Nutzung und Erweiterung des Ko-Evolutions-Ansatzes daraus eine zusätzliche Komplexität aufnehmende Theorie zur Erklärung der Aneinanderentwicklung von Staat und Gesellschaft entwickelt, die immer noch allgemein ist, aber nicht mehr ganz so einfach und ein wenig genauer.

Zwar kommt sie in ihren Grundzügen mit wenigen Variabeln aus, doch führt die Operationalisierung zur Einbeziehung zusätzlicher intervenierender Variabeln, die in dialektischen Wechselbeziehungen und vielfachen Rückkopplungen miteinander stehen. Sie wird dadurch komplexer und komplizierter. Auf der Weickschen „Uhr" weist der Zeiger statt auf 10 nun wohl auf 11 Uhr. Zudem sind wir aber auch mit der Einbeziehung der intervenierenden Variablen im Verhältnis zur Ausgangstheorie der dynamischen Interdependenz genauer geworden.

Man denke nur an das Theorem der bewegten Ordnung: Es bezieht die Interdependenztheorie und die Theorie des Fraktalismus ebenso ein wie Destabilisationsansätze. Die Destabilisatoren sind ihrerseits nun auch komplizierte Gebilde. Sie sind interdependent und dynamisch und bestehen aus dysfunktionalen exogenen und endogenen Ereignisse, neuen Ideen und wechselnden Machtkonfigurationen. Schließlich wurden Elemente der Dialektik, der Folgenanalyse, der Konfigurationsanalyse und der modernen Zeittheorie aufgenommen. Mit diesen zusätzlichen Elementen erscheint es möglich, die gesellschaftliche Entwicklung als ko-evolutiven Prozeß komplexen Typs zu betrachten - der ko-evolutive Wandel von Subsystemen ist damit noch besser zu erfassen und zu erklären.

Aufgrund der Ausweitungen meinen wir, auf der Weickschen Uhr sogar einen zweiten Zeiger anbringen zu können. Dieser zweite Zeiger steht etwa bei 1 Uhr, was bedeutet: Die Genauigkeit des Erklärungsansatzes wurde etwas erhöht, ohne die Allgemeinheit aufzugeben. Dennoch erreichen wir weiterhin nicht die Genauigkeit einer exakten, empirischen Theorie, die auf Einzelphänomene gerichtet ist, was weder erstrebt noch für das Erkenntnisinteresse erforderlich war (vgl. Abb.19).

Abb. 19: Uhr II

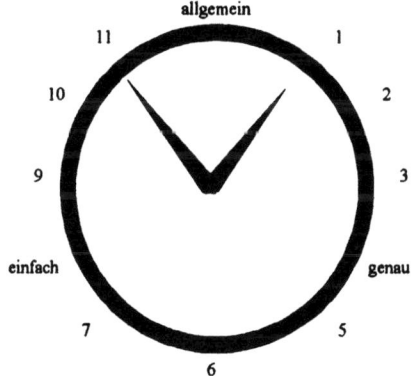

(2) Die theoretischen Erweiterungen entsprechen den Erkenntnisgewinnen aus den überprüften Hypothesen. Sie ermöglichen ein besseres Verständnis des dynamischen Verhältnisses von funktionalem Staat und Gesellschaft (zentrales Erkenntnisinteresse), das innerhalb eines Korridors (evolutiven Möglichkeitsraum) grobe Entwicklungen erkennen läßt. Wir gewannen zusätzliche und niveauhöhere Einsichten in die Komplexität der Ko-Evolution des Staates und seiner Umgebung.

(3) Damit sollte auch ein Anstoß zur dynamischen Demokratietheorie am Übergang in die transindustrielle Gesellschaft gegeben sein. Die gewaltigen Stimuli der Aufklärung (Kant), die klassischen Demokratielehren (Locke, Rousseau) und deren Umsetzung in moderne Regierungssysteme haben - zusammen mit dem Industrialismus - eine historische Epoche bestimmt, in der die Idee des Gleichgewichts zentral war.[49] In der Übergangsgesellschaft - und vielleicht auch danach - müssen wir Willensbildungssysteme denken, in denen die Idee des fortwährenden Werdens „fern vom Gleichgewicht" zentral wird.

(4) Besonders in turbulenten Übergangsphasen (epochalen Charakters), in denen mächtige Destabilisatoren die Subsysteme „mitreißen", kommt dem Staat (für einige Zeit) eine entwicklungsfördernde, „fit" haltende Rolle zu. Rechtzeitiges und wohldosiertes, die angestoßene Entwicklung aktiv begleitendes Handeln ermöglicht die Ko-Evolution, den Fortgang der Systemgeschichte. Carlo Schmid hat dies (1956) so umschrieben:

„Der Staat ... ist die dem jeweiligen Zustand eines Volkes angepaßte Form seiner geschichtlichen Aktivität und Passivität." (Calo Schmid 1956, S. 29)

(5) Die Theorie der Ko-Evolution bietet eine vertiefte Einsicht in die Systemgeschichte und erlaubt vorsichtige, sehr grobe Prognosen. Dabei können auch übergreifende ko-evolutive Phänomene eingeordnet werden, so beispielsweise:

---

49 „Unsere Theorie von der Demokratie läßt die evolutive, sich fortwährend wandelnde Natur von Kulturen, Wirtschaftssystemen und Gesellschaft weitgehend außer Betracht ... Aber vielleicht beginnen wir (nun) ... das begriffliche Instrumentarium zu entwickeln, mit dessen Hilfe wir die historische Entwicklung von Gesellschaften ein wenig besser verstehen können." (Kauffman 1996, S. 43).

- Die wieder beginnende Ko-Evolution der wissenschaftlichen Kulturen (Kreuzer 1987). Die neue Aneinanderentwicklung von Natur- und Geisteswissenschaften folgt zunehmend dem supradisziplinären Muster des evolutiven Lernens, worin sich wiederum die inhärente Kreativität und Fitneß komplexer Systeme (Kauffman 1996) ausdrückt.
- Relevant für das hier verfolgte Erkenntnisinteresse („Theoriebildung") ist außerdem die Aneinanderentwicklung von empirischen (bzw. historischen) und theorieverwertenden Erkenntnissen sowie die supra- oder transdisziplinäre Ausrichtung. Die Ko-Evolution findet also auch im Forschungs- und Erkenntnisprozeß selbst statt.

5. Fazit

Wir brauchen wohl immer einen verläßlichen Leitfaden, der uns hilft, die wirklichen Probleme zu erkennen und der dann zeigt, wie solche Probleme gelöst werden könnten (Descartes). Das gilt vorrangig für schwer zu durchschauende „bewegte Ordnungen" (evolvierende Systeme), zumal bei epochalen Übergängen. Das Konzept der „Ko-Evolution" bietet sich als ein solcher Leitfaden für makroskopische Beziehungen an, hier speziell der „werdenden Zusammenhänge" von Gesellschaft und Staat. Politisch-administratives Handeln wird dabei in einem Kontext mit gesellschaftlichen und ökonomischen Entwicklungen erfaßt. Von hier aus lassen sich Ableitungen für eine **funktionale**, der Situation und ihren evolutorischen Möglichkeiten adäquaten Handlungsweise des Staates gewinnen. Aus der Betrachtung der bundesrepublikanischen Systemgeschichte konnte die empirische „Mustererkennung" weitgehend bestätigt werden. In der Übergangsphase zur transindustriellen Gesellschaft kommen dem Staat nun vor allem entwicklungssteuernde - zumindest entwicklungsfördernde - Funktionen zu. Die vorsichtige Verwertung der evolutorischen Systembetrachtung hat also plausible Erklärungen für Zusammenhang und Entwicklung der Gesellschaft und des Staates erbracht. Dabei kam und kommt weiterhin dem funktionalen Staat eine historisch differenzierte Rolle zu.

Es dürfte sich lohnen, die Theorie der Ko-Evolution von Staat und Gesellschaft auch unter expliziter Verwertung der neuen Komplexitätstheorie weiterzuentwickeln und jeweils empirisch zu überprüfen. Vor allem aber schien es uns erforderlich, zur Durchdringung der weiter zunehmenden Komplexität - letztlich ein anderer Ausdruck für den erhöhten Interdependenzgrad und den Vorgang der Ko-Evolution - einen theoretischen Bezugsrahmen zu liefern, der empirisch hinreichend gehaltvoll ist, einen interdisziplinären Bezug bietet, nicht ohne praktische Absicht ist und die Zukunftschancen nicht vergißt.

Fünf abschließende Bemerkungen

1. Haben wir nun also unser Ziel erreicht? Haben wir Antworten gefunden auf die Fragen
- nach der wahrscheinlichen Entwicklung der Gesellschaft am Ende des Industrialismus und
- der dafür „historisch" adäquaten Funktionalität des Staates
- innerhalb einer komplexen und sich rasch (oft turbulent) verändernden Umgebung?

Wir denken ja, wir sind zumindest in die Nähe unseres Zieles gekommen. Wir können plausibel ableiten, wie der Staat am Ende des 20. Jahrhunderts in der Übergangsgesellschaft zur transindustriellen Gesellschaft seine Funktionalität - die er im Moment wohl weitgehend verloren hat - wiedererlangen kann. Freilich muß die konkrete Ausgestaltung der Entwicklungssteuerung und der Analyse der zu erwartenden Folgen sozialer und extrasozialer Prozesse weiter betrieben werden. Wir arbeiten bereits daran.

2. Wir haben auch die fünf Theorie-Kriterien Samuel Huntingtons (vgl. oben S. 13) erfüllt: Es gelang zumindest näherungsweise
- die vielfältige Realität zu ordnen (Systemgeschichte, Phasen),
- die Beziehungen zwischen einzelnen Phänomen zu verstehen (dynamische Interdependenz, Destabilisatoren, Koevolution),
- künftige Entwicklungen abzuschätzen (Übergang zur transindustriellen Gesellschaft),

- Wichtiges von weniger Wichtigem zu unterscheiden (Mustererkennung, Theorie-Bildung),
- Wege, Programme, Zielerreichungen abzuleiten (evolutives Lernen, Rolle des funktionalen Staates, innovative Verwaltungsmodernisierung).

3. Die Alternative zur Ko-Evolution von Gesellschaft und Staat ist nicht das Festhalten an Altbewährtem, sondern die abrupte Eskalation des Gesamtsystems. Anders formuliert: Systeme, die nicht mit der Zeit gehen, gehen mit der Zeit!

4. Deutlich wird, daß theoretische Positionen, die vom Ende der Geschichte sprechen, unhaltbar sind. Sie haben ideologische Funktionen und befinden sich - etwas überspitzt formuliert - schon auf den Scheiterhaufen der Geschichte. Eins ist sicher: die Geschichte wird nicht stehenbleiben. Die Zukunft ist unvermeidlich; es kommt darauf an, sie erträglich zu gestalten und dabei der Nachwelt Chancen zu überlassen.

5. Dies ist alles nicht neu. Viele Klassiker haben sich damit auseinandergesetzt.

So formulierte schon Niccolo Machiavelli:

> Der Untergang der Staaten rührt daher, daß die Institutionen der Republiken nicht mit der Änderung der Zeitläufte mitgeändert werden. Gewöhnlich hinken sie damit hinterher, denn sie zögern zu lange: ja, es sind dazu Zeiten nötig, die den ganzen Aufbau der Republik durcheinanderschütteln; ein einzelner Mensch reicht nicht aus, um diese Veränderungen zustande zu bringen.

Friedrich Engels warnte:

> „Schmeicheln wir uns indes nicht zu sehr mit unseren menschlichen Siegen über die Natur... Jeder Sieg hat ganz andere, unvorhergesehene Wirkungen, die nur zu oft jene ersten Folgen wieder aufheben... Und so werden wir bei jedem Schritt daran erinnert, daß wir keineswegs die Natur beherrschen... sondern das unsere ganze Herrschaft über sie darin besteht, im Vorzug vor allen anderen Geschöpfen ihre Gesetze erkennen und richtig anwenden zu können."

und Friedrich Schiller schrieb:

> Alles darf dem Besten des Staates zum Opfer gebracht werden, nur dasjenige nicht, dem der Staat selbst als ein Mittel dient. Der Staat selber ist niemals Zweck, er ist nur wichtig als eine Bedingung, unter welcher der Zweck der Menschheit erfüllt werden kann, und dieser Zweck der Menschheit ist kein anderer als Ausbildung aller Kräfte des Menschen.

Erfüllen wir also Thomas Hobbes Zielsetzung:

> „Die Vernunft ist der Schritt, die Mehrung der Wissenschaft der Weg und die Wohlfahrt der Menschheit das Ziel."

1. Glossar

Es werden hier nur solche Begriffe erläutert,
- die vor allem aus naturwissenschaftlichen Disziplinen stammen, z.B. Koevolution, Zeithelix
- die auf neue Weise verwendet bzw. neu eingeführt werden, z.B. funktionaler Staat, transindustrielle Gesellschaft.

Chaostheoretisches Prinzip: Unvorhersehbares Verhalten, Entwicklung von nicht-linearen Systemen, die eigentlich deterministischen Gesetzen unterworfen scheinen. Zunächst geordnete (laminare) Zustände oder Bewegungen geraten in ungeordnete, selbstbeschleunigende Turbulenzen (Fluktuationen), aus denen sie schließlich auf der ganzen Linie in einen neuen Zustand (Ordnung 2. Stufe) übergehen. Am Ende des chaoserzeugenden Prozesses steht eine neue Ordnung, die der ---> Systemgeschichte einverleibt wird. Chaos entsteht also aus Ordnung durch Anstöße, die gegen den Hang zur Stabilisierung gerichtet sind, (neue) Ordnung entsteht durch ---> Selbstorganisation aus Chaos. Bestimmend für chaotische Systeme ist:
- hohe Empfindlichkeit gegenüber Anfangsbedingungen (kleine Ursache - überraschende Folge),
- ähnliche Ursachen brauchen nicht ähnliche Wirkungen zu haben,
- das Verhalten des Systems ist (langfristig) unvorhersehbar,
- Chaos hat eine verborgene Ordnung und Ordnung kann in Chaos umschlagen.

Viele Systeme können sich sowohl normal als chaotisch verhalten (Unbestimmtheit); es ist grundsätzlich nicht vorhersagbar, wann ein potentiell chaotisches System tatsächlich ins Chaos (2. Ordnung) übergehen wird.
Chaostheorie ist eigenständiger Teil der Theorie evolvierender Systeme, in denen eigendynamische Prozesse (Selbstveränderung, Selbstorganisation) die Entwicklungsfähigkeit eines sozialen oder natürlichen Systems bestimmen.

Destabilisatoren/Stabilisatoren: sind Kräfte und/oder Defizite, die systemische Veränderungen auslösen (können). Es handelt sich um dysfunktionale (endogene oder exogene) Ereignisse, neue Machtkonstellationen und ---> Paradigmenwechsel i.w.S. Ihr Erfolgsgrad hängt ab von der Macht der Erhaltungswiderstände (Stabilisatoren), die quasi eine Art Immunsystem gegen unvorbereiteten Wandel und unverträgliche Regelverletzungen begründen.

Disziplinarität(en) ---> Inter-D., Supra-D.

Emergenz: Zum Vorscheinkommen, Auftauchen von Neuem (kreatives Verhalten, neue Eigenschafen, Wissensmerkmale: auch Herausbildung von Ordnung höherer Stufe) im Verlauf von Entwicklung in komplexen Systemen, die ihre eigene Geschichte aufnehmen. Die Emergenz wird bestimmt durch den kritischen Übergang zwischen dem Vorzustand eines Subsystems zu dem qualitativ neuen Nachzustand, der nicht mehr auf den Vorzustand reduzierbar ist, also nur in aufgeklärter Form „zurückkehren" kann. Das Emergenz-Ergebnis ist also nicht mehr direkt von seiner Basis / Ausgangssystem ableitbar, es ist eine neue Qualität. Wenn eine Wechselwirkung zwischen Subsystemen (dynamische Interdependenz) einsetzt, kann die Gesamtheit der Systeme qualitativ neue Eigenschaften erreichen, die man nicht genau vorhersagen kann.

Exogenetische Vererbung: bezeichnet die Weitergabe von Sprache, Wissen, sozialen Regeln, Ethiken und Erfahrungen an Folgegenerationen, womit ein beschleunigtes Lernen mit Verfeinerungen, Ergänzungen und neuen Inventionen erreicht wird. Die exogenetische (intellektuelle) Evolution, also die Weitergabe soziokultureller Vorerfahrungen (die „Evolution evolutionärer Prinzipien und Fähigkeiten"), ist ein ständiger Lernprozeß, im Unterschied zur endogenetischen Vererbung.

Fitneß: hier i.S. der Leistungsfähigkeit von (Sub-)Systemen im evolutorischen Prozeß. Die Subsysteme passen sich auf der Suche nach höherer Leistungskapazität bis an den Rand ihrer --->„Ordnung" an veränderte Umwelten an; ggfs. auch durch ---> Phasenübergänge. Es handelt sich v.a. um die „kollektive Fitness", auch ---> Ko-Evolution von Anpassung und Innovation. Also um „Bewegung in Fitneß-Landschaften".

Fraktale: eine Struktur erscheint in sich selbstähnlich (wird kopiert in verschiedenen Tiefen); ---> selbstähnliche Wiederholung eines Musters in allen Dimensionen (Logik der Sequenz).

Globalisierung: Internationalisierung von (westlicher) Produktionsweise, weltweite Öffnung von Märkten und Produktionsstandorten, globale Verteilung und Rückwirkung ökologischer Folgen. Spannung zwischen deren regionaler Entstehung, von Schwierigkeiten globaler Effekte und derem regionalen Problemlösungdruck.

Humanpotential: erworbenes, stetig anzupassendes und weiterzugebendes Sach-, Verfügungs- und Orientierungswissen (einer Bevölkerung) als immer wichtiger werdender Produktionsfaktor der transindustriellen Wissensgesellschaft; bestehend aus:
- technisch-ökonomisch verwertbarer Leistungskapazität aus- und fortgebildeter Personen einer Bevölkerung (auch Human"kapital")
- durch Wissensaneignung und Anwendungserfahrungen erworbene, verwertbare Kenntnisse, Fertigkeiten und Fähigkeiten, die auch (--->) exogenetisch weitergegeben werden (Humanpotential i.e.S.).
- historisch-kulturell orientierendes Wissen, spezifische Sozialisation (auch von Bevölkerungsteilen), „sinnstiftend", aufklärend und zukunftsbezogen, verantwortungschaffend.

Interdependenz: Wechselverhältnis, auch Abhängigkeiten der Teile eines Gesamtsystems, hier der Gesellschaft. Die Abgrenzung nach außen, gegenüber der „Umwelt", geschieht paradigmatisch ---> z.B. Staat/supranationale Ebene, oder ---> regional/global. Die Abgrenzung ist offen; „historische Verschiebungen sind möglich.

Interdependenz, dynamische: wechselseitig aufeinander bezogene Teile (Subsysteme) werden durch endogene/exogene Anstöße verändert, destabilisiert und „mitgerissen!" (---> Koevolution).

Interdisziplinarität: Zusammenschau, Verbindung mehrerer Wissenschaftszweige unter einheitlicher Fragestellung zu theoretischen, methodologischen Gesamtkonzepten, Integration von Erklärungen aus unterschiedlicher Sicht mit wechselseitiger Ergänzung.

Supradisziplinarität, auch Transdisziplinarität: als Zurückführung der wissenschaftlichen Arbeitsteilung auf zentrale Basisfragen und gemeinsames Erkenntnisstreben (symbiotisch).

Irreversibilität: nicht umkehrbare, nicht zurücknehmbare Vorgänge, Schädigungen, Risiken. Die Folgen einer Handlung sind nicht mehr zu beseitigen. Irreversible Systeme lassen sich nicht zurückentwickeln (in die Vergangenheit zurückführen, auf den „vorigen Stand" bringen); sie evolvieren vom „Sein zum Werden" (Prigogine). Die ---> Zeit ist grundsätzlich irreversibel. Nach F. Cramer (1993) ist der ---> chaotische Übergang von geordnetem in ungeordneten Zustand die Quelle der Irreversibilität (---> chaostheoretisches Prinzip).

Katastrophe, schleichende: langfristige, spätwirkende, zumeist vernetzte Folgen von zunächst verdeckten Ereignissen und Bedingungen, aus denen sich schwer abschätzbare und oft zufällig erscheinende Verläufe und überraschende Phänomene entwickeln. Typisch ist für schleichende Katastrophen, daß sie sich
- langsam und verdeckt aufstauen, bis sie wegen einer oft marginalen Bedingung in eine katastrophische Situation umkippen,
- als erst im Nachhinein erkennbare Anhäufung mit immer höherer (Selbst-)Beschleunigung (Turbulenz/Tachogenität) weit weg von ihrer eigentlichen Entstehung (--->chaostheoretisches Prinzip).

Ko-Evolution: Allgemein: Aneinanderentwicklung von Teilen und Ganzem (---> bewegte Ordnung). Aneinanderentwicklung verschiedener, interdependenter Subsysteme/Teilbereiche mit zeitweise stabilen Strukturen und kohärenter Evolution (= Strukturbildung aus ---> dynamischer Interdependenz) Zusammenklang von Selbstentwicklung und Entwickelt-Werden. Herausbildung offener Spielregeln. (Beispiel: Aneinanderentwicklung von Gesellschaft und Staat, Technologie und Ökonomie).

Koevolvierende Systeme sind „stabil instabil" (N. Bolz); sie werden durch äußere Bedingungen (Umgebung) beeinflußt.

In besonders komplexen Systemen besteht ein funktionales Zusammenwirken von Ordnung, Zufallsvariation und Selektion unter Zeiteinfluß (---> Zeithelix).

Komplexität und Kompliziertheit:
- **Komplexität**: Menge und Intensität der Beziehungen zwischen Elementen eines Systems (---> s.a. Interdependenz).
- **Kompliziertheit**: Menge und Art der Elemente eines Systems (Verschiedenartigkeit).

Komplexitätstheorie, evolutorische: Weiterentwicklung und Übertragung der (neo-)darwinschen Evolutionstheorie durch die Einführung von Ordnung (als evolutorischer Musterbildung) i.S.v. funktionalem Ineinandergreifen von interdependenten Teilen / Subsystemen bei der Aneinanderentwicklung. Die Subsysteme passen sich dabei auf der Suche nach höherer Leistungsfähigkeit (Fitneß") optimal an Umgebungsveränderungen an (in Fitneß-Landschaften). Dabei verarbeiten sie exogene und endogene Impulse (---> Destabilisatoren).

Ordnung: wird als Prinzip der (dynamischen) „Musterbildung" zu einem zentralen Element des evolutiven Prozesses. Ordnung wird verstanden als funktionales Ineinandergreifen von selbstähnlichen Teilsystemen. Dabei müssen sich auch die ordnungsprinzipien und Regeln an die sich verändernde Umwelt flexibel anpassen. Ordnung ist Ergebnis eines kreativen Prozesses (aussortieren und teilen: G. Bateson).

Ordnung, bewegte: Ordnung „im kreativen Prozeß"; im (--->) Emergieren. Typisierend: Interdependenz von Teilsystemen plus Dynamik

(---> Selbstorganisation). Jedes zeitweilig geordnete System kann sich beschränkt unabhängig von anderen entwickeln, es besitzt Freiheitsgrade. In jedem System kann ein Entwicklungsimpuls initiiert werden (dynamisch), der die anderen interdependenten Systeme mitzureißen vermag (---> Koevolution).

Paradigma: Ein von der wissenschaftlichen Fachwelt als Grundlage der weiteren Arbeiten anerkanntes Erklärungsmodell, eine forschungsleitende Theorie. Es entsteht, weil es bei der Lösung von als dringlich erkannten Problemen erfolgssicherer ist (bzw. zu sein scheint) als andere, bisher geltende Ansätze. Der Paradigmawechsel (Vertrauensverlust plus Ausprobieren von Alternativen) wird als außerordentliche Veränderung der bisherigen fachlichen Bindungen erklärt, als eine Art „wissenschaftliche Revolution" (Thomas S. Kuhn) mit nachfolgender „Bekehrung" von Wissenschaftlern zum neuen („werdenden"), bisher gar bekämpften Paradigma.
Zunehmend auch über den engeren wissenschaftlichen Bezug hinausreichende Verwendung; z.B. gesellschaftlich: (für einige Zeit) einheitlich geltende Produktions- und Lebensweisen, existierende (normal gewordene) Institutionen. Beispiel: Soziale Marktwirtschaft mit repräsentativer Demokratie. Daraus lassen sich auch wieder Diskontinuitäten in Gesellschafts- und Politikentwicklung erklären - bis hin zum Wirken von ---> Destabilisatoren (Paradigmawechsel). Paradigmenwechsel gehen häufig mit tiefgreifenden technischen und ökonomischen Veränderungen und neuen Machtverteilungen einher.

Phasen / Phasenübergang: abgrenzbare Abschnitte (Stufen) einer Entwicklung (---> Systemgeschichte) mit Übergängen von einer zur anderen Phase, hervorgerufen durch exogene und endogene Ereignisse (---> Destabilisation). Jeder Phasenübergang wird durch die Destabilisierung der vorherigen Phase stimuliert (---> Destabilisation, Instabilität). Die Suche nach neuen Entwicklungschancen und Paradigmen beginnt immer neu (---> Fitneß, Fitneß-Landschaft), bildlich werden neue Hügel (= Herausforderungen) bestiegen.

Reform: Allmähliche Verbesserung gewordener Systeme (Strukturen, Prozeduren, Ideen, Traditionen). Schrittweiser Umbau von Gesellschaft; damit umfassender als „Modernisierung". Reform wird als umfassendes und zukunftsgestaltendes „seitenverschobenes Prinzip der Mitte" verstanden. Das bedeutet: kein punktueller Reformismus, sondern gesellschaftsverändernde Niveauerhöhung im evolutiven Prozeß. „Reform" in diesem Sinne hat Geschichte, es muß für jetzt und zugleich für Zukünftiges („Nachwelt") gehandelt werden, wobei die Vernetzung (Interdependenz, das „Mitreißen") zu beachten ist. Reform ist konzeptionell (ja visionär) ausgerichtet, will mittels aktiver Politik auf angemessenen Wegen die Lage des Gemeinwesens und der Menschen verbessern beziehungsweise Chancen für die Zukunft erhalten.

Reversibilität: eine Entscheidung, eine Aufgabe, eine Technik, einen Vorgang (rechtzeitig) zurückholen, beenden können, ohne daß langfristige Folgen bleiben.

Reversibilität, partielle: trotz einer getroffenen Entscheidung für A oder begonnenen Handlung (---> Selektion) bleibt eine begrenzte Chance, diese nach geraumer Zeit wenigstens teilweise „zurückholen" zu können.

Robustheit: von (Sub-)Systemen liegt vor, wenn ein weites Spektrum von unterschiedlichen Strukturformen, Geschwindigkeiten und Anfangsbedingungen über längere Zeiträume erhalten bleibt oder nur geringfügige (anpassende) Änderungen vorgenommen werden. Trotz und wegen dieser Robustheit können Systeme jedoch durch die schrittweise Anhäufung von (Zufalls-)Variationen umgestaltet werden.

Selbstähnlichkeit: auch kleinste Teile eines Ganzen spiegeln die Gesamtstruktur wieder - auch in Details sind die Formen des Ganzen enthalten (und umgekehrt). In Vergrößerung und Verkleinerung tauchen ähnliche Kopien des betrachteten Objekts auf. Es gilt auch: Selbstähnlichkeit = Chaos plus Rekursion (N. Bolz).

Selbstorganisation: Verstärkung einer inneren ---> Ordnung eines Systems ohne äußeren Druck. Prozesse, die - weitab vom Gleichgewicht ablaufen - auch (aber nicht nur!) nach chaostheoretischen Prinzipien, durch systemimmanente Triebkräfte (z.B.Destabilisatoren / Stabilisatoren / Innovatoren) zu komplexen Ordnungen führen. In evolutorischer Betrachtung: Ordnung entsteht aus Chaos. Bedingung: Entropie -Export; komplizierte Dynamik nicht gleich a priori Un-Ordnung.

Selektion: Entscheidung für etwas oder Ausschluß von etwas; oft gilt auch: keine Entscheidung oder Nichtstun schließt ebenfalls latente Entwicklungsmöglichkeiten aus. Trotz Selektion können hier und da verdeckte Entwicklungen weiterlaufen, jetzt unbeachtet für später erhalten bleiben; sie können z.T. für später „aufgehoben" werden, man (System) erinnert sich wieder an eine Option. Es wird eine Art „zweiter" ---> Möglichkeitsraum gespeichert. Partielle ---> Reversibilität ist für einige Zeit möglich.

Erfolg oder Mißerfolg von Organisationen hängt mit der Verarbeitung von Reichhaltigkeit, Vielfältigkeit, Mehrdeutigkeit in einem evolutionären ---> Möglickeitsraum zusammen. Auf ein Ereignis wirken oft mehr Dinge ein als notwendig sind, um es hervorzubringen. Selektion ist ein organisatorischer Prozeß, der direkt Bedeutungen, Interpretationen und indirekt Individuen, Gruppen, Ziele ausweitet.

Staat: wird hier vorrangig in seiner institutionellen und handlungsorientierten Rolle und weniger in seiner normativen, wesenhaften Besonderheit („Staatlichkeit") begriffen. Erkenntnisleitend ist vor allem die jeweilige Ausprägung und der Tätigkeitsumfang der regelgebundenen, politisch-administrativen Willensbildungs- und Handlungsinstitutionen (Regierungssystem). Die beanspruchten und/oder realisierten Handlungsspielräume sind allerdings auch grob paradigmatisch definiert, wodurch eine normative Komponente indirekt mitwirkt.

Staat, funktionaler:
- generell: hinreichend starkes Zentrum zur Stimulanz und temporären Steuerung von Phasenübergängen sowie zur Vermeidung

von „Evolutionsbrüchen". Ein Staat gilt als funktional, wenn und solange er in einer systemgeschichtlichen Phase die Rolle des initiativen Problemlösers (---> Destabilisator / Initiator) oder Mittlers erfolgreich für den koevolutiven Prozeß übernimmt und dabei ggfs. Strategien gegen Erhaltungswiderstände entwickelt und umsetzt. Zentrale Aufgabe des funktionalen Staates ist es, Evolutionsbrüche zu verhindern, um die nächste Entwicklungsstufe der Gesellschaft zu erreichen. Die jeweilige Funktionalität des Staates muß gesellschaftlich akzeptiert werden.

- in der Übergangsgesellschaft: Die Funktionalität des reaktivierten und erstarkten Staates am Übergang in die „weltgeöffnete" transindustrielle Gesellschaft besteht:
  - in der anerkannten Initiativfunktion mit Lösungsangeboten gegenüber unlösbar erscheindenden Problemlagen,
  - in der Identifizierung von Entwicklungsdefiziten und der aktiven Entwicklungssteuerung einer bereits hochentwickelten Gesellschaft, wobei Sicherungsaufgaben dazugehören.Dieser funktionale Staat muß neu positionierte Programme entwikkeln und mit Hilfe der modernisierten Verwaltung umsetzen.

Stabilität: eines (Sub-)Systems liegt vor, wenn es nach einer Störung (Intervention) nach kurzer Abweichung vom gegebenen Zustand wieder in diesen zurückkehrt oder überhaupt nicht reagiert (Z0 = Z1).

Systemgeschichte: Entwicklungslinien einer politisch abgrenzbaren Gesellschaft - hier der Bundesrepublik Deutschland - mit der Absicht, strukturelle und prozedurale Veränderungen im Zeitablauf typisierend zu erfassen: warum ist etwas so verlaufen und hat dabei auch anderes beeinflußt? Es geht also nicht darum, die Kette von Einzelereignissen so genau wie möglich nachzuvollziehen, sondern die bestimmenden Kräfte in ihrem (interagierenden) Zusammenhang und ihrer Dynamik (---> Ko-Evolution) aus dem Fluß des Geschehens herauszugreifen. Durchaus mit der Absicht, wenigstens minimale Gesetzmäßigkeiten zu erkennen. So schrieb A. Tocqueville eine „Studie" über das Ancien Régime - und nicht über dessen Geschichte.

Transindustrielle Gesellschaft (tiG): löst allmählich die Industriegesellschaft als epochale Produktions- und Lebensweise ab. Wissen und Kommunikationsfähigkeiten werden zu Innovationsbereichen für die Weiterentwicklung einer schon hochentwickelten Gesellschaft, in der neue Basistechnologien, immaterielle Produktion und flexible Arbeits(um)welten sowie ökologische Sensibilisierung sich als typisierende Merkmale erweisen. Der funktionale Staat wird moderate Entwicklungssteuerung und flexible Entwicklungsförderung betreiben.

Möglichkeitsraum, evolutiver: innerhalb von (z.B. politisch definierten) Grenzen oder systemischen Begrenzungen (z.B. Marktwirtschaft oder Demokratieprinzip) zulässige Handlungs-(Selektions-)Alternativen; oft nur für bestimmte Zeiträume (Phasen). Raumdisposition („hier" sich entfaltend) und Zeitdimensionen („jetzt", „später" sich entwickelnd) werden kombiniert. Im Möglichkeitsraum sind auch vielfältige Kombinationen gegeben, zwischen denen unter Randbedingungen der Interdependenz selektiert wird, es bildet sich ein „historisches Muster" heraus. Mit der Auswahl und Realisierung bestimmter Möglichkeiten können andere Möglichkeiten dennoch „virtuell" weiter bestehen und „unter anderen Umständen" zurückgeholt werden. Beispiel: eine politische Kultur (Demokratie) wird durch eine Diktatur beseitigt, wird aber später wieder eingesetzt. Nach der Auswahl einer Alternative gilt also ---> Irreversibilität oder ---> (partielle) Reversibilität.

Zeit: Dauer zwischen zwei Ereignissen, mit Substrat (z.B. Raum, Strecke, Zufall) verbunden.
Zeitarten:
- synchron: gleichzeitig, zeitliche Übereinstimmung;
- diachron, nacheinander, auf Zeitstrahl, entwicklungsgeschichtlich
- Reversible Zeit, Zyklizität, Zeitkreis, betonen „Stabilität". Auch: Intention als wiederkehrende Wiederholung des gleichen Vorgangs.

- Irreversible Zeit (Zeitvektor, Zeitpfeil) verändert ein System ("dynamisch").

Zeithelix: evolutives Zusammenwirken der beiden Zeitmodi (Kreis, Vektor) in einer "spiralförmigen" Zeitvorstellung als Ausdruck des (fortschreitenden) Prozesses. In der Zeithelix kommt Innovatives zum Vorschein (---> Emergenz). Die Zeithelix bestimmt die Entwicklung eines Systems, indem reversible Zeitkreise und irreversible Zeitvektoren "irgendwie" zusammenkommen, woraus etwas Neues wird (---> Koevolution).

2. Literaturverzeichnis

A) Vorarbeiten der Verfasser zum engeren Thema

Böhret, Carl / Konzendorf, Götz, Mehr Sein als Scheinen: Der funktionale Staat, in: Behrens, Fritz u.a. (Hrsg.), Reformperspektiven für die Landesverwaltungen (= Modernisierung des öffentlichen Sektors, Bd. 3), Berlin 1995.

Böhret, Carl / Konzendorf, Götz, Verwaltung im gesellschaftlichen und ökonomischen Umfeld, in: König, Klaus / Siedentopf, Heinrich (Hrsg.), Öffentliche Verwaltung in Deutschland, Baden-Baden 1996/97.

Böhret, Carl, Anregungen aus den Naturwissenschaften für zukunftsorientierte Politik und Verwaltung in: Böhret, Carl / Hill, Hermann / Klages, Helmut (Hrsg.), Staat und Verwaltung im Dialog mit der Zukunft, Baden-Baden 1994.

Böhret, Carl, Dynamische Interdependenz und funktionaler Staat, Anmerkungen zur politisch-administrativen Theorie der Übergangsgesellschaft, in: Lüder, Klaus (Hrsg.), Staat und Verwaltung - Fünfzig Jahre Hochschule für Verwaltungswissenschaften, Berlin 1997.

Böhret, Carl, Folgen - Entwurf für eine aktive Politik gegen schleichende Katastrophen, Opladen 1990.

Böhret, Carl, Funktionaler Staat, Frankfurt am Main 1993.

B) Literaturhinweise

Adorno, Theodor W., Beitrag zur Ideologienlehre (1954), in: Adorno, Theodor W., Soziologische Schriften I, Frankfurt am Main 1979.

Altvater; Elmar / Mahnkopf, Birgit, Grenzen der Globalisierung - Ökonomie, Ökologie und Politik in der Weltgesellschaft, Münster 1996.

Arndt, Helmut, Die evolutorische Wirtschaftstheorie, Berlin 1992.

Arnim, Hans Herbert von, Parteiendefizite in der Parteiendemokratie, in: Schmitz, Mathias (Hrsg.), Politikversagen? Parteienverschleiß? Bürgerverdruß?, Regensburg 1996.

Arnim, Hans Herbert von, Staat ohne Diener, München 1993.

Beck, Ulrich, Risikogesellschaft - Auf dem Weg in eine andere Moderne, Frankfurt am Main 1986.

Bell, Daniel, Die nachindustrielle Gesellschaft, Frankfurt am Main, New York 1975.

Bergmann, J. / Brandt, G. / Körber, K. / Moll, E.Th. / Offe, C., Herrschaft, Klassenverhältnis und Schichtung, in: Spätkapitalismus oder Industriegesellschaft-Verhandlungen des 16. Deutschen Soziologentages, Stuttgart 1969.

Bernstein, Eduard, Die Voraussetzungen des Sozialismus und die Aufgaben der Sozialdemokratie, Reinbek 1970.

Beyerle, Matthias, Staatstheorie und Autopoiesis, Frankfurt am Main u.a. 1994.

Beyme, Klaus von, Der Gesetzgeber, Opladen 1997.

BMBF: Zur technologischen Leisitungsfähigkeit Deutschlands 1996.

Böhret, Carl / Hugger, Werner, Entwicklungsmöglichkeiten zu Kreisen neuen Typs, Stuttgart u.a 1982.

Böhret, Carl / Konzendorf, Götz / Troitzsch, Klaus G., Die naturwissenschaftliche, technischeund medizinische Forschungslandschaft in Rheinland-Pfalz - Ergebnisse einer Befragung, (= Speyerer Forschungsberichte 166) Speyer 1996.

Böhret, Carl / Wordelmann, Peter unter Mitarbeit von Grün, Maleika und Frankenbach, Wilfried, Lernmodell virtuelle Zukunft - Experimentelle Politik im Planspiel TAU (= Speyerer Forschungsbericht 177) Speyer 1997.

Böhret, Carl /Jann, Werner / Kronenwett, Eva, Innenpolitik und politische Theorie, 3. Aufl., Opladen 1988.

Böhret, Carl, 2007 - Stadt am Übergang in die transindustrielle Gesellschaft, in: Städtetag Rheinland-Pfalz (Hrsg.) Festschrift zum 50jährigen Bestehen, Mainz 1997.

Böhret, Carl, Die Modernisierung der Staatstätigkeit als Reformaufgabe, in: Effizienz staatlichen Handelns (= 4. Forum der Zukunftsinitiative Rheinland-Pfalz), Mainz 1995.

Böhret, Carl, Effizienz der Exekutive als Argument gegen Demokratisierung? in: Politische Vierteljahresschrift, 11. Jg., Sonderheft 1970.

Böhret, Carl, Gewollt ist noch nicht verwirklicht. Chancen und Hemmungen bei der Modernisierung von Landesverwaltungen, in: Verwaltungsrundschau, Heft 9/1996.

Böhret, Carl, Nachweltschutz. Sechs Reden über politische Verantwortung, Frankfurt a.M. 1991.

Böhret, Carl, Politische Bildung am Übergang ins 21. Jahrhundert (= Perspektive 1, Forum der Landeszentrale für politische Bildung, Mainz 1994.

Böhret, Carl, Transindustrielle Gesellschaften in: Meyer, Thomas / Klär, Karl-Heinz / Miller, Susanne / Novy, Klaus / Timmermann, Heinz (Hrsg.), Lexikon des Sozialismus, Köln 1986.

Böhret, Carl, Verwaltungsmodernisierung im funktionalen Staat: Chancen und Risiken (= Speyerer Arbeitsheft 107) Speyer 1997.

Bourdieu, Pierre, Die feinen Unterschiede. Kritik der gesellschaftlichen Urteilskraft, Frankfurt am Main 1987.

Brauer, Christian, Das Chaos und die Ordnung der Natur, in: Die Rheinpfalz vom 29.11.1988.

Breuer, Reinhard, Das Chaos, in: GEO Nr. 7 / 1985.

Bundesministerium für Bildung, Wissenschaft, Forschung und Technologie: Zur technologischen Leistungsfähigkeit Deutschlands 1996.

Bundesministerium für Bildung, Wissenschaft, Forschung und Technologie: Bundesbericht Forschung 1996a.

Burke, Edmund, Betrachtungen über die französische Revolution, Berlin 1793/94.

Cramer, Friedrich, Der Zeitbaum - Grundlegung einer allgemeinen Zeittheorie, Frankfurt am Main und Leipzig 1993.

Demandt, Alexander, Ungeschehene Geschichte, Götingen 1986.

Douglas, Mary, Wie Institutionen denken, Frankfurt am Main 1991.

Druwe, Ulrich, Theoriendynamik und wissenschaftlicher Fortschritt in denErfahrungswissenschaften: Evolution und Struktur politischer Theorien, Freiburg, München 1986.

Eicker-Wolf, Kai, Linkskeynesianismus als wirtschaftspolitischer Stein der Weisen? - 20 Jahre Memorandum Gruppe, in: ders. u.a.: Wirtschaftspolitik im theoretischen Vakuum, Marburg 1996.

Elias, Norbert, Der Prozeß der Zivilisation Bd. 1 u Bd. 2, Frankfurt am Main 1978.

Fischer, Klaus, Raumdisposition der künftigen Arbeitswelt: Vorschläge für neue Standards, Standorte und Strategien, in: Zukunftsinitiative Rheinland-Pfalz und PLEIAD (Hrsg.): Die Zukunft der Arbeits(um)welt, Mainz / Speyer 1995.

Flohr, Heiner, Darwin und die Politik - Vom Wert der biosozialen Perspektive, in: Rebe, Bernd u.a. (Hrsg.), Idee und Pragmatik in der politischen Entscheidung: Alfred Kubel zum 75. Geburtstag, Bonn 1984.

Frederik, Hans: Politisches Lexikon, Bühl/Baden 1959, zitiert nach: Lenk, Kurt, Deutscher Konservatismus, Frankfurt am Main 1989.

Fukuyama, Francis, Das Ende der Geschichte: wo stehen wir?, München 1992.

Galbraith, John Kenneth, The new industrial state, Boston 1967.

Grauhan, Rolf Richard, Modelle politischer Verwaltungsführung, Konstanz 1969.

Guitton, Jean / Bogdanov, Grichka und Igor, Gott und die Wissenschaft, München 1992.

Habermas, Jürgen, Strukturwandel der Öffentlichkeit, Frankfurt am Main 1962.

Habermas, Jürgen, Technik und Wissenschaft als Ideologie, in: Habermas, Jürgen, Technik und Wissenschaft als Ideologie, Frankfurt am Main 1978 (9. Auflage).

Habermas, Jürgen, Theorie des kommunikativen Handelns Band. 1 und Band 2, Frankfurt am Main 1981.

Hartfiel, Günter / Hillmann, Karl-Heinz, Wörterbuch der Soziologie, Stuttgart 1982.

Hayek, F.A. von, Die Theorie komplexer Phänomene, Tübingen 1972.

Held, M. / Geißler, K.A. (Hrsg.), Ökologie der Zeit, Stuttgart 1993.

Hengsbach, Friedhelm, „Globalisierung" aus wirtschaftspolitischer Sicht in: Aus Politik und Zeitgeschichte, Bonn B21/1997.

Hollis, Martin, Soziales Handeln, München 1995.

Horkheimer, Max / Adorno, Theodor W., Dialektik der Aufklärung. Philosophische Fragmente, Frankfurt am Main 1980.

Hösle, Vittorio, Bürgerverdruß oder Bürgersinn? Von der Unabdingbarkeit republikanischer Tugenden im Alltag der Politik, in: Schmitz, Mathias (Hrsg.), Politikversagen? Parteienverschleiß? Bürgerverdruß?, Regensburg 1996.

Huber, Andreas, Stichwort - Chaosforschung, München 1996.

Huntington, Samuel P., Der Kampf der Kulturen - Die Neugestaltung der Politik im 21. Jahrhundert, Wien 1996.

Inglehart, R., The Silent Revolution, Princeton 1977.

Jäger, Wolfgang / Link, Werner, Republik im Wandel 1974 - 1982 - Die Ära Schmidt, Stuttgart 1987.

Jantsch, Erich, Die Selbstorganisation des Universums - Vom Urknall zum menschlichen Geist, 4. Aufl., München 1988.

Josczak, Detlef, Selbstorganisation und Politik, Münster 1989.

Kauffman, Stuart, Der Öltropfen im Wasser. Chaos, Komplexität, Selbstorganisation in Natur und Gesellschaft, München/Zürich 1996.

Klages, H. / Kmieciak, P., Wertewandel und gesellschaftlicher Wandel, 1979.

Kohler-Koch, Beate: Die Welt regieren ohne Weltregierung, in: Böhret, Carl / Wewer, Göttrik (Hrsg.): Regieren im 21. Jahrhundert - Zwischen Globalisierung und Regionalisierung, Opladen 1993.

Konzendorf, Götz, Folgen der heranalternden Gesellschaft und Ansatzpunkte aktiver Politik, Frankfurt am Main u.a. 1996.

Kreuzer, Helmut (Hrsg.), Die zwei Kulturen: literarische und naturwissenschaftliche Intelligenz - C. P. Snows These in der Diskussion, München 1987.

Kuhn, Thomas, Die Struktur wissenschaftlicher Revolutionen, Frankfurt am Main 1973 (1962).

Landfried, Christine: Politikorientierte Folgenforschung - Zur Übertragung der Chaostheorie auf die Sozialwissenschaften, Speyerer Forschungsbericht 100, Speyer 1991.

Laszlo, Ervin / Laszlo, Christopher / von Liechtenstein, Alfred, Evolutionäres Management. Globale Handlungskonzepte, Fulda 1992.

Leborgne, Danièle / Lipietz, Alain, Postfordistische Politikmuster im globalen Vergleich, in: Das Argument 217 / 1996.

Leitsätze der Christlich-Demokratischen Partei im Rheinland und Westfalen - Zweite Fassung der Kölner Leitsätze, zitiert nach: Kunz, Rainer / Maier, Herbert / Stammen, Theo: Programme der politischen Parteien in der Bundesrepublik, München 1975.

Lenk, Kurt, Deutscher Konservatismus, Frankfurt am Main 1989.

Lenk, Kurt,: Differenz und Integration: Die Zukunft moderner Gesellschaften - Bericht zum 28.Kongreß der Deutschen Gesellschaft für Soziologie in Dresden, in: Das Argument 217 / 1996.

Lewin, Roger, Die Komplexitätstheorie. Wissenschaft nach der Chaosforschung, Hamburg 1993.

List, Friedrich, Das nationale System der politischen Ökonomie, herausgegeben von Arthur Sommer, Berlin 1930.

Luhmann, Niklas, Soziale Systeme - Grundriß einer allgemeinen Theorie, Frankfurt am Main 1984.

Maier- Rigaud, Gerhard, Schritte zur ökologischen Marktwirtschaft. Marburg 1997.

Mann, Siegfried, Macht und Ohnmacht der Verbände - das Beispiel des Bundesverbandes der Deutschen Industrie e.V. (BDI) aus empirisch analytischer Sicht, Baden-Baden 1994.

Martin, Hans-Peter / Schumann, Harald, Die Globalisierungsfalle - Der Angriff auf Demokratie und Wohlstand, Reinbek bei Hamburg 1996.

Marx, Karl, Die deutsche Ideologie, MEW Bd. 3, Berlin 1978.

Marx, Karl, Zur Kritik der Hegelschen Rechtsphilosophie. Einleitung (1844), zitiert nach: Hennig, Eike, Hirsch, Joachim, Reichelt, Helmut, Schäfer, Gert (Hrsg.), Karl Marx / Friedrich Engels:

Staatstheorie - Materialien zur Rekonstruktion der marxisti-
schen Staatstheorie, Franfurt am Main u.a. 1975.

Memorandum '82 - Qualitatives Wachstum statt Gewinnförderung,
Köln 1982.

Miller, Susanne / Potthoff, Heinrich, Kleine Geschichte der SPD,
Bonn 1991.

Mittelstaedt, Werner, Der Chaos-Schock und die Zukunft der Mensch-
heit, Frankfurt am Main u.a. 1997.

Morsey, Benedikt / Grün, Maleika, Gesetzesfolgenabschätzung -
Somatische Gentherapie (= Speyerer Forschungsbericht 176)
Speyer 1997.

Morsey, Rudolf, Die Bundesrepublik Deutschland, München 1987.

Müller, Edda, Innenwelt der Umweltpolitik - Sozial-liberale Umweltpolitik - Ohnmacht durch Organisation?, Opladen 1986.

Müller, Hans-Peter, Sozialstruktur und Lebensstile. Der neuere theoretische Diskurs über soziale Ungleichheit, Frankfurt am
Main 1992.

Münch, Richard, Dynamik der Kommunikationsgesellschaft, Frankfurt
am Main 1995.

Prigogine, Ilya, Vom Sein zum Werden, 4. Aufl., München 1985.

Prokop, Heimo / Günther, Reinhild / Beuck, Joachim, Reaktionsmuster
der öffentlichen Verwaltung angesichts von Ereignissen mit
(bisher) unbekannten Folgen, (= Speyerer Forschungsbericht
80), Speyer 1989.

Putnam, Robert D., The Strange Disappearance of Civic America, in:
The American Prospect (Cambridge/Mass,) No. 24/1996.

Rapoport, Anatol, Vorwort: Wissenschaftstheoretische Überlegungen
in: Wimmer, Hannes, Evolution der Politik: von der Stam-
mesgesellschaft zur modernen Demokratie, Wien 1996.

Rat der Evangelischen Kirche und Deutsche Bischofskonferenz, Für
eine Zukunft in Solidarität und Gerechtigkeit - Wort des Ra-
tes der Evangelischen Kirche in Deutschland und der Deutschen Bischofskonferenz zur wirtschaftlichen und sozialen
Lage in Deutschland, Bonn o.J.

Ravn, Ib (Hrsg.), Chaos, Quarks, und schwarze Löcher, München
1995.

Rehder, Helmut, Evolution anders gesehen - Ein Beitrag zur Überwindung des Materialismus und zur Rechtfertigung des Vitalis-
mus, München 1986.

Rexrodt, Günther, Wirtschaftspolitik für mehr Beschäftigung, in: Bundesministerium für Wirtschaft: Arbeitsplätze schaffen Zukunft gewinnen - Initiativen der Bundesregierung, BMWi-
Dokumentation Nr. 405, 1996.

Riesman, David, Die einsame Masse, o.O. 1958.

Ropohl, Günter, Eine Systemtheorie der Technik, München, Wien
1979.

Rucker, Rudy, Die Wunderwelt der Vierten Dimension, Bern u.a.
1987.

Sachverständigenrat zur Begutachtung der gesamtwirtschaftlichen
Entwicklung, Alternativen aussenwirtschaftlicher Anpassung
- Jahresgutachten 1968 / 69, Stuttgart und Mainz 1968.

Scharpf, Fritz W., Die Handlungsfähigkeit des Staates am Ende des
Zwanzigsten Jahrhunderts (unveröffentlichtes Redemanus-
skript) 1992a.

Scharpf, Fritz W., Die Handlungsfähigkeit des Staates am Ende des
Zwanzigsten Jahrhunderts, in: Beate Kohler-Koch (Hrsg.):
Staat und Demokratie in Europa, Opladen 1992b.

Schelsky, Helmut, Der Mensch in der wissenschaftlichen Zivilisation,
Köln und Opladen 1961.

Schmid, Carlo, Einleitung zu Machiavelli, Frankfurt am Main / Hamburg, 1956.

Schmidt, Manfred G., Machtwechsel in der Bundesrepublik (1949 -
1990) in: Blanke, Bernhard / Wollmann, Hellmut (Hrsg.):
Die alte Bundesrepublik - Kontinuität und Wandel, Le-
viathan Sonderheft 12/1991.

Schmitz, Mathias, Der gesellschaftliche Wandel oder die Herausforderungen der Politik, in: Schmitz, Mathias (Hrsg.), Politikversagen? Parteienverschleiß? Bürgerverdruß?, Regensburg
1996.

Schneider, Volker, Zwischen Beschreibung und Ermöglichung -
Strukturalistische Erklärungen in der Politikanalyse in: Benz,

Arthur / Seibel, Wolfgang, Theorieentwicklung in der Politikwissenschaft, Baden - Baden 1997.

Schröder, Gerhard, Der aktivierende Staat aus der Sicht der Politik: Perspektiven für die Zukunftsfähigkeit von Wirtschaft und Politik, in: Behrens, Fritz u.a., Den Staat neu denken - Reformperspektiven für die Landesverwaltungen, Berlin 1995.

Schumpeter, Joseph A., Kapitalismus, Sozialismus und Demokratie, Bern 1950.

Seibel, Wolfgang, Verwaltungsreformen in: König, Klaus / Siedentopf, Heinrich (Hrsg.), Öffentliche Verwaltung in Deutschland, Baden-Baden 1996/97.

Selbstorganisation. Jahrbuch für Komplexität in den Natur-, Sozial- und Geisteswissenschaften (Hrsg. von Uwe Niedersen), bisher 6 Bände, Berlin 1990 ff.

Seymour, Martin Lipset, Soziologie der Demokratie, Neuwied am Rhein 1962.

Snow, C.P., Die zwei Kulturen (Rede), in: Kreuzer, Helmut (Hrsg.), Die zwei Kulturen: literarische und naturwissenschaftliche Intelligenz - C. P. Snows These in der Diskussion, München 1987.

Stammen, Theo, Theoriedynamik in der Politikwissenschaft, München 1976.

Statistisches Bundesamt (Hrsg.), Datenreport 1994, 1994.

Staubmann, Helmut, Sozialsysteme als selbstreferentielle Systeme - Niklas Luhmann, in: Morel, Julius u.a.: Soziologische Theorie, München 1997.

Streetwork Innenstadt Frankfurt am Main, Den Einstieg zum Ausstieg vermitteln, o.J o.O.

Stucke, Andreas, Institutionalisierung der Forschungspolitik - Entstehung, Entwicklung und Steuerungsprobleme des Bundesforschungsministeriums, Frankfurt/New York 1993.

Virilio, Paul, Geschwindigkeit und Politik - Ein Essay zur Dromologie, Berlin 1980.

Walther, Herbert, Ökonomische Doktrinen als Werkzeug politischer Legitimation: Das Beispiel des Keynesianismus, in: Eicker-

Wolf, Kai u.a. (Hrsg.), Wirtschaftspolitik im theoretischen Vakuum? Marburg 1996.

Weick, Karl E., Der Prozeß des Organisierens, Frankfurt am Main 1985.

Welsch, Johann, Die Arbeitswelt der Informationsgesellschaft, in: Blätter für deutsche und internationale Politik, 3'97, 1997.

Wollmann, Hellmut / Derlien, Hans-Ulrich / König, Klaus / Renzsch, Wolfgang / Seibel, Wolfgang, Transformation der politisch-administrativen Strukturen in Ostdeutschland, Opladen 1997.

Zimmerli, Walther Ch., Grenzen des evolutionären Paradigmas, in: Jüdes, U. u.a. (Hrsg.) Evolution der Biosphäre, Stuttgart 1990.

Zukunftsinitiative Rheinland-Pfalz und PLEIAD (Hrsg.): Die Zukunft der Arbeits(um)welt, Mainz / Speyer 1995.

3. Sachwörterverzeichnis

Sehr häufig vewendete Begriffe wie Evolution, Interdependenz, Phasen, Staat, transindustrielle Gesellschaft, Wandel, Zeit usw. werden hier nicht aufgeführt.

—A—

Administratives Handlungsmuster 32; 50; 55; 70; 74; 102; 105
Aktive Politik 33; 57; 62; 63; 72 ff.; 77; 92; 107; 115; 140; 151; 159; 212; 215 f.; 245
Akzeptanz 39; 44; 59 f.; 118; 156; 163; 173; 178; 211
Aneinanderentwicklung 17; 212; 219; 223; 232; 235; 242 f.
Angebotsökonomie 63; 77; 84 f.; 87; 89; 92; 99; 104 ff.
Arbeitswelt 67; 130; 147; 161f.; 248
Atomisierung 143; 161
Aufgabenkritik 33; 102 f.; 170; 173; 182 f.; 185
Aufklärung 45; 47; 65 f.; 96 f.; 177; 216; 234

—B—

Basisinnovation 33; 147; 155 f.; 211
Bewegte Ordnung 28; 31; 34; 213; 223; 226; 235
bewußte Selektion 227; 23
Budgetflexibilisierung 187

—C—

Chaostheorie 27; 111; 123; 213; 218; 224 f.; 230; 239; 242

—D—

Demographische Entwicklung 99; 159; 215
Demokratie 35; 37 ff.; 46; 51 ff.; 59 f.; 67; 72; 75; 82; 84; 106; 117; 163; 168; 171; 174; 205; 219; 234; 244; 248
Demokratietheorie 234
Deregulierung 86; 88 f.; 98; 100; 102; 104; 143; 171; 173; 210
Destabilisator 17; 29; 113; 115 f.; 118 f.; 139; 144 f.; 169; 197 ff.; 202; 206; 208; 213; 219; 220 ff.; 224; 230; 233; 234; 236; 240; 243 f.; 246 f.

Dialektik 28 f.; 219; 227 f.; 233

Differenzierung 20; 68; 78; 147; 230

Disparität 59; 77; 108; 121; 162

Dynamik 25; 28; 119; 124; 128; 158; 180; 213; 219; 220; 223 f.; 227; 230; 243;
246 f.

Dynamische Interdependenz 17; 27; 139; 145; 218; 229; 232; 236; 240

Dysfunktionalität 22; 113; 116; 118; 143; 146; 152; 160; 162; 174; 193; 195; 197;
213 f.

—E—

Effektuierung 24; 33; 103; 145; 169; 179; 181; 185

Emergenz 30; 34; 114; 116; 119; 197; 201; 240; 249

Entprivatisierung 173

Entwicklungsagentur 175; 179

Entwicklungsdefizite 169; 247

Entwicklungsförderung 248

Entwicklungsimpuls 113 f.; 197; 201; 244

Entwicklungsphasen 29; 44; 114; 117; 197; 205; 213

Entwicklungssteuerung 29; 32; 140 ff.; 169; 175; 180; 211; 216; 236; 247; 248

Epoche 27; 28; 30; 34; 145; 178; 209 f.; 214; 234

Ereignisse 108; 118; 146; 155; 157; 159; 161; 163; 187; 198; 215; 233; 240; 244

Erhaltungsparadigma 144

Ethik 137; 156

Evolutionsbruch 111; 211; 214

Evolutionstheorie 27; 228; 230; 243

Evolutiver Möglichkeitsraum 166 f.

Evolutives Lernen 237

—F—

Fitneß 17; 119; 139 f.; 144 f.; 165; 173; 216; 220; 222 ff.; 230; 235; 240; 243 f.

Fitneßlandschaft 216; 222; 223

Formierte Gesellschaft 48

Forschungsprozeß 17

Forschungsverbund 155

Fraktale 241

Fraktalismus 114; 152; 196; 203; 213; 233

—K—

—L—

—M—

—N—

Nachwelt 98; 140 f.; 158; 168; 173; 175; 237; 245
Nachweltschutz 33; 175
Nomadentum 133

—Ö—

öffentliche Wirtschaft 149; 150

—O—

Operationalisierung 76; 120; 202; 232
Optimierung 32; 169; 179; 183; 193; 215; 230
Ordnung 27 ff.; 34 f.; 46; 61; 111; 113; 117; 119; 126; 159; 195; 197; 201; 213; 220 ff.; 226; 229 f.; 233; 239; 240; 243; 246
Ordnungsrahmen 37; 51
Organisation 25; 52; 82; 88; 107; 126; 127; 150; 156; 159; 160 f.; 185; 213

—P—

Paradigma 25; 34; 55 f.; 85; 92; 103; 105; 107; 109 f.; 114 ff.; 137; 147; 196; 201; 203; 206; 213 ff.; 219; 230; 240; 244
Parlament 39; 50; 163
Parteienverdrossenheit 82; 163
Pentagramm 180 f.; 231
Personal 33; 188 f.
Phasenübergang 56; 76; 108; 119; 198; 200 f.; 207 f.; 219 f.; 241; 244
Planung 40; 47; 54; 57; 67; 74 ff.; 92; 98; 100; 109; 115; 123; 126 f.; 138; 200; 203; 208
Pluralisierung 78 f.; 106
Pluralismus 34; 58; 71; 74 ff.; 79; 212
Politikverdrossenheit 82; 104; 108; 193; 206; 214
Produktionsweise 32; 44; 53; 123 ff.; 137 f.; 241

—R—

Rationalisierung 123 f.; 127; 135; 138
Rationalität 49; 76; 110; 113; 163 f.; 200; 206; 207; 214
Reform 33; 38; 60; 69 f.; 88; 98; 117; 140 f.; 145; 159; 169; 178; 180 ff.; 188; 192; 205; 208; 212; 245

Reformpolitik 33; 67 ff.; 72 ff.; 169; 178; 182 f.
Reformstau 99; 105; 106; 108
Regelungsoptimierung 33; 181; 183 f.
Regionalisierung 33; 142; 146; 148; 153; 154; 157; 163
Repräsentative Willensbildung 163
Ressourcenverbrauch 32; 123; 135; 137; 139
Restauration 45; 46
Reversibilität 136; 142; 154; 156; 203; 226; 245 ff.
Rückkopplung 27; 153; 224 f.; 230; 232

—S—

Sachzwang 24; 49; 56; 89; 100; 142; 154; 217
Schlanker Staat 212
Schleichende Katastrophe 99; 157; 209; 242
Selbstähnlichkeit 113 ff.; 139; 196; 220; 245
Selbstorganisation 219; 225; 239; 244; 246
Selektion 27; 220; 224; 227 ff.; 243; 245 f.
Solidarität 170
Sozialbrache 126; 150; 161 f.
Soziale Marktwirtschaft 35 f.; 39 f.; 47; 51; 60; 74; 91; 104; 228; 244
Sozialstruktur 77; 131; 141; 161
Spätpluralismus 82; 100; 103; 140 f.; 212; 214
Staatsverdrossenheit 82; 119
Stabilisator 29; 81; 118; 139; 145; 161; 201; 216; 220; 222; 240; 246
Standortkrise 87; 147
Steuerung 29; 32; 45; 52; 58; 60; 65; 78; 81; 98; 103; 105; 107; 117; 131; 140; 145
    ff.; 158; 167; 169; 175; 180; 182; 206; 211; 216; 236; 246 ff.
Strategische Allianzen 148; 164; 166; 175 f.; 179; 202; 211
Supradisziplinarität 242
Systemgeschichte 18; 28; 31; 34; 70; 74; 77; 80; 84; 101; 106; 108 ff.; 117 ff.; 161;
    167; 169; 177; 195 ff.; 201; 206 f.; 211 f.; 214; 217; 220 f.; 224; 230; 232; 234
    ff.; 239; 244; 247
Szenarien 32; 140 ff.; 210; 227

—T—

Tachogenität 119; 144; 242
Technikakzeptanz 66; 95

Carl Böhret/Werner Jann/Eva Kronenwett
Innenpolitik und politische Theorie
Ein Studienbuch

3., neubearb. u. erw. Aufl. 1988. XXIV, 491 S. Kart. DM 49,50
ISBN 3-531-11494-8

In dieser erweiterten und aktualisierten Neubearbeitung des Studienbuches wurde an der grundlegenden Konzeption nichts geändert: Ziel ist ein systematischer und gleichzeitig problemorientierter Überblick über die aktuellen politikwissenschaftlichen Analysen und Theorien als Orientierungshilfe für Studienanfänger und politikwissenschaftlich interessierte Leser. In fünf Lernblöcken werden politische Theorien mit Analysen des politischen Systems der Bundesrepublik Deutschland verknüpft. Das ausführliche Register ermöglicht auch die Benutzung als Nachschlagewerk."Didaktisch gelungene Orientierung zur politischen Diskussion in der Bundesrepublik und zur Politikwissenschaft." Neue Politische Literatur 1/89

WESTDEUTSCHER VERLAG
Abraham-Lincoln-Str. 46 · 65189 Wiesbaden
Fax (06 11) 78 78 - 420

If you have any concerns about our products,
you can contact us on
ProductSafety@springernature.com

In case Publisher is established outside the EU,
the EU authorized representative is:
Springer Nature Customer Service Center GmbH
Europaplatz 3, 69115 Heidelberg, Germany

Printed by Libri Plureos GmbH
in Hamburg, Germany